カンタン解説！

改正 介護保険

－2018-19 介護保険法改正内容に準拠－

監修　土屋昭雄　　編著　厚有出版編集室

厚有出版

はじめに

監修者より

　2000（平成12）年の介護保険制度施行から17年が経過し、本制度はいまや高齢者関係法制の中心的な制度となっています。その間、2005（平成17）年、2008（平成20）年、2011（平成23）年、2014（平成26）年と主に３年ごとに見直しが図られてきました。そして、2017（平成29）年５月「地域包括ケアシステムの強化のための介護保険法等の一部を改正する法律」が成立し、介護保険法については順次改正・施行されているところです。

　わが国においては、2025年には団塊世代すべてが75歳以上となり、そのわずか15年後の2040年には団塊ジュニア世代が65歳以上になるなど、今後さらなる人口の高齢化が見込まれています。こうした状況等も踏まえ、今回の改正介護保険法においては、「地域包括ケアシステムの深化・推進」と「介護保険制度の持続可能性の確保」を柱とし諸事項の改正がなされます。

　いうまでもなく、法律は制度内容を良くするために改正されます。しかしながら、改正を重ねるごとに内容が複雑化し、我々にとって理解・認識し難い制度になっているのも事実です。その一方で、“自己選択・自己決定”が叫ばれ、サービス利用者はもとより要介護者のご家族の方も介護保険制度に関する適切な知識を有することが求められるようにもなっています。

　そこで、本書におきましては、“わかりやすさ”を第一に考え、介護保険制度のしくみをはじめ、改正点、サービス内容、さらには利用手引き等に対する事細かな解説・説明を加えています。是非とも一人でも多くの方に本書を手にとって頂き、制度理解・制度活用の一助となれば幸いです。また、社会福祉士国家試験の受験科目の一つでもある『高齢者に対する支援と介護保険制度』のサブテキスト、参考書として多くの学生にご活用頂けることも願っています。本書が介護保険制度について学ぶうえでの必読書として、さまざまな年代の方々から支持される書籍となることを祈念いたします。

2018年６月

土屋　昭雄

目　次

はじめに ……………………………………………………………………… iii

介護保険サービス利用の流れ ……………………………………………… viii

本書のご利用にあたって …………………………………………………… x

第1章　転換期から発展期へと向かう介護保険制度 ……………………… 1

1　2025年を見据え医療・介護を総合的に法整備 ………………………… 2

2　整備・強化が進む地域包括ケアシステム ……………………………… 6

3　地域の実状に応じて再編された地域支援事業 ………………………… 8

4　機能・連携強化が進む地域包括支援センター ………………………… 10

5　「共生型サービス」が位置づけられる ………………………………… 12

6　ICT・介護ロボットの活用を促進 …………………………………… 14

7　介護保険を持続させるための施策 …………………………………… 16

8　保険者機能を強化し自立支援、重度化防止施策を支援 ……………… 18

9　地域包括ケア構築のカギを握る「地域ケア会議」…………………… 20

10　生活中心型の担い手拡大化を推進（訪問介護）……………………… 22

コラム1　日本と海外の介護保険の違いは？ …………………………………24

第2章　まず「介護保険」とは何かを理解しよう …………………………25

1　介護保険制度とはどんなもの？ ………………………………………26

2　介護保険サービスを利用できる人は？ ………………………………28

3　介護保険サービスの利用者はどのくらいいるの？ …………………30

4　介護の費用総額は年間でいくらかかっているの？ …………………32

5　医療保険と介護保険との違いは？ ……………………………………34

6　介護保険の保険者とは？ ………………………………………………36

7　介護保険の被保険者とは？ ……………………………………………38

8　被保険者の保険料はどうやって決まるの？ …………………………40

9　介護保険料の滞納が続くとどうなる？ ………………………………42

10　保険料の市町村格差を補う方策は？ …………………………………44

コラム2　介護保険でもマイナンバーは必要？ ………………………………46

第3章　介護保険をより深く知ろう …………………………………………47

1　介護保険は何年ごとに見直されるの？ ………………………………48

2　予防給付とは？ …………………………………………………………50

3　[2014年改正より] 総合事業①一部の予防給付が地域支援事業の「総合

CONTENTS

　　事業」に完全移行 ……………………………………………………………52

　4　［2014年改正より］総合事業②介護予防・生活支援サービス事業の概要…………54

　5　［2014年改正より］総合事業③一般介護予防事業と介護予防ケアマネジ
　　メント …………………………………………………………………………56

　6　［2014年改正より］総合事業④「総合事業」サービス利用の手続きにつ
　　いて ……………………………………………………………………………58

　7　基本チェックリストとは？ ………………………………………………60

　8　介護予防手帳とは？ ………………………………………………………62

　9　地域密着型サービスとは？ ………………………………………………64

　10　介護サービス事業者の情報を調べるには？ …………………………66

　11　増え続ける認知症患者に対する介護保険施策は？ …………………68

　12　補足給付とは？ ……………………………………………………………70

　13　介護職員でも提供可能な医療行為とは？ ……………………………72

　14　住所地特例とは？ …………………………………………………………74

コラム3　介護保険適用除外施設の住所地特例が見直された ………………76

第4章　介護保険サービスを利用する①　　―申請～要介護認定― ………77

　1　介護保険サービスを利用するには？ ……………………………………78

　2　介護保険で受けられるサービスの内容は？ …………………………80

　3　要介護度とは？ ……………………………………………………………82

　4　要介護認定の申請場所・申請に必要なものは？ ……………………84

　5　認定調査って何？ …………………………………………………………86

　6　審査・判定はどのように行われるの？ ………………………………88

　7　要介護認定等基準時間とはどんなもの？ ……………………………90

　8　「主治医の意見書」はなぜ必要？ ………………………………………92

　9　要介護認定は変更できる？ ………………………………………………94

　10　認定に不満がある場合は？ ………………………………………………96

　11　非該当（自立）となった場合は？ ………………………………………97

コラム4　新オレンジプランを軸とする認知症施策が目指すもの……………98

第5章　介護保険サービスを利用する②　―ケアプラン作成～サービスの利用
　　開始― …………………………………………………………………………99

　1　ケアマネジャーとは？ …………………………………………………… 100

　2　ケアマネジメントとは？ ………………………………………………… 102

3	ケアプランとは？	104
4	施設のケアプランで重要なことは？	106
5	ケアプランの更新・変更は可能？	108
6	介護報酬とは？	110
7	サービスを利用した時の自己負担は？	112
8	利用者負担がきつい場合の軽減措置はある？	114
9	低所得者や生活保護者にも軽減措置はある？	116
10	介護保険の指定事業者とは？	118
11	サービス内容に不満がある場合は？	120
12	やむを得ない事情でサービスを利用した場合は？	122
13	介護サービスと医療サービスの使い分けは？	123
14	家族が介護した場合現金の給付は受けられる？	124
15	介護休業給付とは？	125

コラム5 介護保険と障害者福祉施策 126

第6章 サービスの種類と内容を知ろう 127

1	居宅サービス①（自宅で利用するサービス）〔介護サービス〕訪問介護	128
2	居宅サービス②（自宅で利用するサービス）〔介護サービス／介護予防サービス〕訪問入浴介護	130
3	居宅サービス③（自宅で利用するサービス）〔介護サービス／介護予防サービス〕訪問看護	132
4	居宅サービス④（自宅で利用するサービス）〔介護サービス／介護予防サービス〕訪問リハビリテーション	134
5	居宅サービス⑤（自宅で利用するサービス）〔介護サービス／介護予防サービス〕居宅療養管理指導	136
6	居宅サービス⑥（自宅から通って利用するサービス）〔介護サービス〕通所介護	138
7	居宅サービス⑦（自宅から通って利用するサービス）〔介護サービス／介護予防サービス〕通所リハビリテーション	140
8	居宅サービス⑧（施設に入所して利用するサービス）〔介護サービス／介護予防サービス〕短期入所生活介護	144
9	居宅サービス⑨（施設に入所して利用するサービス）〔介護サービス／介護予防サービス〕短期入所療養介護	146
10	居宅サービス⑩（施設に入居して利用するサービス）〔介護サービス／介護予防サービス〕特定施設入居者生活介護	152
11	居宅サービス⑪（在宅の生活を支えるサービス）〔介護サービス／介護	

予防サービス〕福祉用具貸与 ………………………………………… 154

12　居宅サービス⑫（在宅の生活を支えるサービス）〔介護サービス／介護
予防サービス〕福祉用具購入費支給 ……………………………………… 155

13　居宅サービス⑬（在宅の生活を支えるサービス）〔介護サービス／介護
予防サービス〕住宅改修費の支給 ……………………………………… 156

14　施設サービス①（施設に入所して利用するサービス）〔介護サービス〕
介護老人福祉施設（特別養護老人ホーム）…………………………… 158

15　施設サービス②（施設に入所して利用するサービス）〔介護サービス〕
介護老人保健施設 ………………………………………………………… 160

16　施設サービス③（施設に入所して利用するサービス）〔介護サービス〕
介護療養型医療施設（療養病床等）…………………………………… 162

17　施設サービス④（施設に入所して利用するサービス）〔介護サービス〕
介護医療院 ………………………………………………………………… 166

18　地域密着型サービス①（在宅で利用するサービス）〔介護サービス〕定
期巡回・随時対応型訪問介護看護 …………………………………… 168

19　地域密着型サービス②（在宅で利用するサービス）〔介護サービス〕夜
間対応型訪問介護 ………………………………………………………… 169

20　地域密着型サービス③（自宅から通って利用するサービス）〔介護サー
ビス〕地域密着型通所介護 …………………………………………… 170

21　地域密着型サービス④（自宅から通って利用するサービス）〔介護サー
ビス／介護予防サービス〕認知症対応型通所介護 ………………… 172

22　地域密着型サービス⑤（組み合わせて利用するサービス）〔介護サービ
ス／介護予防サービス〕小規模多機能型居宅介護 ………………… 174

23　地域密着型サービス⑥（施設に入居して利用するサービス）〔介護サー
ビス／介護予防サービス〕認知症対応型共同生活介護 …………… 175

24　地域密着型サービス⑦（施設に入居して利用するサービス）〔介護サー
ビス〕地域密着型特定施設入居者生活介護 ………………………… 176

25　地域密着型サービス⑧（施設に入所して利用するサービス）〔介護サー
ビス〕地域密着型介護老人福祉施設入所者生活介護 ……………… 177

26　地域密着型サービス⑨（組み合わせて利用するサービス）〔介護サービ
ス〕看護小規模多機能型居宅介護（複合型サービス）……………… 178

27　サービス付き高齢者向け住宅とは？ ………………………………… 179

コラム6　利用者の終の住処に特化していく特養ホーム……………………… 180

巻末資料　付録（1）　介護・福祉関連用語解説 ………………………… 181

　　　　　付録（2）　地域区分の適用地域 ………………………………… 196

vii

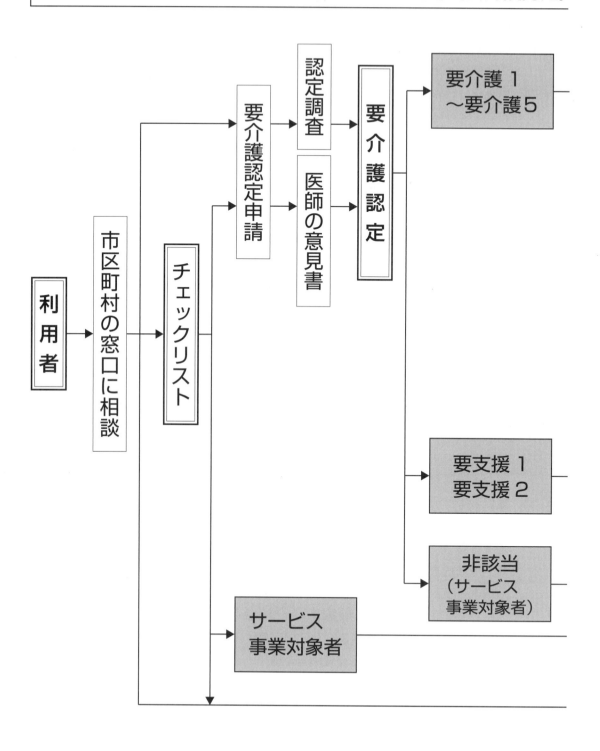

申請～サービス利用の流れ」（基本パターン）

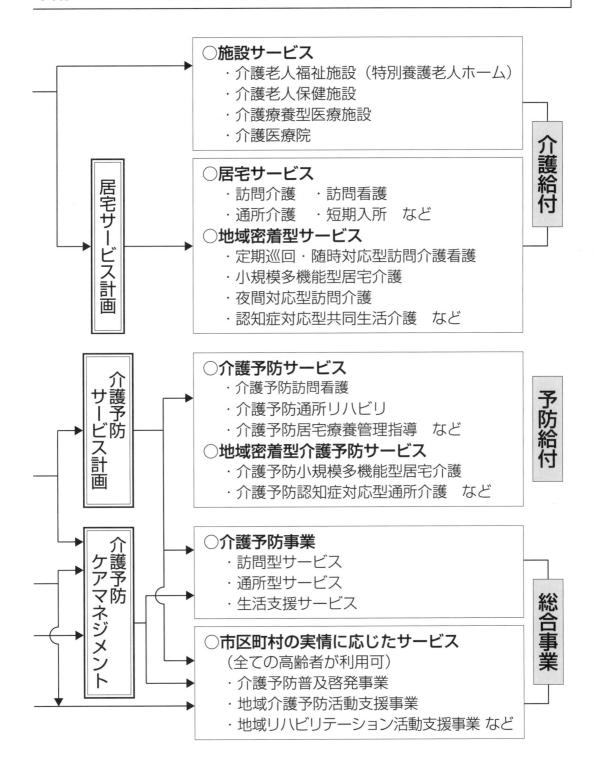

本書のご利用にあたって

◎本書は、2017年6月に公布された「改正介護保険法」並びに2018年3月30日事務連絡「介護保険事務処理システム変更に係る参考資料（確定版）」等をもとに執筆しています。

◎本書において「市区町村」または「市町村」と記載している所は、全国の市町村及び特別区（東京23区）を指します。

◎本文中の年号の表記については、基本的に西暦で記載しています。必要と判断した場合のみ、平成の年号を括弧（　）で併記しています。

◎本書では、介護保険サービスの種類と内容について、便宜上以下のように分けてご紹介しています。

① 「居宅サービス」及び「施設サービス」に関しては、第6章「サービスの内容を知ろう」でサービスの種類別に解説しています。

② 「介護予防サービス」（予防給付）については、介護サービスの各サービスジャンルに付随して説明を加えています。

◎巻末に、比較的頻繁に使われる介護・福祉関連用語について、50音順に解説しています。なお、第1章〜第6章で詳しく紹介している用語に関しては、掲載箇所がすぐに見つかるよう、本章掲載の章・項を記載しています。

◎第6章で掲載している各サービスの「費用の目安」では、「介護報酬の算定構造」に記載されている介護報酬（単位）に基づき、基本報酬および加算についてサービス費用、利用者負担を記載しています（ただし、ページの都合上加算は一部抜粋しています）。

《リンク》介護報酬の算定構造のイメージ

［URL］http://www.wam.go.jp/gyoseiShiryou-files/documents/2018/0403134422797/20180403_002.pdf

第1章

転換期から発展期へと向かう
介護保険制度

2025年問題をにらみ、前回の改正で
大きく動き始めた介護保険制度。
2018年度改正ではその流れをさらに推進すべく、
さまざまな施策が講じられています。
まずはそのポイントについて、
前回の改正と一体的に解説していきます。

第1章　転換期から発展期へと向かう介護保険制度

① 2025年を見据え医療・介護を総合的に法整備

▶2018年の介護保険法改正は、2014年改正に引き続き、2025年問題を念頭に置き、より地域に根ざした総合的な法整備の一環として実施されています。

地域包括ケアシステムの構築に向け医療・介護の連携がより強化された

　2000（平成12）年に介護保険制度が施行され、すでに18年が経過しました。その間、2005（平成17）年、2008（平成20）年、2011（平成23）年、2014（平成26）年と計4回の改正法が成立し、制度内容の見直しが図られてきました。そして、2017（平成29）年6月、それまでの介護保険法、社会福祉法、障害者総合支援法などを総括した「**地域包括ケアシステムの強化のための介護保険法等の一部を改正する法律**」（地域包括ケアシステム強化法）の成立を受け、介護保険関係については、介護保険事業計画の第7期にあたる2018（平成30）年4月以降、順次改正・施行が実施されています。

　この地域包括ケアシステム強化法成立の背景には、2015年以降に順次施行された**医療介護総合確保推進法**（☞次ページ）で明示された**2025年問題**が深く関与しています。高齢者人口がピークを迎えるであろうこの2025年を見据え、先の2014年改正では日本全国どこに住んでいても適切な医療や介護、生活支援を安心して受けることのできる社会の実現を目指し、一連のサービスが地域において切れ目なく総合的に行われる**地域包括ケアシステムの構築**（☞第1章2）が掲げられました。今回の改正ではその取り組みを一層強化すべく、介護報酬面も含め、これまで以上に医療と介護の連携強化が図られています。

2025年問題とは？
戦後のベビーブーム世代が後期高齢者の年齢（75歳）に達する2025年頃に直面すると目されている、超高齢化社会が抱える問題。 　厚生労働省によれば、2025年には全人口に対する75歳以上の後期高齢者の割合が18%を超え、65歳以上（前期高齢者）を含めた高齢者の割合は30パーセントを超える。2040年代には高齢化社会がピークに至り、人口の39パーセント以上が65歳以上の高齢者になると見込まれている。これに伴い、認知症高齢者や独居高齢者の増加、医療費の増大、介護医療従事者の人手不足など問題はますます深刻になると予想。これらを総合的に捉え、地域が一体となって資源を活用し問題解決に取り組んでいくことが喫緊の課題とされている。

1 2025年を見据え医療・介護を総合的に法整備

地域における医療及び介護の総合的な確保を推進するための関係法律の整備等に関する法律（概要）

趣　旨

　持続可能な社会保障制度の確立を図るための改革の推進に関する法律に基づく措置として、効率的かつ質の高い医療提供体制を構築するとともに、地域包括ケアシステムを構築することを通じ、地域における医療及び介護の総合的な確保を推進するため、医療法、介護保険法等の関係法律について所要の整備等を行う。

概　要

1．新たな基金の創設と医療・介護の連携強化（地域介護施設整備促進法等関係）
　①都道府県の事業計画に記載した医療・介護の事業（病床の機能分化・連携、在宅医療・介護の推進等）のため、消費税増収分を活用した新たな基金を都道府県に設置
　②医療と介護の連携を強化するため、厚生労働大臣が基本的な方針を策定

2．地域における効率的かつ効果的な医療提供体制の確保（医療法関係）
　①医療機関が都道府県知事に病床の医療機能（高度急性期、急性期、回復期、慢性期）等を報告し、都道府県は、それをもとに地域医療構想（ビジョン）（地域の医療提供体制の将来のあるべき姿）を医療計画において策定
　②医師確保支援を行う地域医療支援センターの機能を法律に位置付け

3．地域包括ケアシステムの構築と費用負担の公平化（介護保険法関係）
　①在宅医療・介護連携の推進などの地域支援事業の充実とあわせ、予防給付（訪問介護・通所介護)を地域支援事業に移行し、多様化　※地域支援事業：介護保険財源で市町村が取り組む事業
　②特別養護老人ホームについて、在宅での生活が困難な中重度の要介護者を支える機能に重点化
　③低所得者の保険料軽減を拡充
　④一定以上の所得のある利用者の自己負担を2割へ引上げ（ただし、一般の世帯の月額上限は据え置き）
　⑤低所得の施設利用者の食費・居住費を補填する「補足給付」の要件に資産などを追加

4．その他
　①診療の補助のうちの特定行為を明確化し、それを手順書により行う看護師の研修制度を新設
　②医療事故に係る調査の仕組みを位置づけ
　③医療法人社団と医療法人財団の合併、持分なし医療法人への移行促進策を措置
　④介護人材確保対策の検討（介護福祉士の資格取得方法見直しの施行時期を27年度から28年度に延期）

施行期日

公布日（平成26年6月25日）。ただし、医療法関係は平成26年10月以降、介護保険法関係は平成27年4月以降など、順次施行。

2025年を見据えた介護保険事業計画の策定等

第5期計画では、高齢者が地域で安心して暮らせる地域包括ケアシステムを構築するために必要となる、①認知症支援策の充実、②医療との連携、③高齢者の居住に係る施策との連携、④生活支援サービスの充実といった重点的に取り組むべき事項を、実情に応じて選択して位置づけるなど、段階的に計画の記載内容を充実強化させていく取組をスタート

○第6期計画以後の計画は、2025年に向け、第5期で開始した地域包括ケア実現のための方向性を承継しつつ、在宅医療介護連携等の取組を本格化。
○2025年までの中長期的なサービス・給付・保険料の水準も推計して記載し、中長期的な視野に立った施策の展開を図る。

団塊世代が65歳に　　2015(H27)　　　　　団塊世代が75歳以上に　　2025(H37)

介護保険事業（支援）計画

| 第5期計画 2012〜2014 | 第6期計画 2015〜2017 | 第7期計画 2018(H30)〜2020 | 第8期計画 2021〜2023 | 第9期計画 2024〜2026 |

＜介護保険事業計画に2025年までの見通しを記載＞

地域医療ビジョン（2025年まで）

医療計画との整合性の確保

| 現行の医療計画 2013〜2017 | 次期医療計画 2018(H30)〜2023 中間年で見直し |

［出典］厚生労働省資料に基づき作成

3

第1章　転換期から発展期へと向かう介護保険制度

地域包括ケアシステムの強化のための介護保険法等の一部を改正する法律のポイント

高齢者の自立支援と要介護状態の重度化防止、地域共生社会の実現を図るとともに、制度の持続可能性を確保することに配慮し、サービスを必要とする方に必要なサービスが提供されるようにする。

Ⅰ　地域包括ケアシステムの深化・推進

1　自立支援・重度化防止に向けた保険者機能の強化等の取組の推進（介護保険法）

全市町村が保険者機能を発揮し、自立支援・重度化防止に向けて取り組む仕組みの制度化

- ・国から提供されたデータを分析の上、介護保険事業（支援）計画を策定。計画に介護予防・重度化防止等の取組内容と目標を記載
- ・都道府県による市町村に対する支援事業の創設・財政的インセンティブの付与の規定の整備

（その他）

- ・地域包括支援センターの機能強化（市町村による評価の義務づけ等）
- ・居宅サービス事業者の指定等に対する保険者の関与強化（小規模多機能等を普及させる観点からの指定拒否の仕組み等の導入）
- ・認知症施策の推進（新オレンジプランの基本的な考え方（普及・啓発等の関連施策の総合的な推進）を制度上明確化）

2　医療・介護の連携の推進等（介護保険法、医療法）

①「日常的な医学管理」や「看取り・ターミナル」等の機能と、「生活施設」としての機能とを兼ね備えた、新たな介護保険施設を創設

　※現行の介護療養病床の経過措置期間については、6年間延長することとする。病院又は診療所から新施設に転換した場合には、転換前の病院又は診療所の名称を引き続き使用できることとする。

②医療・介護の連携等に関し、都道府県による市町村に対する必要な情報の提供その他の支援の規定を整備

3　地域共生社会の実現に向けた取組の推進等（社会福祉法、介護保険法、障害者総合支援法、児童福祉法）

- ・市町村による地域住民と行政等との協働による包括的支援体制作り、福祉分野の共通事項を記載した地域福祉計画の策定の努力義務化
- ・高齢者と障害児者が同一事業所でサービスを受けやすくするため、介護保険と障害福祉制度に新たに共生型サービスを位置付ける

（その他）

- ・有料老人ホームの入居者保護のための施策の強化（事業停止命令の創設、前払金の保全措置の義務の対象拡大等）
- ・障害者支援施設等を退所して介護保険施設等に入所した場合の保険者の見直し（障害者支援施設等に入所する前の市町村を保険者とする。）

Ⅱ　介護保険制度の持続可能性の確保

4　2割負担者のうち特に所得の高い層の負担割合を3割とする。（介護保険法）

5　介護納付金への総報酬割の導入（介護保険法）

- ・各医療保険者が納付する介護納付金（40～64歳の保険料）について、被用者保険間では『総報酬割』（報酬額に比例した負担）とする。

※平成30年4月1日施行。（Ⅱ5は平成29年8月分の介護納付金から適用、Ⅱ4は平成30年8月1日施行）

[出典]厚生労働省資料に基づき作成

1 2025年を見据え医療・介護を総合的に法整備

地域における医療及び介護を総合的に確保するための仕組み

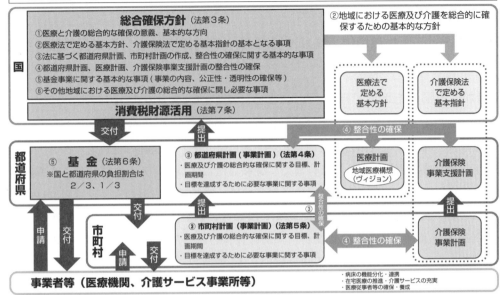

[出典]厚生労働省資料に基づき作成

改革後の姿

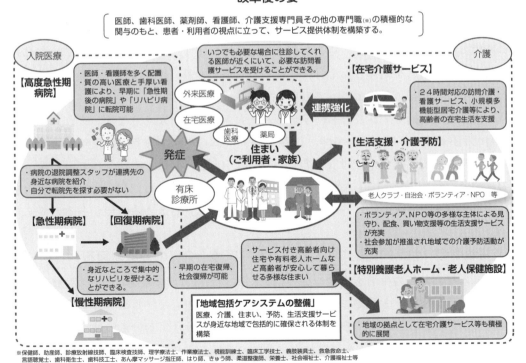

[出典]厚生労働省資料に基づき作成

第1章　転換期から発展期へと向かう介護保険制度

② 整備・強化が進む 地域包括ケアシステム

▶高齢者が住み慣れた地域で医療や介護を一体的に受けられる支援体制を指し、2025年を目処に整備が進められています。

高齢者が住み慣れた地域で自分らしい暮らしを続けるための支援体制

わが国では「諸外国に例のないスピード」（厚生労働省）で高齢化が加速度的に進んでおり、2025（平成37）年には総人口の3人に1人が65歳以上、そして団塊の世代を含め5人に1人が75歳以上（後期高齢者）となり、これまでに経験したことのない「大介護時代」を乗り切らねばならない状況を迎えます。そこで厚生労働省では、高齢者の尊厳の保持、さらには自立支援を主眼に置き、可能な限り住み慣れた地域で自分らしい生活を最期まで全うできるよう、住まい・医療・介護・予防・生活支援が一体的に提供される支援体制を、2025年までに整えることを目指しています。この支援体制を総括して「**地域包括ケアシステム**」と呼んでいます。

なお、ここで言う「住み慣れた地域」とは、具体的には中学校区など「**おおむね30分以内に必要なサービスが提供される日常生活圏域**」ごとに支援体制を整えることがイメージされています。

認知症高齢者のケアにも包括的に取り組む

地域包括ケアシステムは、保険者である市区町村や都道府県の自主性や主体性に基づき、地域の特性に応じて作り上げていくことが求められています。つまるところ、それぞれの地域の高齢者数やニーズを把握し、それに見合った医療や介護、生活支援を効果的かつ効率的に行っていくことが必須条件といっても良いでしょう。

もう一点、地域包括ケアシステムに与えられた大きなテーマがあります。それは「認知症対策」（☞第3章11、コラム4）です。ご存知のように認知症高齢者の数は年々増加の一途をたどり、厚生労働省の推計では2025年には全国で700万人を超えるとされています。65歳以上の高齢者のうち、5人に1人が認知症を患う計算です。これら認知症高齢者の生活を支えていくためにも、地域包括ケアシステムの構築を早急に押し進める必要があるのです。

地域支援事業の「包括的支援事業」として在宅医療と介護の連携を図る

地域ぐるみで高齢者の生活を支えていくためには、やはり気になるのが、「**医療と介護の連携**」ではないかと思います。この点については、これまでもモデル事業等を通じて一定の成果が得られていることから、その結果を踏まえ、介護保険法における地域支援事業の「包括的支援事業」の一環として、市区町村が主体的に地域の現状把握や地区医師会などと連絡調整等を行うことで、在宅医療・介護の連携強化に取り組んでいます。

2 整備・強化が進む地域包括ケアシステム

地域包括ケアシステムの構築について

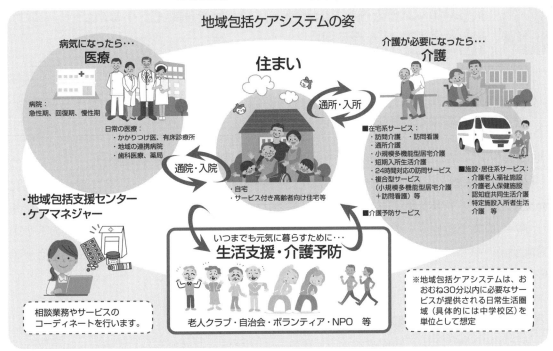

[出典]厚生労働省資料に基づき作成

地域包括ケアシステムの構築に向けた地域支援事業の見直し

在宅医療・介護の連携推進
○在宅医療・介護の連携推進についてはこれまでモデル事業等を実施して一定の成果あり。それをふまえ、介護保険法の中で位置づけ、全国的に取り組む。 ○具体的には介護保険法の地域支援事業の包括的支援事業に位置づけ、市区町村が主体となり、地区医師会等と連携しつつ取り組む。

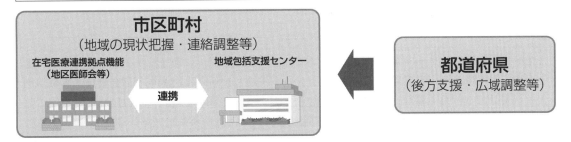

(取組（例))
①地域の医療・福祉資源の把握及び活用　…　地域の医療機関等の分布を把握し、地図又はリスト化し、関係者に配布
②在宅医療・介護連携に関する会議への参加又は関係者の出席の仲介　…　関係者が集まる会議を開催し、地域の在宅医療・介護の課題を抽出し、解決策を検討
③在宅医療・介護連携に関する研修の実施　…　グループワーク等の多職種参加型の研修の実施
④24時間365日の在宅医療・介護提供体制の構築　…　主治医・副主治医制等のコーディネート
⑤地域包括支援センター・介護支援専門員・介護サービス事業者等への支援　…　介護支援専門員からの在宅医療・介護に係る総合的な問い合わせへの対応　等

[出典]厚生労働省資料に基づき作成

7

第1章　転換期から発展期へと向かう介護保険制度

③ 地域の実状に応じて再編された地域支援事業

▶介護保険に非該当な虚弱高齢者を対象に将来介護が必要とならないよう市区町村が実施する事業で、2015年4月より大幅に見直されました。

地域のケアマネジメント機能強化を目的に2006年度より開始された事業

「地域支援事業」とは、高齢者が要支援・要介護状態にならないよう、各地域で効果的に介護予防を行い介護支援機能を強化する目的で、2006年度よりそれまで市区町村ごとに実施していた介護予防施策を再編して立ち上げられた事業です。地域包括ケアシステムの5つの構成要素の中では「予防」を担う重要な施策であり、市区町村が責任主体となって、必要に応じ地域包括支援センターが委託を受けて実施するケースもあります。

2015年度改定で3つの事業に再編された

2015（平成27）年度の制度改正では、設立から10年近くが経過したこの地域支援事業について、地域包括ケアの実現のため見直しが図られ、3つの事業として再編されました。

■地域支援事業（1）　総合事業
最も大きな改正点としては、第1章1でも示したように、従来の介護予防訪問介護と介護予防通所介護が、全国一律の基準に基づくサービスから地域支援事業における**新しい総合事業**に移行されたことが一番のポイントです。 　また、これまでは、機能の低下に応じた段階的な予防施策が講じられていましたが、見直し後は①介護予防・生活支援サービス、②一般介護予防事業に再編され、訪問や通所、生活支援など、地域の実情に応じた多様なサービスが展開されています。

■地域支援事業（2）　包括的支援事業
地域包括支援センターの業務を規定している包括的支援事業（介護予防ケアマネジメント、総合相談支援業務、権利擁護業務、ケアマネジメント支援）に新たに①**地域ケア会議推進事業**が加えられました（☞第1章9）。さらに、②在宅医療・介護連携の推進、③認知症施策の推進（認知症初期集中支援チーム、認知症地域支援推進員等）、④生活支援サービス体制整備（コーディネーターの配置、協議体の設置等）も追加されています。これらの事業については、2018（平成30）年4月までに各市区町村の判断により開始されています。

■地域支援事業（3）　任意事業
任意事業では、介護給付適正化事業、家族介護支援事業などが、地域のニーズを汲みながら市区町村ごとに実施されています。これら従来の内容に、2015年改正では認知症に関するいくつかの事業が新たに加えられています。

3 地域の実状に応じて再編された地域支援事業

介護予防・日常生活支援総合事業（総合事業）の構成

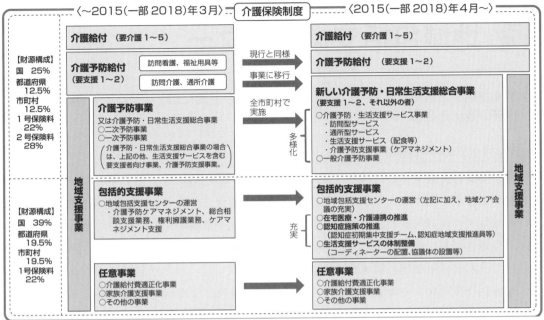

[出典]厚生労働省資料に基づき作成

医療・介護連携、認知症施策、地域ケア会議、生活支援、介護予防の充実・強化

- 地域包括ケア実現のため、地域支援事業の枠組みを活用し、以下の取組を充実・強化。
- あわせて要支援者に対するサービスの提供の方法を給付から事業へ見直し。
- これらを市区町村が中心となって総合的に取り組むことで、地域で高齢者を支える社会が実現。

区分	取組	内容
医療・介護連携 ※関係者との連携や調整を行う等の市区町村の役割を明確化	・連携強化	関係者に対する研修等を通じて、医療と介護の濃密なネットワークが構築され、効率的、効果的できめ細かなサービスの提供が実現
認知症施策	・施策の推進	認知症初期集中支援チームの関与による認知症の早期診断、早期対応や認知症地域支援推進員による相談対応等により認知症でも生活できる地域を実現
地域ケア会議	・制度化による強化	多職種連携、地域のニーズや社会資源を的確に把握可能になり、地域課題への取組が推進され、高齢者が地域で生活しやすい環境を実現
生活支援	・基盤整備等	コーディネータの配置等を通じて地域で高齢者のニーズとボランティア等のマッチングを行うことにより、生活支援の充実を実現
介護予防	・効果的な取組の推進	多様な参加の場づくりとリハビリ専門職等を活かすことにより、高齢者が生きがい・役割をもって生活できるような地域を実現

[出典]厚生労働省資料に基づき作成

第1章 転換期から発展期へと向かう介護保険制度

④ 機能・連携強化が進む 地域包括支援センター

▶地域包括ケア推進の中核拠点として2006年より全国に設置され、2015年4月より一層の強化が図られました。

地域包括ケアの中核拠点

　介護予防から介護サービスへとスムーズに橋渡しするためには、ケアマネジャーや主治医をはじめ高齢者を支える人々が相互に連携を図る必要があります。「**地域包括支援センター**」は、地域住民の保健医療の向上、ならびに福祉の増進を継続的かつ包括的に支援すること、つまり地域包括ケアを実現することを目的に全国の市区町村に設置されている地域介護の中核拠点で、2006（平成18）年4月に創設されました。

　地域包括支援センターの設置にあたっては、市区町村、または地域支援事業（包括的支援事業）の実施を市区町村から委託を受けた在宅介護支援センター、社会福祉法人、NPOなどが地域包括支援センターを設置し、運営にあたっています。また、センターの中立・公正な運営を確保するため、設置者は関係団体やサービス事業所で構成された**地域包括支援センター運営協議会**を置くことが厚生労働省により義務づけられています。

地域包括支援センターの業務は4つの事業

　地域包括支援センターでは、現在以下の4つの事業を担っています。事業の実施には、原則1センターにつき社会福祉士、保健師、主任ケアマネジャーの3名が配置されています。

総合相談・支援事業	高齢者の在宅介護や福祉サービスなど介護保険制度に限定されない各種相談の受付、支援
虐待防止・早期発見、権利擁護事業	成年後見制度の利用支援や高齢者に対する虐待防止・早期発見、判断能力を欠く常況にある人への支援等権利擁護に関する相談・支援
介護予防ケアマネジメント事業	介護予防事業のサービス利用支援等軽度者に対する一体的なケアマネジメント
包括的継続的ケアマネジメント支援事業	地域のケアマネジャーへの個別指導や支援困難事例に対する指導・助言、地域のケアマネジャーと事業者とのネットワーク支援等

　2015年度の改正以降、地域包括支援センターについては事業の自己評価及び各センターの役割に応じた人員体制の強化が図られる等、機能強化に力が注がれてきました。

　2018年度の改正では、「センターによる自己評価」「質の向上」、そして「市区町村によるセンター事業の評価」が義務条項として位置づけられました。これらの評価の実施を通じて、

4 機能・連携強化が進む地域包括支援センター

各センターにおける必要な人員体制を明らかにし、市区町村による適切な人員体制確保を促そうというものです。

地域包括支援センターの機能強化

○高齢化の進展、相談件数の増加等に伴う業務量の増加およびセンターごとの役割に応じた人員体制を強化する。
○市区町村は運営方針を明確にし、業務の委託に際しては具体的に示す。
○直営等基幹的な役割を担うセンターや、機能強化型のセンターを位置づけるなど、センター間の役割分担・連携を強化し、効率的かつ効果的な運営を目指す。
○地域包括支援センター運営協議会による評価、ＰＤＣＡの充実等により、継続的な評価・点検を強化する。
○地域包括支援センターの取組に関する情報公表を行う。

在宅医療・介護連携
地域医師会等との連携により、在宅医療・介護の一体的な提供体制を構築

生活支援コーディネーター
高齢者のニーズとボランティア等の地域資源とのマッチングにより、多様な主体による生活支援を充実

認知症初期集中支援チーム 認知症地域支援推進員
早期診断・早期対応等により、認知症になっても住み慣れた地域で暮らし続けられる支援体制づくりなど、認知症施策を推進

地域ケア会議
多職種協働による個別事例のケアマネジメントの充実と地域課題の解決による地域包括ケアシステムの構築

地域包括支援センター
※地域の実情をふまえ、基幹的な役割のセンター（※1）や機能強化型のセンター（※2）を位置づけるなどセンター間との役割分割・連携を強化

※1 基幹的な役割のセンター
（直営センターで実施も可）
たとえば、センター間の総合調整、他センターの後方支援、地域ケア推進会議の開催などを担う

※2 機能強化型のセンター
過去の実績や得意分野を踏まえて機能を強化し、他のセンターの後方支援も担う

今後充実する業務については地域包括支援センターまたは適切な機関が実施
＜例＞
・基幹的な役割のセンターに位置づける方法
・他の適切な機関に委託して連携する方法
・基幹的な役割のセンターと機能強化型のセンターで分担する方法 等

包括的支援業務 介護予防ケアマネジメント
従来の業務を評価・改善することにより、地域包括ケアの取組を充実

介護予防の推進
多様な参加の場づくりとリハビリ専門職の適切な関与により、高齢者が生きがいをもって生活できるよう支援

市町村
運営方針の策定・新総合事業の実施・地域ケア会議の実施等

都道府県
市町村に対する情報提供、助言、支援、バックアップ等

[出典]厚生労働省資料に基づき作成

第1章　転換期から発展期へと向かう介護保険制度

5 「共生型サービス」が位置づけられる

▶障害者が高齢になっても馴染みのある事業所で介護保険と障害福祉両方のサービスが受けられるよう新たに位置づけられました。

障害福祉サービス事業所で介護保険サービスが受けられる

　「共生型サービス」とは、高齢者と障害児者が同じ事業所でサービスを受けやすくすることを目的に、介護保険と障害福祉両方の制度に新たに位置づけられたサービスです。

　従来は、介護保険制度と障害福祉制度とでは指定基準が異なることなどから、同一事業所でのサービス利用が困難な状態でしたが、本サービスが設けられたことで、例えば、障害福祉サービス事業所で障害福祉サービスを受けてきた利用者が、65歳になると同じ事業所で介護保険サービスを受けられる可能性がより一層高まります。

　この共生型サービス創設の背景には、高齢者、障害児・者、子どもなど地域のあらゆる住民が役割を持ち、支え合いながら、活躍できる「地域共生社会」の実現という命題が掲げられています。

　共生型サービスでは、障害福祉サービスの指定を受けている事業所等であれば、介護保険事業所の指定が受けやすくなる特例が設けられています（その逆も同様）。

地域共生社会の実現に向けた取組の推進（法改正）
１．「我が事・丸ごと」の地域福祉推進の理念を規定 　地域福祉の推進の理念として、支援を必要とする住民（世帯）が抱える多様で複合的な地域生活課題について、住民や福祉関係者による１.把握及び２.関係機関との連携等による解決が図られることを目指す旨を明記。 ２．この理念を実現するため、市町村が以下の包括的な支援体制づくりに努める旨を規定 　○地域住民の地域福祉活動への参加を促進するための環境整備 　○住民に身近な圏域において、分野を超えて地域生活課題について総合的に相談に応じ、関係機関と連絡調整等を行う体制 　（例）地区社協、市区町村社協の地区担当、地域包括支援センター、相談支援事業所、地域子育て支援拠点、利用者支援事業、社会福祉法人、NPO法人等 　○主に市町村圏域において、生活困窮者自立相談支援機関等の関係機関が協働して、複合化した地域生活課題を解決するための体制 ３．地域福祉計画の充実 　○市町村が地域福祉計画を策定するよう努めるとともに、福祉の各分野における共通事項を定め、上位計画として位置づける。（都道府県が策定する地域福祉支援計画についても同様）

5 「共生型サービス」が位置づけられる

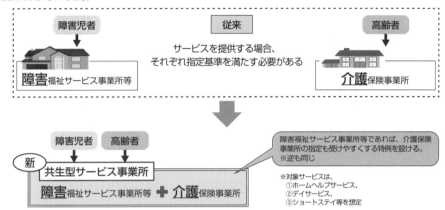

[出典]厚生労働省資料に基づき作成

[基本報酬]

■介護保険の通所介護が障害福祉のサービスを提供する場合

　　　　　○通所介護が生活介護を提供：694単位
　　　　　○通所介護が機能訓練を提供：696単位
　　　　　○通所介護が生活訓練を提供：661単位
　　　　　○通所介護が児童発達支援を提供：560単位
　　　　　○通所介護が放課後等デイサービス(授業終了後)を提供：427単位
　　　　　○通所介護が放課後等デイサービス(休業日)を提供：551単位

■介護保険の通所介護が障害福祉のサービスを提供する場合

サービス内容	報酬(単位)
通所介護が生活介護を提供	694
通所介護が機能訓練を提供	696
通所介護が生活訓練を提供	661
通所介護が児童発達支援を提供	560
通所介護が放課後等デイサービス(授業終了後)を提供	427
通所介護が放課後等デイサービス(休業日)を提供	551

■障害福祉の事業所が介護保険の通所介護を提供する割合

サービス内容	報酬(単位)
生活介護が通所介護を提供	通所介護の93／100
自立訓練が通所介護を提供	通所介護の95／100
児童発達支援が通所介護を提供	通所介護の90／100
放課後等デイサービスが通所介護を提供	通所介護の90／100

[出典]厚生労働省資料に基づき作成

❻ ICT・介護ロボットの活用を促進

▶ 深刻な介護人材不足に対応するため、介護ロボットの活用やICTの活用を促進することで介護職の負担軽減が期待されています。

介護ロボットには着装段階から現場のニーズを開発内容に反映

急速な高齢化により介護保険の利用者が年々増える一方で、介護人材はその業務のハードさから定着率が低く、人材不足が深刻化しています。こうした状況に対応するため、「介護離職ゼロ」に向けた介護人材確保対策の一環として、更なる処遇改善や中高年齢者・外国人の活躍促進に加え、介護ロボットやICTの活用が着々と進められています。

介護ロボット等の開発・普及については、開発企業と介護現場の協議を通じ着想段階から現場のニーズを開発内容に反映、開発中の試作機へのアドバイス、開発された機器を用いた効果的な介護技術の構築など、各段階で必要な支援を行うことで加速化を促します。

ロボット介護機器の開発重点分野については次ページをご参照ください。

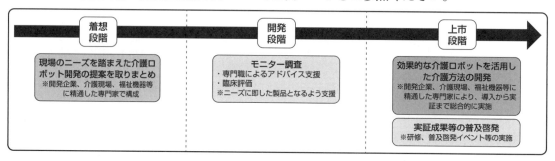

介護報酬請求業務やテレビ電話による会議への参加にICTを活用

ICTの導入については、2015年度以降に実施されたICT導入の効果調査により、日々のサービス内容の記録業務や事業所内の情報共有業務、介護報酬請求業務について導入効果が認められています。介護給付費の請求については、2018年度より原則インターネットまたは電子媒体による請求となりました。

また、訪問リハビリテーション、通所リハビリテーションにおいては、リハビリテーションマネジメント加算Ⅱで求められているリハビリテーション会議への医師の参加が困難との声があることから、テレビ電話等を活用してもよいこととされました（☞次ページ）。今後も、効率性や便宜性に寄与しサービスの向上につなげるためのツールとして、ICTの活用にますます期待が高まるところです。

6 ICT・介護ロボットの活用を促進

ロボット介護機器の開発重点分野（2017年10月改訂）

※囲み部分が改訂（追加）分野

[出典]未来投資会議 構造改革徹底推進会合「健康・医療・介護」会合（第1回）厚生労働省・経済産業省提出資料

ICTを活用したリハビリテーション会議への参加

○リハビリテーション会議（※）への医師の参加について、テレビ電話等を活用してもよいこととする。
　※関係者間でリハビリテーションの内容等について話し合うとともに、医師が、利用者やその家族に対して、その内容を説明する会議

訪問リハビリテーション、通所リハビリテーション

○リハビリテーションマネジメントで求められているリハビリテーション会議への医師の参加が困難との声があることから、テレビ電話等を活用してもよいこととする。

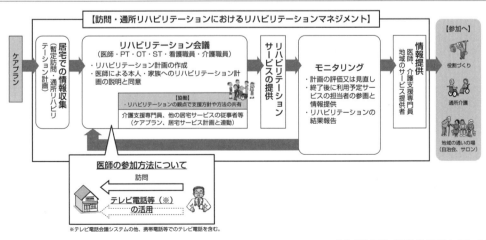

[出典]厚生労働省資料に基づき作成

15

第1章　転換期から発展期へと向かう介護保険制度

7 介護保険を持続させるための施策

▶超高齢化社会に突入しても介護保険制度の持続可能性を確保するために、一部利用者負担の引き上げや介護納付金の負担方法について見直しが行われています。

高所得層の利用者負担は3割に引き上げ

　介護保険サービスの利用者負担については制度開始以来長らく一律1割負担でしたが、2015（平成27）年8月に一定以上の所得者を対象に2割負担に引き上げられました。今回の改正では、その2割負担者の中でも**現役世代並みに所得の高い層**について、**2018（平成30）年8月より3割負担に引き上げ**られます。

　但し、一方で高額介護サービスの自己負担上限も従来の月額37,200円から44,400円に引き上げられました。これにより、居宅サービスの場合ほぼ自己負担額は変わらないと見込まれています。

介護納付金に総報酬割が導入

　2017（平成29）年8月より、介護保険の第2号被保険者（40歳〜64歳）の保険料については、従来の負担方法であった「加入者割」（加入者数に応じて納付額を負担する）から、「総報酬割」（段階的に収入に応じた納付額を負担する）に移行されています。

　厚生労働省の試算によれば、組合健保及び共済組合は負担増、協会けんぽは負担減との見解が示されています。

福祉用具貸与に上限額を設定

　レンタル福祉用具の価格設定については、かねてより同じ製品でありながら平均的価格よりも非常に高額の価格請求が行われているケースが存在するなど問題点が指摘されていました。

　今回の改正を機に、国が商品ごとに福祉用具のレンタル価格について全国的な状況を把握、すべてのレンタル福祉用具について全国平均貸与価格をホームページで公表するとともに、適切なレンタル価格を保持するために上限を設定することとされています。

7 介護保険を持続させるための施策

現役世代並みの所得のある者の利用者負担割合の引き上げ

世代間・世代内の公平性を確保しつつ、制度の持続可能性を高める観点から、２割負担者のうち特に所得の高い層の負担割合を３割とする。ただし、月額44,400円の負担の上限あり。【平成30年８月施行】

【利用者負担割合】

	負担割合
年金収入等　340万円以上（※１）	２割⇒３割
年金収入等　280万円以上（※２）	２割
年金収入等　280万円未満	１割

※１．具体的な基準は政令事項。現時点では、「合計所得金額（給与収入や事業収入等から給与所得控除や必要経費を控除した額）220万円以上」かつ「年金収入＋その他合計所得金額340万円以上（単身世帯の場合。夫婦世帯の場合463万円以上）」とすることを想定。⇒単身で年金収入のみの場合344万円以上に相当

※２．「合計所得金額160万円以上」かつ「年金収入＋その他合計所得金額280万円以上（単身世帯の場合。夫婦世帯の場合346万円以上）」⇒単身で年金収入のみの場合280万円以上に相当

【対象者数】

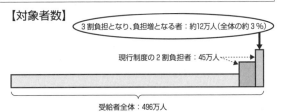

(単位：万人)

	在宅サービス	施設・居住系		合計
			特養	
受給者数（実績）	360	136	56	496
３割負担（推計）	約13	約4	約1	約16
うち負担増（対受給者数）	約11（3%）	約1（1%）	約0.0（0.0%）	約12（3%）
２割負担（実績）	35	10	2	45
１割負担（実績）	325	126	54	451

※特養入所者の一般的な費用額の２割相当分は、既に44,400円の上限に当たっているため、３割負担となっても、負担増となる方はほとんどいない。

[出典]厚生労働省資料に基づき作成

介護納付金における総報酬割の導入

○第２号被保険者（40〜64歳）の保険料は、介護納付金として医療保険者に賦課しており、各医療保険者が加入者である第２号被保険者の負担すべき費用を一括納付している。
○各医療保険者は、介護納付金を、２号被保険者である『加入者数に応じて負担』しているが、これを被用者保険間では『報酬額に比例した負担』とする。（激変緩和の観点から段階的に導入）【2017年8月分より実施】

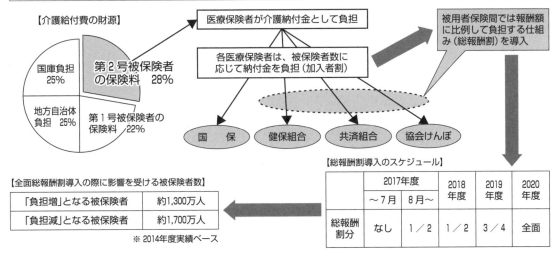

[出典]厚生労働省資料に基づき作成

第1章　転換期から発展期へと向かう介護保険制度

⑧ 保険者機能を強化し自立支援、重度化防止施策を支援

▶市区町村の保険者機能強化と自立支援・重度化防止に向けた取り組みを支援すべく、一定の成果を上げた保険者に国から財政的インセンティブが付与されます。

一定の成果を上げた市区町村や都道府県に国が交付金を増額

　高齢化が急速に進展し医療や介護のニーズがますます高まる中にあって、地域包括ケアシステムを推進し、かつ制度の持続可能性を維持していくためには、**全国の市区町村（保険者）がそれぞれの地域における課題を分析し、高齢者が自立した生活を送っていただくための取り組みを進める**ことが必要です。これまでも要介護認定率が年々増加傾向にある中で、例えば埼玉県和光市や大分県においては独自の取り組みで要介護認定率の減少に成功しており、きちんとした課題分析とそれに見合った取り組みが実行されれば成果に結びつくことが実証されています。

　本改正では、各市区町村が保険者機能を存分に発揮し自立支援・重度化防止に取り組むにあたっての支援策として、財政的インセンティブが新たに導入されました。これは、自立支援や介護予防において一定の成果を上げた市区町村や都道府県を評価し、国が交付金を増額するという仕組みです。具体的には、**①国から提供されたデータの分析及び計画の策定、②その達成状況に応じた実績評価、さらに③財政的なインセンティブを付与する**ことが制度化されています。

　保険者機能に依存する取り組みの先鋒としては、2014年改正で予防給付の訪問介護と通所介護サービスが地域支援事業の「総合事業」に移行されましたが、今回の法整備は介護保険サービス全体にかかるものとして、より一層保険者としての資質が問われる、重要な意味合いを含んでいるといえます。

　主な法律事項は、以下の通りです。

自立支援・重度化防止を視野に入れた主な法律事項
●介護保険事業（支援）計画の策定に当たり、国から提供されたデータの分析の実施
●介護保険事業（支援）計画に介護予防・重度化防止等の取組内容及び目標を記載
●都道府県による市町村支援の規定の整備
●介護保険事業（支援）計画に位置づけられた目標の達成状況についての公表及び報告
●財政的インセンティブの付与の規定の整備

8 保険者機能を強化し自立支援、重度化防止施策を支援

保険者機能の強化等による自立支援・重度化防止に向けた取り組みの推進

○高齢化が進展する中で、地域包括ケアシステムを推進するとともに、制度の持続可能性を維持するためには、保険者が地域の課題を分析して、高齢者がその有する能力に応じた自立した生活を送っていただくための取組を進めることが必要。

○全市町村が保険者機能を発揮して、自立支援・重度化防止に取り組むよう、
　①データに基づく課題分析と対応（取組内容・目標の介護保険事業（支援）計画への記載）
　②適切な指標による実績評価
　③インセンティブの付与
　を法律により制度化。

〈具体的な取り組み内容〉

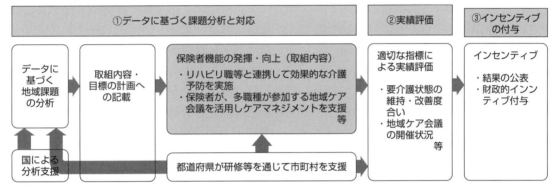

[出典]厚生労働省資料に基づき作成

重度化防止のモデル事例

グラフは2011年→2015年の要介護認定率の推移を示すもの。全国数値が上昇傾向を示しているのに対し、和光市、大分県はいずれも減少している。

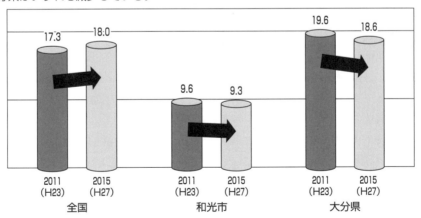

[出典]厚生労働省資料に基づき作成

第1章　転換期から発展期へと向かう介護保険制度

❾ 地域包括ケア構築のカギを握る「地域ケア会議」

▶地域ケア会議は2012年度より地域包括支援センター業務に位置づけられ、市区町村と地域資源とをつなぐ場として重要視されています。

保険者と地域資源をつなぐ重要な事業

　地域包括ケア実現のためには、地域資源をどのように活用していくべきか、保健・医療・福祉等の専門機関や住民組織・民間企業など多様な職種による話し合いが必須となります。**地域ケア会議**とは、こうした多職種が集まり、課題を的確に把握し、解決手段を見出すことを目的とした会議で、地域包括支援センターまたは市区町村が主体となって開催します。

　地域ケア会議は2012（平成24）年の改正時に、地域包括支援センターの業務として位置づけられました。ところが、これまで一度も開催しない市区町村があるほか、実施しても不定期であったり、単なる検討会レベルにとどまるなど、本来の目的である「高齢者の支援の充実」や「地域資源の開発」の実現にはほど遠いケースが多く見受けられました。こうした経過をふまえ、2015年度の改正時には地域ケア会議を通じて市区町村が介護サービス事業者、医療機関、民生委員、ボランティア等と連携することが努力義務となりました。また、外部委託する場合は市区町村が委託先に実施方針を示すことも義務づけられています。

　この地域ケア会議が機能すれば、保険者と地域資源とが一体となり、地域包括ケアシステム構築に大きく貢献することになります。

「個別課題の解決」から地域のケア体制整備につなげる

　地域ケア会議を進めるにあたっては、大きく2つの流れがあります。一つは、個別の事例を課題として、地域包括支援センターのケアマネジャーが事例発表者となり、どのような地域資源を活用して課題解決を図るか、多職種（実務者レベル）により支援内容を検討していくものです。もう一つは、個別事例に見受けられる地域特有の課題を代表者（管理者）レベルで話し合い、需要に見合ったサービスの基盤整備につなげたり、介護・医療の福祉施策に反映させていく機能も担っています。これらに加え、「日常生活圏域」での地域ケアを絡めることで、自助（高齢者）、互助（ボランティア等の活用）、共助（介護保険等社会保険制度の利用）、公助（社会福祉制度の活用）を組み合わせた地域ケア体制の整備が進められます。

　参加職種は、自治体職員（介護保険担当、地域福祉課、障害福祉課等）、包括職員、ケアマネジャー、介護事業者、民生委員、リハビリ職、医師、薬剤師、看護師等に加え、自治会の代表者住民代表などの参加も参加することで活性化が期待されます。

　なお、厚生労働省より地域ケア会議の実践事例集が示されていますのでご参照ください。

「地域包括ケアの実現に向けた地域ケア会議実践事例集」
［URL］http://www.mhlw.go.jp/seisakunitsuite/bunya/hukushi_kaigo/kaigo_koureisha/chiiki-houkatsu/dl/link3-0-01.pdf

9 地域包括ケア構築のカギを握る「地域ケア会議」

地域ケア会議の推進

地域包括支援センター等において、多職種協働による個別事例の検討等を行い、地域のネットワーク構築、ケアマネジメント支援、地域課題の把握等を推進する。
※従来の包括的支援事業（地域包括支援センターの運営費）とは別枠で計上

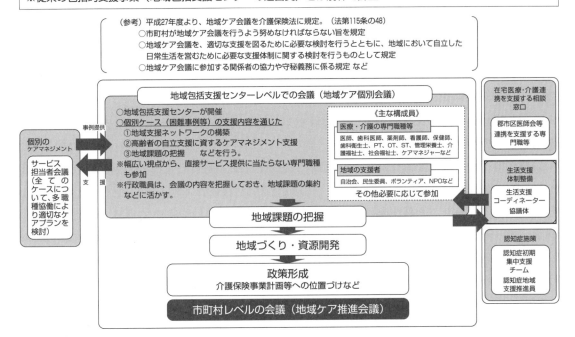

個別ケース検討の積み重ねによる政策提案への視点（一例）

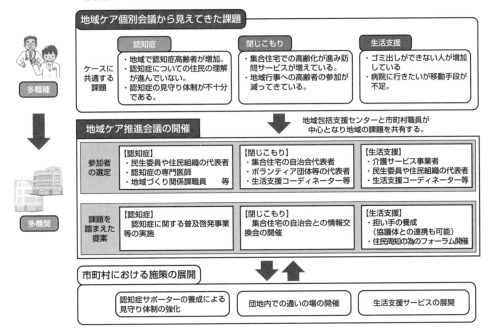

[出典]厚生労働省資料に基づき作成

第1章 転換期から発展期へと向かう介護保険制度

⑩ 生活中心型の担い手拡大化を推進（訪問介護）

▶訪問介護サービスにおいて、介護福祉士等が身体介護中心に担うことになったことに関連し、生活援助中心型の人材確保の裾野が拡大されることとなりました。

生活援助従事者の裾野を広げ人出不足解消につなげる

今回の改正の中でもう一つ着目すべきポイントといえるのが、この訪問介護における**生活援助中心型の担い手の拡大**です。

訪問介護サービス（身体介護・生活援助）については、従来のサービス提供者は介護福祉士、訪問介護員に限定されていました。一方で、「生活援助は家事代行に使われている」など言った指摘もあり、介護報酬の改正を迎えるたびに生活援助を抑制する動きが活発化し、議論が繰り返されてきたところです。しかし実際のところ、生活援助も介護を要する人たちにとっては必要なサービスであり、身体介護と生活援助を切り分けるのは現実的でないという見方も根強く残っていました。今回の改正ではここにメスを入れ、訪問介護の担い手拡大に向け、さらなる人材の育成が掲げられたというわけです。

具体的には、介護福祉士等は身体介護を中心に担うこととし、生活援助中心型については、人材の裾野を広げて担い手を確保しつつ質を確保するため、現在の訪問介護員の要件である130時間以上の研修は求めず、**生活援助中心型のサービスに必要な知識等に対応した研修を修了した者が従事できる**ようになりました。このことを踏まえ、介護保険法施行規則を改正し、新たに**生活援助従事者研修課程**が創設されるに至っています。

生活援助従事者研修のカリキュラムは59時間で一部通信学習も可能

新研修のカリキュラムはトータル59時間で設定、受講者の負担を軽減する観点から、通信学習による実施も認めるルールが定められているのが特徴です（29時間を上限とする）。実際の通信学習の上限範囲は、実施主体の事業者や都道府県が定めることとなっています。

この新研修受講者が介護職員初任者研修（130時間）も受講する場合は、重複内容を除く71時間の研修を受講すれば修了とみなされます。

加えて、他の介護職員研修の修了者にも都道府県の判断により新研修の一部免除が認められています。このほか、介護老人福祉施設等に介護職員として一定期間就労したことのある実務経験者も、同じく都道府県の判断で一部免除が認められます。

身体介護と生活援助の担い手を切り分け、裾野を広げる。前回の介護予防通所介護の総合事業移行も含め、今、訪問介護は大きな転換期を迎えているのです。

10 生活中心型の担い手拡大化を推進（訪問介護）

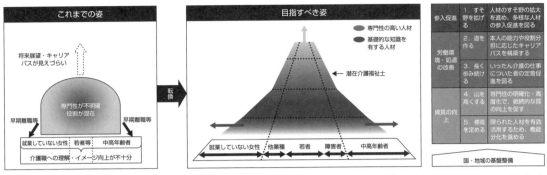

介護人材確保の目指す姿 ～「まんじゅう型」から「富士山型」へ～

[出典]厚生労働省資料に基づき作成

（新設）生活援助従事者研修

- □目　　的：生活援助中心型のサービス従事者の裾野拡大、担い手の質の確保
- □実施主体：都道府県、都道府県知事の指定者
- □対 象 者：当サービスに従事希望者（経験者・関連資格取得者には一部課程の免除あり）
- □研修科目及び研修時間数

No.	カリキュラム	研修概要	履修時間
1	職務の理解	研修修了者が行う職務の範囲および緊急時の対応について必要な内容を含む。必要に応じ施設見学等実習を活用する。	2時間
2	介護における尊厳の保持・自立支援	介護職とは利用者の尊厳と自立を支える専門職である旨自覚を促した上で、サービス提供における基本的視点を理解する。	6時間
3	介護の基本	介護従事にあたり、介護職としての倫理や生じうるリスクを十分に理解した上で、介護を行うことの必要性を認識する。	4時間
4	介護・福祉サービスの理解と医療との連携	介護職として最低限知っておくべき介護保険・障害者福祉制度の目標、サービス利用の流れ、役割と責務について理解する。	3時間
5	コミュニケーション技術	サービス提供の際に必要となる観察や記録、報告等チームでのコミュニケーションの方法を理解する。	6時間
6	老化と認知症の理解	加齢・老化に伴い起こりうる心身の変化や疾病、認知症等について基本的な視点を理解する。	9時間
7	障害の理解	障害の概念、国際生活機能分類、障害者福祉の基本的な考え方について理解する。	3時間
8	こころとからだのしくみと生活支援技術	介護技術の根拠となる人体構造や機能について知識を習得し、安全な生活援助を中心とする訪問介護の提供方法等を学ぶ。	24時間
9	振り返り	必要に応じ施設の見学等実習を実施する。	2時間
		TOTAL	59時間

※1．講義と演習を一体的に実施すること。
※2．上記とは別に、筆記試験による修了評価（0.5時間程度）を実施すること。
※3．「8．こころとからだのしくみと生活支援技術」においては移動・移乗に関連した実習を2時間実施すること。
　　また「1．職務の理解」「10．振り返り」においては施設の見学等の実習を活用するほか、効果的な研修を行うため必要があると考えられる場合は他のカリキュラムにおいても施設の見学等実習を活用することも可能。

[出典]厚生労働省資料に基づき作成

■日本と海外の介護保険の違いは？

●コラム●介護保険Plus 1

　海外には、日本の介護保険のお手本とされている先進的な介護保険制度があります。その一つが、ドイツの介護保険制度です。

　1994年に創設されたドイツの介護保険制度は、介護保険法に基づき、社会保険方式により、保険者である介護金庫（医療保険者である疾病金庫が兼ねる）が、被保険者に保険給付を行います。被保険者は公的医療保険に加入している全国民が対象で、給付を受けるには要介護認定（3段階）を受けます。サービス体系は在宅サービス（訪問介護、通所介護、短期入所介護、福祉用具の貸与・購入）と施設サービスがあり、両サービスとも保険給付額は要介護度に応じて設定され（障害者施設は原則給付対象外）、在宅サービスでは支給限度額が設けられています。財源は全額保険料で賄われ、保険料率は現在原則1.7％（労使折半）です。オランダも、ドイツ同様社会保険方式により介護保障を行っています。

　一方、イギリスやスウェーデンのように、基礎的自治体が全住民を対象として税財源により介護保障を行っている国もあります。イギリスでは、1993年に施行された「コミュニティケア法」に基づき、地方自治体が各々の行政区域内で支援を必要とする者に対し社会サービスを提供しています。サービス提供時にはミーンズテスト（所得審査）が行われ、管理自治体のもとでケア計画の策定、アセスメント、ケアマネジメントが実施されます。サービス提供は民間事業者に委託する形式が普及しています。利用者負担は、所得による応能負担です。

　これら海外の先進的な介護保険に対し、日本の介護保険制度は、介護保険とケアマネジメントの連携を図った、前例のない制度と言えるでしょう。しかしながら、システムが複雑であることや、世界で最初に高齢社会を迎えるという課題もはらんでいます。いずれにせよ、他国における優れた介護施策にも目を向けながら、定期的に見直しを図りつつ、介護保険制度を熟成させていく必要があるといえます。

[ドイツ、オランダ]
○社会保険方式による介護保障
○被保険者の範囲には、年齢や障害種別による区別なし

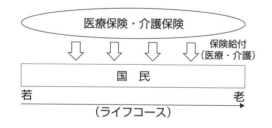

[スウェーデン、イギリス]
○地方自治体が税財源により社会サービスの一環として介護サービス提供
○社会サービス（介護サービス含む）の対象は、年齢や障害種別による区別なし

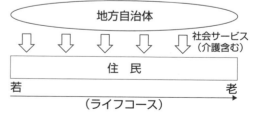

第2章

まず「介護保険」とは何かを
理解しよう

そもそも、介護保険制度とはどのような経緯で生まれたの？

介護保険サービスとはどのように運営されているの？

サービス市場の現状はどうなっているの？

本章では、介護保険制度のあらましについて、

基本中のキホンをおさらいしていきます。

第2章　まず「介護保険」とは何かを理解しよう

① 介護保険制度とはどんなもの？

▶**介護が必要な高齢者と家族を支援する、多彩なサービスが用意された利用者主体の社会保険制度です。**

家族まかせの介護から社会全体で高齢者を支える介護体制へ

　介護保険制度とは、介護が必要な状態にある高齢者とその家族を、社会全体で支えることを目的に、2000（平成12）年に施行された社会保険制度です。

　近年、少子化が深刻化する中で、高齢社会の波も着実に押し寄せています。日本の総人口に対する65歳以上の高齢者人口の割合（高齢化率）は、2000年当時で17.3％、つまり6人に1人が高齢者でしたが、2035年にはこれが32.8％（約3人に1人）となり、さらに2065年には38.4％と、総人口の実に4割近くが65歳以上の高齢者になると予想されています。

　実生活の面でも、核家族化や女性の社会進出などにより家庭内の介護力が低下し、もはや家族のみでお年寄りを支えられる時代ではなくなってきているというのが実情です。

　こうした社会情勢を踏まえ、高齢者とその家族をサポートする社会保険制度として、2000年4月より介護保険制度がスタートしたというわけです。

高齢者を取り巻く医療と福祉の機能を「介護保険」で一本化

　もう一つ、介護保険制度に求められた目的は「**制度の統合化**」でした。

　介護保険が施行される以前は、高齢者に対するサービスは医療保険制度の一環である「**老人保健制度**」と、「**老人福祉制度**」に分かれていました。しかし、この「老人保健制度」と「老人福祉制度」とでは制度の運用方法に違いがあり、しかも「老人福祉制度」は一般的には「措置制度」と呼ばれ、利用したいサービスを選択することができず、施されるままに受けるしかないという制約もあったために、利用者にとっては長い間非常に使いづらい状態が続いていました。

　そこで、これらの高齢者向けの制度を一本化し、バラバラだった「介護」「医療」「福祉」の3つのサービスを束ね、一定の条件を満たせば本人や家族がサービスメニューを選択できる、利用者本位の制度に改めることが、介護保険制度を制定する上でのもう一つの大きな狙いでもあったのです。

1 介護保険制度とはどんなもの？

介護保険はこうして生まれた

高齢化の推移と将来推計

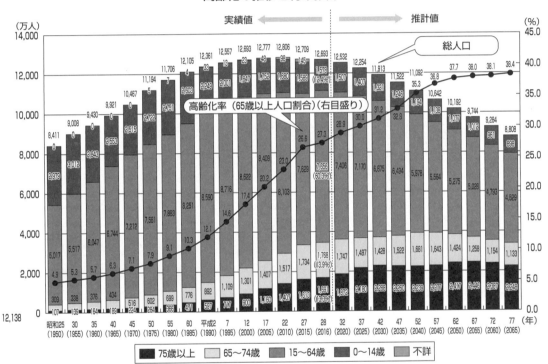

資料：2015年までは総務省「国勢調査」、2016年は総務省「人口推計」（平成28年10月1日確定値）、2020年以降は国立社会保障・人口問題研究所「日本の将来推計人口（平成29年推計）」の出生中位・死亡中位仮定による推計結果
（注）2016年以降の年齢階級別人口は、総務省統計局「平成27年国勢調査　年齢・国籍不詳をあん分した人口（参考表）」による。年齢不詳をあん分した人口に基づいて算出されていることから、年齢不詳は存在しない。なお、1950年〜2015年の高齢化率の算出には分母から年齢不詳を除いている。

[出典]厚生労働省資料に基づき作成

第2章 まず「介護保険」とは何かを理解しよう

② 介護保険サービスを利用できる人は？

▶原則40歳以上の全ての国民が利用可能です。但し、64歳までは利用条件が限定されています。

40歳以上が加入を義務づけられている

　介護保険制度は、制度を運営・管理する「**保険者**」と、介護保険の加入者となって保険料を負担し、サービスを受給できる「**被保険者**」により成り立っています。

　介護保険の被保険者は、「**40歳以上の日本国内に住所を所有する人**」と定められています。また、所定の条件を満たしていれば、在日外国人でも介護保険サービスに加入できます。

　一方、保険者は各市区町村で、被保険者の資格の認定・管理や、保険料の徴収、サービスの提供などを行います。

　介護保険の加入に際しては、とくに手続きの必要はありません。ただ、国が定めた公的な保険制度ですので、40歳になれば、特別な場合（**適用除外**）を除き、誰もが加入する義務を負っています。

受給対象者の範囲拡大は引き続き議論されている

　2006（平成18）年の介護保険法改正時には、保険料負担年齢と保険給付を受けられる人の範囲拡大、つまり40歳以上とされている対象年齢の引き下げについて検討が行われました。2012年、2015年の改正でも見送られましたが、今後も引き続き論議されることになりそうです。

第1号被保険者は要介護認定者であればサービス利用可

　介護給付を受けられる被保険者は、「**第1号被保険者**」（65歳以上）と「**第2号被保険者**」（40～64歳）に区分されます。

　第1号被保険者は、地域の自治体から要支援・要介護認定を受ければ、原因に関係なく、要介護認定度に応じたサービスが受けられます。これに対し、第2号被保険者が介護保険サービスを受けるには、原則医療保険の加入が条件となります。

　なお、介護保険の被保険者で、生活保護を受給している場合の自己負担分（介護費用の1割）は、「**介護扶助**」（☞巻末資料(1)か行）という形で生活保護法により負担されます。また、介護保険の被保険者以外の利用者（40歳以上65歳未満）で、生活保護を受給している場合の介護サービス費用（10割）全てについても、介護扶助として負担されます。

2 介護保険サービスを利用できる人は？

介護保険適用除外施設

以下の施設・医療機関に入所・入院中は、介護保険の「適用除外」となります。

1	障害者の日常生活及び社会生活を総合的に支援するための法律第29条第1項に規定する**指定障害者支援施設**（生活介護及び施設入所支援に限る）
2	障害者の日常生活及び社会生活を総合的に支援するための法律第5条第11項に規定する**障害者支援施設**（生活介護に限る）
3	児童福祉法第42条第2号に規定する**医療型障害児入所施設**
4	児童福祉法第6条の2第3項の厚生労働大臣が指定する**医療機関**
5	**独立行政法人国立重度知的障害者総合施設**のぞみの園法に規定する**福祉施設**
6	国立及び国立以外の**ハンセン病療養所**
7	生活保護法第38条第1項第1号に規定する**救護施設**
8	労働者災害補償保険法第29条第1項第2号に規定する**労働者災害特別介護施設**
9	**障害者支援施設** （備考）知的障害者福祉法第16条第1項第2号に係るものに限る
10	**指定障害者支援施設** （備考）生活介護及び施設入所支援の支給決定を受けて入所している知的障害者及び精神障害者に係るものに限る
11	障害者の日常生活及び社会生活を総合的に支援するための法律第29条第1項の指定障害者福祉サービス事業者であって、障害者の日常生活及び社会生活を総合的に支援するための法律施行規則第2条の3に規定する**施設**（療養介護に限る）

介護保険サービスを利用できる人は…？

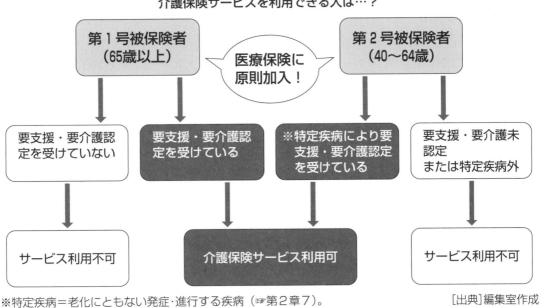

※特定疾病＝老化にともない発症・進行する疾病（☞第2章7）。

[出典]編集室作成

第2章 まず「介護保険」とは何かを理解しよう

❸ 介護保険サービスの利用者はどのくらいいるの？

▶すでに受給資格者数は500万人を突破、団塊世代が75歳以上となる2025年には750万人に達すると推計されています。

サービスを受給できる要介護者数は500万人超へ

　介護保険が導入された2000（平成12）年4月から2015（平成27）年4月の間に、65歳以上の高齢者（第1号被保険者）の数は2,165万人から3,347万人へと1,182万人（155％）の増加となりました。介護サービスが受給できる要介護・要支援認定者数でみても、218万人から592万人と374万人（272％）増加しています。

　このうち、実際にサービスを利用した人の数は、2000年4月の149万人から2015年4月には512万人と、13年間で約3倍となり、実に要介護認定者の8割強が介護保険サービスを利用しているという結果となっています。このように、高齢社会の急速な進行に伴い、介護保険の利用者数は年々増加の一途をたどっています。

在宅をベースに介護を受ける利用者が急増中

　介護サービスの利用状況に着目してみると、居宅サービスの利用者（1か月平均）は2000年度の97万人から2015（平成27）年度には382万人と、15年の間に約4倍に増加しています。一方、施設サービス（介護老人福祉施設、介護老人保健施設、介護療養型医療施設）のサービス受給者数は2000年度の52万人に対し2015年度は90万人と約1.7倍の増加にとどまっており、圧倒的に在宅を基盤に介護サービスを受ける傾向がますます高まっているのが現状です。この他、2006年度からスタートした地域密着型サービスは、開始から10年間で14万人から40万人と3倍近くに増えています。

2025年には要介護者の数が750万人に

　2007（平成19）年から2009（平成21）年にかけ、「団塊の世代」といわれる戦後のベビーブーム世代が退職のピークを迎え、2015年には65歳以上の高齢者の域に達しました。さらに、2025年には介護リスクが非常に高くなる75歳以上の「後期高齢者」へと突入します。この頃には、要介護・要支援者数はあわせて750万人を突破すると推定されています。

　このような社会構造の変化に加え、住み慣れた地域での生活を望む高齢者が増えているという実情を踏まえ、第1章でお伝えしたような医療、介護、住まい、そして自立した日常生活を包括的に支援する「地域包括ケアシステム」の実現に向け、急ピッチで整備が進められています。

3 介護保険サービスの利用者はどのくらいいるの？

第1号被保険者数の推移（万人）

各年4月末時点

2000年	2001年	2002年	2003年	2004年	2005年	2006年	2007年	2008年	2009年	2010年	2011年	2012年	2013年	2014年	2015年
2,165	2,247	2,322	2,398	2,453	2,516	2,594	2,682	2,757	2,838	2,895	2,907	2,987	3,103	3,210	3,308

[出典] 厚生労働省老健局「介護保険事業状況報告」に基づき作成

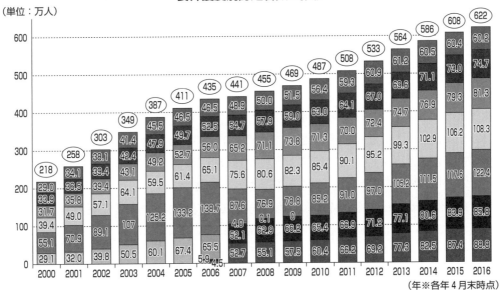

要介護度別認定者数の推移

[出典] 介護保険事業状況報告 月報

介護保険サービス受給者数の推移

[出典] 平成28年版厚生労働白書に基づき作成

第2章　まず「介護保険」とは何かを理解しよう

④ 介護の費用総額は年間でいくらかかっているの？

▶制度開始15年で10兆円を超え、2025年には20兆円に達する勢いで需要が増え続けており、制度存続のため喫緊の対策が求められています。

居宅サービスを中心に増加の一途をたどる介護費用

介護保険制度が定着し、サービス利用が大幅に伸びたことに伴い、介護にかかる費用も急速に膨れ上がっています。

厚生労働省の調査によれば、介護保険制度開始当時の2000年度には3.6兆円であった介護費用は、2014年度には10兆円を超え、2016年度には10.4兆円と約3倍にまで増大しています。このまま需要が高まっていくと、団塊の世代が75歳以上の後期高齢者となる2025年には、介護に要する費用は21兆円に膨れ上がると推計されています。

また、介護保険サービス開始時には全国平均で2,911円であった介護保険料も、現在は5,000円超となり、2025年には8,000円台に達するとみられています。

一方、年齢階級別で介護費用の推移を追っていくと、年齢層が上がるにつれ、介護費用も年々膨らんでいることが見て取れます。特に、90歳以上では2006（平成18）年の130.6万円から2013（平成25）年には153.9万円と7年間で23万円超の伸びを示しており、費用負担の増大が如実に表れています。

サービス存続のカギを握る「地域包括ケアシステム」

介護保険サービスが利用されることは、介護保険制度が世に受け入れられていることを示すものであり、好ましいことには違いありません。しかしながら、今後ますます少子高齢化、さらには独居高齢者の増加が進む中、制度の存続を念頭に置くならば、なんらかの手を打って費用の伸びを抑制することは、国や地方自治体にとって、喫緊の課題といえるでしょう。

このような状況を踏まえ、社会保障制度改革全体を見据えた医療介護総合確保推進法による介護分野の制度改革として、「**地域包括ケアシステム**」（☞第1章2）の構築、および介護保険制度の持続を確保するための見直しが進められているところです。

4 介護の費用総額は年間でいくらかかっているの？

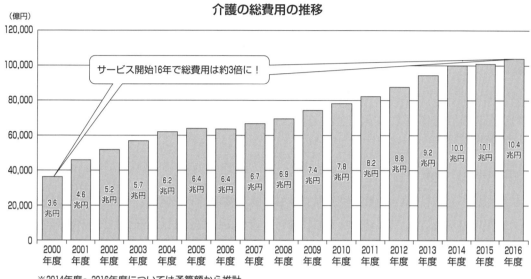

介護の総費用の推移

※2014年度～2016年度については予算額から推計。
※介護保険に係る事務コストや人件費などは含まない。

[出典]厚生労働省資料に基づき作成

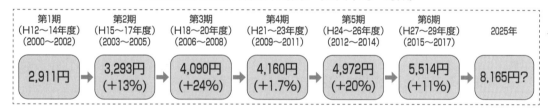

65歳以上が支払う保険料の推移（全国平均・月額）

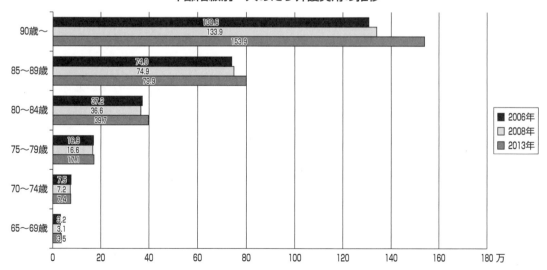

年齢階級別一人あたり介護費用の推移

※介護給付費実態調査（厚生労働省）、人口推計（総務省統計局）。
※各年の10月1日の65歳以上人口で、各年の5月審査分～4月審査分の費用を割ったもの。

[出典]厚生労働省資料に基づき作成

33

第2章　まず「介護保険」とは何かを理解しよう

⑤ 医療保険と介護保険との違いは？

▶医療保険は全国民が加入必須なのに対し、介護保険は原則40歳以上の全ての国民が対象です。

医療保険も介護保険も「社会保険」

　私たちは、人生において常にさまざまなリスクと隣り合わせに生きています。「**社会保険**」とは、常日頃からこうした不測の事態に備え、身体的、経済的に生活の安定が図れるようにつくられた社会保障制度です。

　社会保険とは国や地方公共団体など公の機関が管理・運営する保険の総称で、一定の規定を満たした法人や個人には加入が義務づけられています。種類は保障内容によって異なり、病気やケガに備える保険が「医療保険（健康保険）」、介護が必要になったときに利用できるのが「介護保険」になります。この他、「労災保険」、「年金保険」、「雇用保険」も社会保険に含まれます。医療保険は全ての国民に加入が義務づけられている一方で、介護保険は「40歳以上全ての人」と強制加入の対象が限定されています。

サービス提供のプロセスが異なる医療保険と介護保険

　医療保険では、病院に行った際に保険証を提示すれば保険が適用されます。これに対し、介護保険ではサービス内容により供給体制が異なるため、例えば第1号被保険者がいきなり通所リハの施設に行っても、リハビリを受けることはできません。つまり、どのような心身状態にあるのかをあらかじめ明らかにしていなければ、サービスが受けられないのです。そこで、最初に「要介護認定」を受け、どのようなサービスを必要としているのか明確にした上で、ケアプランを立ててサービスを受ける、というプロセスが用意されているのです。

介護保険は「予防サービス」にも適用される

　医療保険では、原則として治療には上限がなく、医師の判断に基づき利用者が必要とする医療を原則3割の自己負担で受けることが可能です。一方、介護保険の場合は、認定を受けた要介護度に応じて利用できるサービスの上限（利用限度額）が定められており、この上限を超えたサービス費については、原則全額自己負担となります。

　但し、介護保険には特有のサービスとして「**介護予防サービス（予防給付）**」があります。例えば、医療保険では人間ドックや予防接種など病気の予防には保険は適用されませんが、介護保険では「要支援」と認定されれば、介護予防サービスを利用し、保険の適用を受けることができます（☞第3章2）。

5 医療保険と介護保険との違いは？

```
┌─────────────────────┐        ┌─────────────────────┐
│   医療保険           │        │   介護保険           │
│                     │        │                     │
│ ●通常の医療          │        │ ●要介護者の心身の特性に適した医療 │
│                     │        │                     │
│ ◇一般の医療機関における│       │ ◇かかりつけ医による医学的管理等    │
│   外来・入院         │        │ ◇看護師等による訪問看護           │
│                     │        │ ◇訪問・通所リハビリテーション      │
│                     │        │ ◇老人保健施設への入所            │
│                     │        │ ◇介護体制が整った病院への入院      │
└─────────────────────┘        └─────────────────────┘
```

介護を必要とする方

[出典] 編集室作成

医療保険と介護保険の特徴比較

	医療保険	介護保険
種類	国民健康保険、健康保険、船員保険、国家公務員共済組合等	介護保険
保険者	市区町村や健保、共済組合等	市区町村
給付対象者	全国民	65歳以上の全員、ならびに40〜64歳の要介護認定者
給付目的	病気やケガで通院・入院したときに保険金が支払われる	介護が必要な状態になったときに保険金が支払われる
給付の自由度（迅速性）	自由に病院を選択でき、受診した医師の判断によって即適用される	市区町村に申請し要介護認定を受けてから利用する
給付内容の選択	医療内容は受診した医師の判断によって決定され、提供される	要介護度毎の支給限度額に基づき、利用者本人や家族が必要なサービスを選択する
具体的な給付内容例	①診療 ②薬剤または治療材料の支給 ③手術・処置等の費用 ④訪問診療・訪問看護 ⑤医療施設への入院・療養に伴う諸費用	①介護施設や病院などに費用を支払った場合 ②在宅介護の際の介護サービス提供を受けた場合 ③住宅改修費用　　　　　　　　etc.
給付範囲	原則として必要な分だけの医療が提供される（上限なし）	要介護度ごとに利用限度額が設定されている（上限あり）
自己負担額	原則3割	原則利用限度額の1割、所得額に応じ2割または3割。利用限度額を超えた部分は全額
審査機関	支払基金、国保連合会	国保連合会
提供機関	医療機関	居宅サービス事業所、介護保険施設、福祉施設、指定居宅介護支援事業者など
提供機関の民間参入	原則として規制されている	事前に都道府県の指定が得られれば自由（一部規制あり）
予防給付の有無	なし	あり

[出典] 編集室作成

35

第2章　まず「介護保険」とは何かを理解しよう

❻ 介護保険の保険者とは？

▶介護保険事業の運営主体のことで、基本的には市町村、特別区が保険者となります。小規模地域では複数の自治体共同で保険者となるところもあります。

全国の市町村、特別区が介護保険事業を運営する

　保険者とは、健康保険や介護保険などの保険事業を運営するために保険料を徴収したり、保険給付を行ったりする運営主体のことです。介護保険では、全国の市町村および特別区（東京都23区）が保険者とされています。

　保険者は、一定の要件にあてはまる人を被保険者として介護保険に加入させ、保険料を徴収し、その保険料収入や国などからの負担金等を財源に、保険財政の均衡を図りながら事業運営を行います。そして、介護が必要となった人（要支援者・要介護者）に対し、介護サービスを提供します。

小規模地域では複数の自治体が共同で保険者となることも

　人口が集中する都市部に比べ、過疎化が進む地域では、財政規模が小さく単独で介護保険事業に取り組むことが困難なところもあります。近年は市町村合併によりこうした状況も改善されつつありますが、それでも被保険者数の少ない小規模な地域では、地方自治法に基づき複数の市町村が共同で保険者となる「**広域連合**」（☞巻末付録(1)か行）をつくることができます。これにより、地域の保険財政やサービス基盤の安定化、事務処理の円滑化を総合的かつ計画的に推し図ることができ、さらには市町村間での保険料の格差を解消させることにもつながります。

法改正を重ねるごとに保険者機能の強化が促進されている

　保険者の主な役割は、介護保険を淀みなく効率的に運営・管理し、財源に責任を持つことです。そのためには、被保険者に対して適切な情報を提供する等、保険者と被保険者の関係強化を図ることも大切ですし、同時に適切な給付が行われているか、利用者に最適なケアプランが実施されているか等のチェック機能を持つことも不可欠です。

　2006年度の改正では、被保険者への情報提供の充実化を押し進めるとともに、不正請求等を防止するための監督機能が与えられました。2012年改正においても、医療・介護保険制度のセーフティネット機能の強化・給付の重点化、低所得者対策などさらなる保険者機能の強化が図られています。さらに、介護保険外の事業ではありますが、2012年改正時には市区町村の判断で実施することと定められていた「**総合事業（介護予防・日常生活支援総合事業）**」（☞第3章3〜6）が、2015年の改正により「全ての市区町村」で実施することが義務づけられ、2017（平成29）年4月までに整備が完了しています。今後も、介護・福祉施策において国から地方への権限移行がますます進むものと予想されます。

6 介護保険の保険者とは？

保険者のおもな事務

（1）被保険者の資格管理

A. 認定資格の管理
B. 被保険者台帳の作成
C. 保険証の発行及び更新
D. 住所地特例の届出受理及び管理

（2）要支援・要介護認定業務

A. 介護認定審査会の設置
B. 要介護認定にかかる事務

（3）保険給付にかかる業務

A. 現物給付の審査及び支払い（→国保連に委託）
B. 居宅サービス依頼の届出受付（→指定居宅介護
　支援事業者へ）
C. 種類支給限度基準額の設定、及び区分支給限度
　基準額の管理等
D. 特例サービス費など償還払いに対する保険給付
E. 給付の適正化、他制度との給付に関わる調整等
F. 高額介護サービス費の支給

（4）保険料の徴収にかかる業務

A. 被保険者の徴収料率決定（第1号保険料）
B. 普通徴収（第1号保険料）
C. 滞納者への督促・滞納徴収等

（5）会計等財政運営

A. 市町村一般会計の負担
B. 国庫定率負担、都道府県負担等の申請及び収納
C. 特別会計の設置・管理

（6）規定や条例にかかる業務

A. 介護保険の改正などによる固有の条例の制定等

（7）市町村計画の策定にかかる業務

A. 介護保険事業計画の作成

（8）事業者への指導・監督業務

A. 地域密着型サービスにおける事業者指定、指
　導・監督

（9）地域支援事業の実施

A. 介護予防事業のマネジメント等
B. 地域包括支援センターの設置

[出典]介護保険法及び厚生労働省資料により基づき作成

第2章　まず「介護保険」とは何かを理解しよう

7 介護保険の被保険者とは？

▶介護保険の加入者のことで、年齢に応じ65歳以上の「第1号被保険者」と、40〜64歳の「第2号被保険者」に区分されます。

被保険者区分によりサービス利用の条件が異なる

　介護保険制度における**被保険者**とは、保険料を納め、必要なときに介護給付を受けられる人をさし、40歳以上の全ての国民が対象となります。このうち、65歳以上の人を「**第1号被保険者**」、40歳以上65歳未満の人を「**第2号被保険者**」と区分します。

　第1号被保険者については、要介護認定を受けた要支援者及び要介護者であれば、介護保険サービス（要支援者は「予防給付」（☞第3章2）、要介護者は「介護給付」（☞巻末付録(1)か行）を利用することができます。外国籍の人についても、在留資格を有し住所の確認が取れれば第1号被保険者としてサービスを受給することが可能です。なお、住所は各市区町村の「住民基本台帳」により確認作業を行います。

　一方、第2号被保険者の場合は、老化に起因する「**特定疾病**」が原因で要支援・要介護状態になったとされる人に、サービスの利用条件が限られます。その上、第2号被保険者に関しては、**医療保険の加入**が義務づけられています。このため、40〜64歳で生活保護を受けている人は、国民健康保険など医療保険に加入していない場合は、第2号被保険者にはなりません。但し、65歳に達すれば「医療保険加入」という条件が除外されるため、その時点で第1号被保険者になります。

転入・転出時や会社を辞めるときには届け出が必要

　第1号被保険者、第2号被保険者とも介護保険の加入に際しては、該当年齢になると自動的に加入者となるため、届け出は不要です。但し、引越しなどにより転出・転入したり、また第1号被保険者で他の市区町村にある施設に入所する場合などは、市区町村への届け出が必要となります。

　その他、第2号被保険者で会社を退職した場合には、その会社で加入していた医療保険が失効となるため、同時に介護保険の被保険者資格も失います。この場合、在住している（住民票のある）市区町村に医療保険脱退の証明書を提出し国民健康保険への加入手続きを済ませれば、再び被保険者資格が得られます（手続きは原則14日以内に行うことが義務づけられています）。

7 介護保険の被保険者とは？

被保険者及び保険料の納付法

	第1号被保険者 （65歳以上）	第2号被保険者 （40歳～64歳の医療保険加入者）
サービスを利用できる人	（1）要介護者（寝たきりや認知症などにより常に介護が必要な人） （2）要支援者（家事や身辺の世話など日常生活に介助が必要な人）	脳血管疾患、早老症、初老期の認知症など、老化が原因とされる特定疾病（下記参照）により要介護・要支援状態となった人
保険料の支払い方法	市区町村が所得段階に応じ徴収。原則として年金からの天引き	医療保険の算定に基づき、医療保険者が保険料を上乗せして徴収

[出典]厚生労働省資料に基づき作成

特定疾病

加齢に伴い発症・進行する疾病、要介護状態になる可能性が高い疾病を指す。

疾　患　名	具体的な症状
1 末期がん	医師が医学的知見に基づき「治癒困難・不可能」と診断した全てのがんが対象。余命期間やがん告知の有無などは問われない。
2 関節リウマチ	関節のこわばりや腫脹、疼痛等を起こす難治性疾病。
3 筋萎縮性側索硬化症（ALS）	運動を司る神経細胞の変性、消失により、手足の動作や呼吸・嚥下に必要な筋肉を含む全身の筋肉が萎縮していく進行性の疾病。
4 後縦靱帯骨化症	脊椎の後縦靱帯に、異常骨化により、脊髄又は神経根の圧迫障害を来す疾病で、頸椎に多く発症。上肢のしびれ、痛み、知覚鈍麻等を起こす。
5 骨折を伴う骨粗鬆症	単体体積あたりの骨の量が減少し、もろくなって骨折を起こす。
6 初老期における認知症	初老期に発症し、認知症を主症状とする脳の一時的変形疾患である初老期認知症の他、脳血管障害、感染性疾患、腫瘍性疾患等を含む。
7 パーキンソン病関連疾患	パーキンソン病、進行性核上性麻痺、大脳皮質基底核変性症など、脳の特定部位の神経細胞が減少し、歩行困難、転倒などの症状を示す。
8 脊髄小脳変性症	運動機能の調整を司る小脳や、神経経路がなんらかの原因により変性を起こし、運動失調（協調運動障害など）を招く神経変性疾患。
9 脊柱管狭窄症	脊髄の通り道である脊柱管が老化などにより狭窄を起こし、神経が圧迫されて腰痛や足の痛み、しびれ、歩行障害等を来す。
10 早老症	動脈硬化、骨粗鬆症、脱毛など老化症状が若い時期に現れる。
11 多系統萎縮症	シャイ・ドレーガー症候群、線条体黒質変性症、オリーブ橋小脳萎縮症の総称。自律神経系の変性を主体とする原因不明の疾患。
12 糖尿病性神経障害、糖尿病性腎症及び糖尿病性網膜症	糖尿病に慢性的に合併する割合の高い疾病で、神経障害は知覚障害、腎症は腎不全、網膜症は失明等を引き起こす。
13 脳血管疾患	脳梗塞や脳出血、クモ膜下出血、脳血栓などにより、麻痺や言語障害、知的機能障害を来す。認知症や寝たきりにも陥りやすい。
14 閉塞性動脈硬化症	動脈硬化による慢性閉塞性疾患で、血管が狭くなったり、詰まるなどして血流が悪くなり、歩行障害を起こす。壊死状態を招くことも。
15 慢性閉塞性肺疾患	肺気腫、慢性気管支炎、気管支喘息、びまん性汎細気管支炎など慢性の呼吸器疾患。低酸素血症や高炭酸ガス血症を伴うものも多い。
16 両側の膝関節または股関節に著しい変形を伴う変形性関節症	老化により膝関節の軟骨に変性が起こり、骨が変形して関節炎に至る慢性の膝病。多くはO脚や肥満が誘因となり、中年の女性によくみられる。

[出典]厚生労働省資料に基づき作成

39

第2章 まず「介護保険」とは何かを理解しよう

⑧ 被保険者の保険料はどうやって決まるの？

▶**総費用の半分を国や都道府県、市区町村が負担、残り半分を被保険者が納める保険料でまかないます。**

第1号被保険者は全体の約22％、第2号被保険者は約28％を負担

　介護保険の財源は、国や地方自治体による公費（税収）と被保険者が納める保険料、それぞれ50％ずつで構成されています。公費負担分の内訳は、国が全体の25％、都道府県が12.5％、市区町村が12.5％となります。例えば、被保険者の保険料を4,000円とすると半額の2,000円が公費で支給され、うち国が1,000円、都道府県と市区町村は500円ずつ負担するという具合です。

　一方、保険料については、第1号被保険者が全体の約22％、第2号被保険者が約28％を負担します（負担の割合は人口構成比により変動します）。

市区町村や会社により保険料が違ってくる

　第1号被保険者の保険料は、3年に1度見直されます。まず、基準額（各市区町村の介護サービス総費用のうち第1号被保険者が負担する費用を計算し、人数で割った金額）に本人や家族の所得状況、各地域の介護サービスの整備状況を踏まえ段階区分され、個別に設定されます。サービス利用者数が多い自治体ほど基準額が高くなるので、当然ながら1人あたりの徴収額も多くなります。

　第2号被保険者の保険料の額は、同じく介護保険料の基準額を設定し、その上でそれぞれの医療保険に加入する介護保険の被保険者数に応じて納付金が割り当てられていましたが、2017（平成29）年8月分より、被保険者全員の標準報酬月額の総額をもとに算出することに改められています（☞第1章7）。保険料の負担については、基本的に事業主と被保険者が折半します。金額は収入が多いほど高くなり、また同じ収入でも会社によって異なります。

第1号被保険者は遺族年金や障害年金からも納付可能に

　保険料の納付方法については、第1号被保険者では特別徴収といって老齢・退職年金から天引きされるか、市区町村より普通徴収（年金の支給額が一定額以下の場合等）されています。これに、2006年度以降は特別徴収の対象として遺族年金、障害年金が加わっています。また、普通徴収はコンビニエンスストアでの納付もできるようになっています。

　第2号被保険者の場合は、医療保険に上乗せして徴収されます。

保険料率の設定段階の一例

所得段階区分	対象者	保険料率（2015年4月〜）	保険料率（2017年4月〜）	
第1段階	・生活保護被保護者 ・世帯全員が市町村民税**非課税**の老齢福祉年金受給者 ・世帯全員が市町村民税**非課税**かつ本人年金収入等**80万円以下**	基準額×0.45	基準額×0.3	⎫ ⎬ 低所得高齢者の保険料負担を軽減化 ⎭
第2段階	・世帯全員が市町村民税**非課税**かつ本人年金収入等**80万円超120万円以下**	基準額×0.75	基準額×0.5	
第3段階	・世帯全員が市町村民税**非課税**かつ本人年金収入**120万円超**	基準額×0.75	基準額×0.7	
第4段階	・本人が市町村民税**非課税**（世帯に**課税**者がいる）かつ本人年金収入等**80万円以下**	基準額×0.9		
第5段階	・本人が市町村民税**非課税**（世帯に**課税**者がいる）かつ本人年金収入等**80万円超**	基準額×1.0		
第6段階	・市町村民税**課税**かつ合計所得金額**120万円未満**	基準額×1.2		
第7段階	・市町村民税**課税**かつ合計所得金額**120万円以上190万円未満**	基準額×1.3		
第8段階	・市町村民税**課税**かつ合計所得金額**190万円以上290万円未満**	基準額×1.5		
第9段階	・市町村民税**課税**かつ合計所得金額**290万円以上**	基準額×1.7		

※段階区分・保険料率は市区町村の判断で設定可能。　　　　　　　　　　[出典]厚生労働省資料に基づき作成

保険料の徴収のしくみ

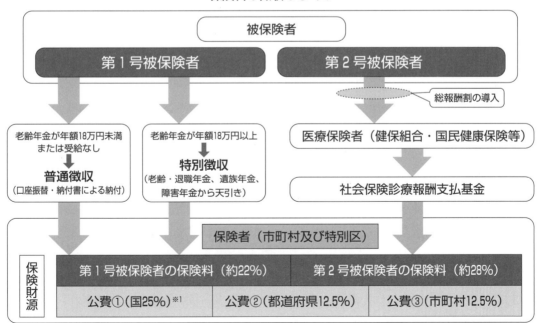

※1　公費①には調整交付金（5％）が含まれる。　　　　　　　　　　[出典]厚生労働省資料に基づき作成

第2章 まず「介護保険」とは何かを理解しよう

⑨ 介護保険料の滞納が続くとどうなる？

▶**まずは督促が行われ、応じなければ現物給付を償還払いとするなど保険料徴収措置がとられます。**

1年以上支払わなければ償還払いに

被保険者から介護保険料の支払いが滞った場合、保険者は一定の期間は「督促」を行い、可能な限り自主的な納付を求めます。それでも支払いが行われない場合には、強制的に徴収を行う「滞納処分」として、以下のような徴収措置がとられます。

＜第1号被保険者で保険給付（1割負担）を受けている場合＞

（1）滞納期間が1年を過ぎても支払いがなされないと……

　　　介護保険の支払い方法が現物給付から「償還払い」となります。償還払いになると、いったん介護保険サービスの利用料の全額を支払うことになります。その後返還の申請を行うことで費用の9割が戻ってきますが、通常の納付方法に比べれば負担も重く、手間もかかるようになってしまいます。

（2）滞納期間が1年6か月を過ぎると……

　　　利用している介護保険サービスの給付費（9割）の一部または全部を、一時的に差し止める措置が行われます。さらに、差し止められている保険給付額から滞納保険料分を控除されることもあります。

（3）2年以上滞納すると……

　　　保険料の滞納期間に応じ、一定期間保険給付の割合が9割から7割に引き下げられます。また、高額介護サービス費等の支給も受けられなくなります。

＜第2号被保険者で滞納している場合＞

要介護認定申請に合わせて、滞納している被保険者が加入している医療保険者と市区町村とが協議を行い、全部または一部について保険給付の差し止め措置がとられる場合があります。

以上のような滞納措置に加え、さらに滞納が続くようであれば法律により電話加入権・預貯金等の財産を差し押さえる場合があります。また、普通徴収で滞納が続いている場合には、その被保険者の配偶者や世帯主もその保険料を連帯して納付する義務を負うことになっています。

なお、延滞が発生した場合、督促手数料や延滞金が課せられます。さらに、上記のような滞納に対する措置が講じられた場合、その内容は介護保険被保険者証に記載され、サービス利用時に介護サービス事業者より保険給付の制限を受けたり、自己負担の増額を求められたりすることになります。

9　介護保険料の滞納が続くとどうなる？

保険料を滞納すると…

＜第1号被保険者の場合＞

（1）保険料を1年以上滞納している場合

　　　⇒介護サービスを利用するとき、費用の全額をいったん本人が支払うことになる。

介護サービスにかかった費用

通常の場合	保険による給付（9割） ・ 本人の負担（1割）

1年以上滞納すると…	本人の負担（全額）※申請により後日9割が戻ってくる

（2）保険料を1年6か月以上滞納すると…

　　　⇒利用した介護サービス費用の全額がいったん本人負担となり、滞納している介護保
　　　険料が納付されるまで、申請しても保険給付（費用の9割）の全額または一部が差し
　　　止めになる。さらに滞納が続く場合は、差し止められた保険給付額から保険料の滞納
　　　分が差し引かれることがある。

介護サービスにかかった費用

1年6か月以上滞納すると…	本人の負担（全額）※滞納分が納付されるまで保険給付が差し止めになる

（3）保険料を2年以上滞納すると…

　　　⇒介護保険料は時効となり保険料の納付ができなくなる。時効になった保険料の未納
　　　期間に応じ本人負担が1割から3割に。さらに、高額介護サービス費等の支給が受け
　　　られなくなる場合がある。

介護サービスにかかった費用

2年以上滞納すると…	保険からの給付（7割） ・ 本人の負担（3割）

[出典]編集室作成

第2章　まず「介護保険」とは何かを理解しよう

10 保険料の市町村格差を補う方策は？

▶地域格差是正を図る調整交付金や市町村相互財政安定化事業、財源不足を補う財政安定化基金などで格差を補っています。

深刻な自治体間格差をさまざまな施策で支援

　介護保険の基準保険料は、各市区町村の介護保険制度運営に必要な総費用（3年間分）をもとに決定します。したがって、地域で介護サービスの利用者が増えれば、それに乗じて保険料も3年ごとの見直しの際に上がるしくみになっています。保険料額の地域差は大きく、最も低い自治体と高額な自治体とでは約3倍（1か月あたり約3,500円）の開きがあります。介護保険制度では、こうした状態を是正し保険財政の安定化を図るため、以下のような対応策を講じています。

＜「調整交付金」で不合理な保険料格差の解消を図る＞

　介護保険費の財源のうち、国は全体の25％を負担していますが、その中の5％は「**調整交付金**」と呼ばれ、高齢者の保険料負担に不合理な格差が生じないよう、市区町村間の保険財政格差の調整に充てられています。具体的には、以下の場合に交付されます。
　1．後期高齢者（75歳以上）の加入割合の相違による格差調整（**普通調整交付金**）
　2．高齢者の負担能力（所得水準）の相違による格差調整（**普通調整交付金**）
　3．災害時の保険料減免による収入減少を補てん（**特別調整交付金**）
　なお、2018年度以降については高齢者の分布をよりきめ細かく反映させるため、交付基準の年齢区分を細分化しています（激変緩和措置として、2018〜2020年度においては2区分と3区分を2分の1ずつ組み合わせることとしています）。

＜「財政安定化基金」で保険財政赤字を乗りきる＞

　各市区町村における介護保険の財政は、一般会計ではなく特別会計に区分されるため、不足が発生しても一般会計から補てんできません。こうした状況に対処するため、介護保険では都道府県ごとに「**財政安定化基金**」を設置、保険料収納額が予定に達しない場合は、ここから不足額の2分の1を基準として交付金が交付されます。給付金が見込み額を上回った市区町村には、財政収支が赤字とならぬよう必要な資金が貸与されます。なお、借入を行った市区町村では、次年度の第1号被保険者の介護保険料に借入充当分が上乗せされます。財源は国・都道府県・市区町村（第1号保険料）で3分の1ずつ負担します。

＜「市町村相互財政安定化事業」で保険料・サービスを均一化＞

　小規模な市町村など財政事情が苦しい場合は、複数の近隣市町村が共同して保険料率を調整（**調整保険料率**）することで、保険料やサービスについて地域格差の解消を図ります。

10 保険料の市町村格差を補う方策は？

調整交付金の概念図

国庫負担金25%のうち、5%分を用いて市町村間の「後期高齢者比率が高いことによる給付増」と「被保険者の所得水準が低いことによる収入減」を財政調整。これにより、市町村の責によらない、市町村間の財政力差解消を図っています。

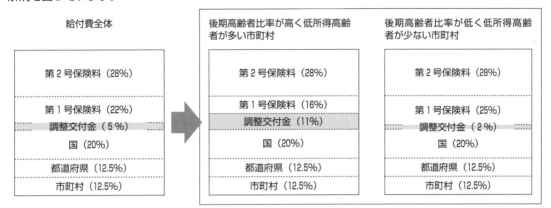

[出典]厚生労働省資料(一部修正)

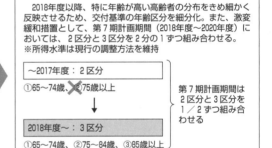

[出典]厚生労働省資料

財政安定化基金のイメージ

[交付・貸付事業]
(1) 交付：3年ごと(事業運営期間最終年度)に、財政不足額のうち、原則として保険料収納不足額の1／2を交付。
(2) 貸付：毎年、原則として保険料収納不足及び給付費増による財政不足額の全額(交付があるときは交付額を除いた額)を貸付。
　　　貸付額の償還は、次の事業運営期間に、保険料を財源として行う。

[出典]厚生労働省資料に基づき作成

第2章　まず「介護保険」とは何かを理解しよう

■介護保険でもマイナンバーは必要？　　●コラム●**介護保険Plus**　2

　住民票を持つ者全員を対象に付与された個人番号により個人を特定できる「**マイナンバー法（番号法）**」が2016（平成28）年1月よりスタートし、介護保険制度においても各種申請にマイナンバー（個人番号）の記入が開始されています。マイナンバーが必要になる手続きは、介護保険資格の取得・異動・喪失にかかる届出をはじめ、要介護認定・更新にかかる申請、負担限度額認定、高額介護サービス費の支給申請など多岐にわたります。

　以下に、厚生労働省より例示されたマイナンバーの記載が義務づけられている届出書、あるいは市区町村により記入が求められる届出書について記載します。

[法令でマイナンバー（個人番号）の記入が義務づけられている届出書]

・高額介護医療合算介護サービス費支給申請書	・資格取得・異動・喪失届
・負担限度額認定申請書	・被保険者証交付申請書
・基準収入額適用申請書	・被保険者証等再交付申請書
・要介護認定・要支援認定　要介護更新認定・要支援更新認定申請書	・住所地特例適用・変更・終了届
・要介護認定・要支援認定区分変更申請書	・特定負担限度額認定申請書(旧措置入所者に関する認定申請)
・サービスの種類指定変更申請書	・高額介護（予防）サービス費支給申請書

[法令では義務づけられていないが市区町村によりマイナンバー記入を求められる届出書]

・居宅サービス計画作成依頼（変更）届出書	・特例サービス費等支給申請書（受領委任）
・介護予防サービス計画作成依頼（変更）届出書	・介護保険料減免・徴収猶予申請書
・介護予防サービス計画作成・介護予防ケアマネジメント依頼（変更）届出書	・利用者負担額減額・免除申請書
・居宅介護（介護予防）福祉用具購入費支給申請書	・支払い方法変更（償還払い）終了申請書
・居宅介護（介護予防）住宅改修支給申請書	・給付額減額免除申請書
・居宅介護（介護予防）サービス費等支給申請書（償還払用）	・利用者負担額減額・免除等申請書(旧措置入所者に関する認定申請)　　　　　　　　　等

　2017（平成29）年11月より情報提供ネットワークシステムを利用した、他の情報保有機関との情報連携がスタート。システムを介して必要情報を取得できるようになり、またこれまで必要とされていた一部の添付書類も不要となりました。
●内閣府ホームページ「マイナンバー制度における情報連携について」もご参照ください。
[URL] http://www.cao.go.jp/bangouseido/case/individual/renkei.html

第3章

介護保険をより深く知ろう

介護保険制度は何年ごとに見直されるの？

予防給付と介護サービスの違いは？

地域支援事業とは？

総合事業ってどんなサービスがあるの？

サービス事業者はどう探せばいい？

本章ではさらに深く介護保険のポイントを

解説していきます。

第3章　介護保険をより深く知ろう

① 介護保険は何年ごとに見直されるの？

▶介護保険制度はおおむね５年ごと、サービスの対価となる介護報酬は３年に一度
見直しが行われます。

実際にはすでに５回の改正が行われている

　介護保険制度については、制度を社会環境の変化に適合させ、社会保障の一環として存続
させていくために、介護保険法附則第２条に**おおむね５年ごとに見直しを行う**ことが定めら
れています。介護保険制度の見直しにあたっては、①「施行状況の検証」、②「将来展望に
基づく新たな課題への対応」、③「制度創設時からの課題についての検討」の３方向から改
正の方向が導き出されます。

　これまでに実施された改正は、2006（平成18）年４月施行の第１次改正、2009（平成21）年５
月施行の第２次改正、2012（平成24）年４月施行の第３次改正、2015（平成27）年４月施行
の第４次改正、そして2018（平成30）年４月より施行された第５次改正の計５回です。主な
改正点として、第１次改正では予防給付の強化、地域包括支援センターの設立、地域密着型サー
ビスの創設等、第２次改正では法令順守など介護事業者に対する業務管理体制の整備、第３
次改正では定期巡回型訪問サービスをはじめとする地域包括ケアの推進、看護職員によるた
んの吸引、医療や住まいに関する計画との調和など、さまざまな見直しが行われてきました。

　そして第４次改正では、より一層地域に根ざし、介護、医療、住まい、生活支援、予防を
一体的に提供する**「地域包括ケアシステム」**（☞第１章２）の構築を目指すべく、これまで
にない大幅な見直しが実施されています。

2018年度も介護保険と報酬の同時改定を実施

　介護保険制度は、利用者（被保険者）からの保険料及び公費を財源として、介護サービス
を給付するというシステムで成り立っています。利用者がサービスを利用した場合、介護サー
ビス事業者や施設に対価として介護報酬を支払います。**介護報酬**は「時の経済情勢、治療方
法の進化や新薬の登場、ケア技術の向上などを適切に反映させるため」として、**３年に一度
見直し（報酬改定）**が行われます（2014年度には、これとは別に消費税の改定に伴う報酬改
定が実施されています）。

　過去には2006年、2009年、2012年、2015年と、2003年以外は介護保険制度と介護報酬との
同時改定が実施されています。さらに、2006年度、2012年度には、２年ごとに見直しされる
医療保険制度の診療報酬も同時改定されました。そして2018年度は2012年度同様介護報酬と
診療報酬の同時改定が実施され、医療と介護の連携が強化されています。

48

1 介護保険は何年ごとに見直されるの？

期	年月	内容
第1期 2000（平成12）年度～	2000（平成12）年 4月	介護保険法施行
第2期 2003（平成15）年度～	2005（平成17）年 6月	介護保険法等の一部を改正する法律（2005年改正法）成立
	10月	2005年改正法の一部施行 ○施設給付見直し（食費・居住費を保険給付対象外に。所得低い方へ補足給付）
第3期 2006（平成18）年度～	2006（平成18）年 4月	2005年改正法全面施行 ○介護予防ケアマネジメントの実施及び介護予防サービス開始、地域包括支援センターか創設、地域支援事業実施） ○地域密着サービス 創設、介護サービス情報 公表、負担能力をきめ細かく反映した第1号保険料 設定 等
	2008（平成20）年 5月	介護保険法及び老人福祉法の一部を改正する法律（2008年改正法）成立
第4期 2009（平成21）年度～	2009（平成21）年 5月	2008年改正法施行 ○介護サービス事業者法令遵守等業務管理体制整備。休止・廃止事前届出制。休止・廃止時サービス確保義務化 等
	2011（平成23）年 6月	介護サービスの基盤強化のための介護保険法等の一部を改正する法律（2011年改正法）成立
第5期 2012（平成24）年度～	2012（平成24）年 4月	2011年改正法施行 ○地域包括ケア推進。定期巡回・随時対応サービス・複合型サービス創設。介護予防・日常生活支援総合事業創設。介護療養病床廃止期限の延長 ○介護職員によるたん吸引等。有料老人ホーム等における前払金返還に関する利用者保護 ○地域密着型サービス公募・選考による指定を可能に。各都道府県財政安定化基金取り崩し 等
	2014（平成26）年 6月	地域における医療及び介護の総合的な確保を推進するための関係法律の整備等に関する法律（2014年改正法）成立
第6期 2015（平成27）年度～	2015（平成27）年 4月	2014年改正法施行 ○地域包括ケアシステム 構築に向けた地域支援事業充実（在宅医療・介護連携、認知症施策推進等） ○全国一律 予防給付（訪問介護・通所介護）を市町村が取り組む地域支援事業に移行し、多様化 ○低所得第一号被保険者保険料軽減割合を拡大 ○一定以上の所得者の自己負担率引上げ（2015年8月）等
	2017（平成29）年 6月	地域包括ケアシステムの強化のための介護保険法等の一部を改正する法律（2017年改正法）成立
第7期 2018（平成30）年度～	2018（平成30）年 4月	2017年改正法施行 ○全市区町村が保険者機能を発揮し、自立支援・重度化防止に向けて取り組む仕組み制度化 ○「日常的な医学管理」、「看取り・ターミナル」等 機能と「生活施設」として機能を兼備えた、介護医療院創設 ○介護保険と障害福祉制度に共生型サービスを位置づけ ○特に所得高い層利用者負担割合見直し（2割→3割）、介護納付金へ総報酬割導入 等

49

予防給付とは？

▶2006年より実施されている「要介護状態に進行しないためのサービス」で、2015年度改正により大幅な見直しが行われました。

「連続性・一貫性のある総合的な介護予防システム」としてスタート

予防給付とは**介護予防サービス**とも呼ばれ、要介護認定で要支援1または2と認定された方が、要介護状態（要介護1〜5）にならないよう、状態を維持または改善に向かわせる「連続性・一貫性のある総合的な介護予防システム」として、2006（平成18）年4月より開始されたサービスです。予防給付が創設されるまでは、要介護者のケアプラン（介護予防サービス計画）は介護支援事業所のケアマネジャーが作成していました。予防給付サービス開始後は、市区町村が設置する地域包括支援センター（☞第1章4）の保健師が中心となり作成しています（場所によっては地域包括支援センターから委託を受けた居宅介護支援事業所のケアマネジャーが介護予防ケアプランを作成します）。予防給付で受けられるサービス内容については第4章2をご参照ください。

通所系サービスの「選択サービス」は引き続き利用可能

予防給付は2018年度末までに全国の市区町村で大幅な再編が実施され、地域の実情に応じ効果的なサービスが提供されています。

そもそも、介護予防の理念では「**心身機能**」のみならず、「**活動**」「**参加**」のそれぞれの要素にバランスよく働きかけることが求められています。ところが、過去の介護予防施策を振り返ると、その手法のほとんどが心身機能の改善を目的とした機能回復訓練に依存しており、せっかく心身機能が改善されても、しばらくすればまた悪化してしまうという悪循環に陥ってしまいがちでした。そこで、機能回復訓練のみにとどまらず、地域づくりなど高齢者本人を取り巻く環境も含めてアプローチできるよう、2014年改正時に見直しが行われました。具体的には、元気な高齢者に行っていた「一次予防事業」と機能訓練や介護が必要な高齢者に実施されていた「二次予防事業」を一元化し、住民が主体となって分け隔てなく通いの場等で継続的に見守っていけるような地域づくり（**一般介護予防事業**）として再編しています。特に大きな見直しは、訪問介護・通所介護が地域支援事業に位置づけられた「**総合事業**」の**介護予防・生活支援サービス事業**（☞第3章3）に移行し、それぞれ「訪問型サービス」「通所型サービス」という位置づけとなったことです。事業の基準や報酬も市区町村単位で設定されています。

なお、予防給付創設時より従来通所系サービスにおいて「選択サービス」として提供されてきた3つのプログラムは、「総合事業」や介護予防通所リハビリテーションで引き続き利用可能です。

「選択サービス」の3つのプログラム

① 運動器の機能向上	運動器の機能訓練が必要な要支援者を対象に、理学療法士や作業療法士、看護職員、機能訓練員等が実施。リスク評価や運動機能のアセスメントを経てメニューを作成、関節可動域運動や体力増強運動等を行います。
② 栄養改善	低栄養のおそれのある要支援者に対し、管理栄養士が中心となって実施。低栄養状態のリスク評価、身体状態、食欲などのアセスメントを行い、適切な栄養改善サービス計画を作成した上で、6か月を目処に栄養改善を図ります。
③ 口腔機能の向上	口腔機能低下のおそれがある要支援者に対し歯科衛生士等が口腔内の状態や改善目標を把握し、適切な計画を作成。その上で、口腔機能向上の教育、口腔清掃の指導や摂食・嚥下機能訓練を行い、機能向上につなげます。

介護予防の推進（厚生労働省資料より抜粋）

これからの介護予防の考え方

○機能回復訓練などの高齢者本人へのアプローチだけではなく、生活環境の調整や、地域の中に生きがい・役割をもって生活できるような居場所と出番づくり等、高齢者本人を取り巻く環境へのアプローチも含めたバランスのとれたアプローチが重要であり、地域においてリハビリテーション専門職等を活かした自立支援に資する取組を推進し、要介護状態になっても、生きがい・役割を持って生活できる地域の実現を目指す。

○高齢者を生活支援サービスの担い手であると捉えることにより、支援を必要とする高齢者の多様な生活支援ニーズに応えるとともに、担い手にとっても地域の中で新たな社会的役割を有することにより、結果として介護予防にもつながるという相乗効果をもたらす。

○住民自身が運営する体操の集いなどの活動を地域に展開し、人と人とのつながりを通じて参加者や通いの場が継続的に拡大していくような地域づくりを推進する。

○このような介護予防を推進するためには、地域の実情をよく把握し、かつ、地域づくりの中心である市町村が主体的に取り組むことが不可欠である。

新しい介護予防事業（2015年4月〜）

○機能回復訓練などの高齢者本人へのアプローチだけではなく、地域づくりなどの高齢者本人を取り巻く環境へのアプローチも含めたバランスのとれたアプローチができるように介護予防事業を見直す。
○元気高齢者と二次予防事業対象者を分け隔てなく、住民運営の通いの場を充実させ、人と人とのつながりを通じて参加者や通いの場が継続的に拡大していくような地域づくりを推進する。
○リハ職等を活かした自立支援に資する取組を推進し、介護予防を機能強化する。

従来の介護予防事業

一次予防事業
・介護予防普及啓発事業
・地域介護予防活動支援事業
・一次予防事業評価事業

二次予防事業
・二次予防事業対象者の把握事業
・通所型介護予防事業
・訪問型介護予防事業
・二次予防事業評価事業

一次予防事業と二次予防事業を区別せずに、地域の実情に応じた効果的・効率的な介護予防の取組を推進する観点から見直す

介護予防を機能強化する観点から新事業を追加

一般介護予防事業

・介護予防事業対象者の把握事業
・地域の実情に応じて収集した情報等（例えば、民生委員等からの情報など）の活用により、閉じこもり等の何らかの支援を要する者を把握し、地域介護予防活動支援事業等で重点的に対応（基本チェックリストを活用することも可能）

・介護予防普及啓発事業
・地域介護予防活動支援事業
・要支援者等も参加できる住民運営の通いの場の充実

・介護予防事業評価事業
・地域リハビリテーション活動支援事業
・「心身機能」「活動」「参加」のそれぞれの要素にバランスよく働きかけるために、地域においてリハ職等を活かした自立支援に資する取り組みを推進

介護予防・生活支援サービス事業
・従来の二次予防事業対象者に実施していた通所型介護予防事業と訪問型介護予防事業は、基本チェックリストの活用により、引き続き、対象者を限定して実施

介護予防・日常生活支援総合事業

[出典]厚生労働省資料に基づき作成

第3章　介護保険をより深く知ろう

❸ ［2014年改正より］総合事業①
一部の予防給付が地域支援事業の「総合事業」に完全移行

▶2017年4月までに予防給付の訪問介護と通所介護が地域支援事業の「総合事業」に移行され、地域の実情に応じたサービスが提供されています。

市区町村独自の判断でサービスを構築

　第1章1で触れたように、従来の介護予防給付のうち、介護予防訪問介護と介護予防通所介護の2つのサービスについては、2015（平成27）年4月以降市区町村で実施する地域支援事業の「**総合事業**」によるサービス（**介護予防・生活支援サービス事業**）への移行が推し進められました。移行後も、介護保険制度内でのサービスであることには変わりはなく、財源構成もこれまでどおりです。但し、従来のような全国一律のサービス内容や運営基準、単価等にとらわれず、市区町村独自の判断でボランティア、NPO、民間企業、社会福祉法人、協同組合等の地域資源を効果的に活用しながらサービスを提供することが可能となっています。

　事業の移行については、**2017（平成29）年3月末を期限として全市区町村で実施**されました。これにより、予防給付のうち訪問介護・通所介護についてはサービス提供が終了しています。なお、訪問看護など他のサービスは引き続き予防給付としてサービス提供されています。

　ご利用にあたっては、お住まいの自治体で総合事業への移行が実施されているか否かについて事前に確認の上、ケアマネジャーに相談しましょう。

総合事業取組の事例（厚生労働省資料より抜粋）

		予防サービス		生活支援サービス	取組の特徴
		訪問型	通所型		
1	和光市（埼玉県）	○	○	○	ケアマネジメント支援の徹底、予防サービスと生活支援サービスの使い分けとヘルパー等の研修、栄養教室やフットケアなど多様な通いのメニューにより高齢者の生活機能向上と自立を支援。
2	荒川区（東京都）		○	○	リハ職を活用した運動・口腔・栄養の複合プログラム、男性料理教室や茶話会の開催、社会福祉協議会主催のサロン活動支援などにより、高齢者の生活の活性化と自立を支援。
3	北杜市（山梨県）		○	○	配食事業者を活用した見守りと、住民主体のサロン活動を支援して介護予防を推進。うつや閉じこもりの高齢者に看護師等が訪問し、治療や社会参加への支援を実施。
4	杵築市（大分県）	○	○		訪問型予防サービスはヘルパー、訪問型生活支援はシルバー人材センターやボランティアを活用。サービス内容を考慮した担い手や単価設定。審査支払に国保連を活用。

※取組の内容は2012年現在のものです。

52

3 一部の予防給付が地域支援事業の「総合事業」に完全移行

総合事業の概要（2015年4月より実施）

○訪問介護・通所介護以外のサービス（訪問看護、福祉用具等）は、引き続き介護予防給付によるサービス提供を継続。
○地域包括支援センターによる介護予防ケアマネジメントに基づき、総合事業（介護予防・生活支援サービス事業及び一般介護予防事業）のサービスと介護予防給付のサービス（要支援者のみ）を組み合わせる。
○介護予防・生活支援サービス事業によるサービスのみ利用する場合は、要介護認定等を省略して「介護予防・生活支援サービス事業対象者」とし、迅速なサービス利用を可能に（基本チェックリストで判断）。
※第2号被保険者は、基本チェックリストではなく、要介護認定等申請を行う。

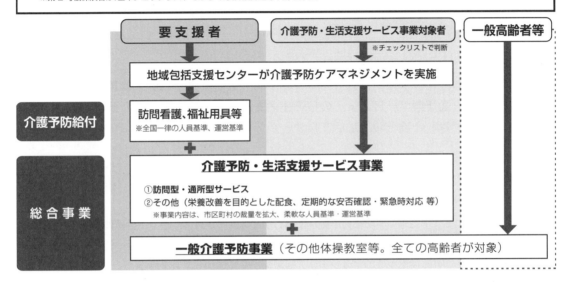

要支援者に対する訪問介護・通所介護の多様化（参考例）

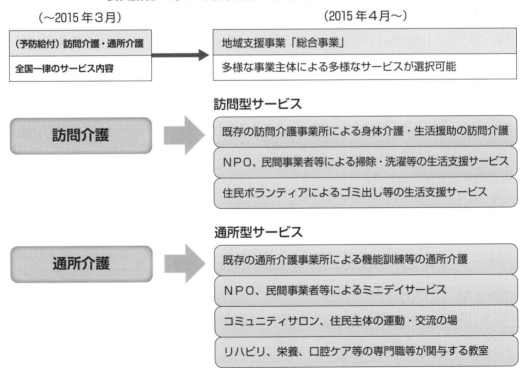

第3章 介護保険をより深く知ろう

［2014年改正より］総合事業②
介護予防・生活支援サービス事業の概要

▶「総合事業」の中で市区町村事業に位置づけられているサービス事業で、大きく3つのサービスに分類されます。

訪問型サービスは5つ・通所型サービスは4つの類型に区分

地域支援事業の「総合事業」は、大きく**介護予防・生活支援サービス事業**（第1号事業：訪問型サービス・通所型サービス・その他の生活支援サービス）と一般介護予防事業に区分されます。ここでは、介護予防・生活支援サービス事業のサービス類型について触れます。

《訪問型サービス》

清掃・洗濯等の日常生活上の支援を提供するサービスで、従来の介護予防訪問介護に相当するものと、それ以外の多様なサービスから構成されます。

①訪問介護	従来の予防給付の基準に準じ訪問介護員が身体介護や生活援助を行う。
②訪問型サービスA	人員等を緩和した基準のもと事業者の雇用労働者が生活援助等を実施。
③訪問型サービスB	住民主体のボランティア組織等が多様なサービスを行う。
④訪問型サービスC	保健師等保健・医療の専門職が居宅での相談指導などを行う。
⑤訪問型サービスD	サービス利用時の乗降援助など移送前後の乗降援等の生活支援を行う。

《通所型サービス》

機能訓練や集いの場等における支援を提供するサービスで、従来の介護予防通所介護に相当するものと、それ以外の多様なサービスからなります。

①通所介護	従来の予防給付の基準に準じ通所介護事業者介護や機能訓練を行う。
②通所型サービスA	緩和された基準のもと雇用労働者がミニデイサービスや運動等を行う。
③通所型サービスB	ボランティアを主体に体操や運動系の活動などを行う。
④通所型サービスC	保健・医療の専門職が短期間（3～6カ月間）の通所介護を行う。

《その他の生活支援サービス》

上記以外に、以下の生活支援サービスが各市区町村の実情に応じ提供されます。

①栄養改善を目的とした配食
②住民ボランティア等が行う見守り
③訪問型サービス、通所型サービスに準じる自立支援に資する生活支援

〈利用対象者〉

本事業が利用できるのは「要支援者」、及び「基本チェックリスト（☞第3章7）に該当する介護予防・生活支援サービス事業対象者」で、地域包括支援センターのケアマネジメントに基づきサービスを受けられます。

4 介護予防・生活支援サービス事業の概要

介護予防・生活支援サービス事業の類型について

（1）訪問型サービス

○訪問型サービスは、従来の予防給付の訪問介護に相当するものと、それ以外の多様なサービスからなる。
○多様なサービスについては、雇用労働者が行う緩和した基準によるサービスと、住民主体による支援、保健・医療の専門職が短期集中で行うサービス、移動支援等実情に応じ展開はさまざま。

基準	従来の予防給付の訪問介護相当	多様なサービス			
サービス種別	①訪問介護	②訪問型サービスA（緩和した基準によるサービス）	③訪問型サービスB（住民主体による支援）	④訪問型サービスC（短期集中予防サービス）	⑤訪問型サービスD（移動支援）
サービス内容	訪問介護員による身体介護、生活援助	生活援助等	住民主体の自主活動として行う生活援助等	保健師等による居宅での相談指導等	移送前後の生活支援
対象者とサービス提供の考え方	○既にサービスを利用しているケースで、サービスの利用の継続が必要なケース ○訪問介護員によるサービスが必要なケース （例） ・認知機能の低下により日常生活に支障がある症状・行動を伴う者 ・退院直後で状態が変化しやすく、専門的サービスが特に必要な者　等	○状態等を踏まえながら、住民主体による支援等「多様なサービス」の利用を促進		○体力の改善に向けた支援が必要なケース ○ADL・IADLの改善に向けた支援が必要なケース ※3〜6ヵ月の短期間で行う	訪問型サービスBに準じる
実施方法	事業者指定	事業者指定／委託	補助（助成）	直接実施／委託	
基準	予防給付の基準を基本	人員等を緩和した基準	個人情報の保護等の最低限の基準	内容に応じた独自の基準	
サービス提供者（例）	訪問介護員（訪問介護事業者）	主に雇用労働者	ボランティア主体	保健・医療の専門職（市区町村）	

（2）通所型サービス

○通所型サービスは、従来の予防給付の通所介護に相当するものと、それ以外の多様なサービスからなる。
○多様なサービスについては、雇用労働者が行う緩和した基準によるサービスと、住民主体による支援、保健・医療の専門職により短期集中で行うサービス等実情に応じ展開はさまざま。

基準	従来の予防給付の通所介護相当	多様なサービス		
サービス種別	①通所介護	②通所型サービス（緩和した基準によるサービス）	③通所型サービスB（住民主体による支援）	④通所型サービスC（短期集中予防サービス）
サービス内容	通所介護と同様のサービス 生活機能の向上のための機能訓練	ミニデイサービス 運動・レクリエーション等	体操、運動等の活動など、自主的な通いの場	生活機能を改善するための運動器の機能向上や栄養改善等のプログラム
対象者とサービス提供の考え方	○既にサービスを利用しており、サービスの利用の継続が必要なケース ○「多様なサービス」の利用が難しいケース ○集中的に生活機能の向上のトレーニングを行うことで改善・維持が見込まれるケース	○状態等を踏まえながら、住民主体による支援等「多様なサービス」の利用を促進		○ADLやIADLの改善に向けた支援が必要なケース　等 ※3〜6ヵ月の短期間で行う
実施方法	事業者指定	事業者指定／委託	補助（助成）	直接実施／委託
基準	予防給付の基準を基本	人員等を緩和した基準	個人情報の保護等の最低限の基準	内容に応じた独自の基準
サービス提供者（例）	通所介護事業者の従事者	主に雇用労働者＋ボランティア	ボランティア主体	保健・医療の専門職（市区町村）

（3）その他の生活支援サービス

①栄養改善を目的とした配食
②住民ボランティア等が行う見守り
③訪問型サービス、通所型サービスに準じる自立支援に資する生活支援（訪問型サービス・通所型サービスの一体的提供等）

[出典]厚生労働省資料に基づき作成

第3章　介護保険をより深く知ろう

5 [2014年改正より] 総合事業③
一般介護予防事業と
介護予防ケアマネジメント

▶ **一般介護予防事業は全ての高齢者が対象。介護予防・生活支援サービス事業の利用には介護予防ケアマネジメントを実施します。**

一般介護予防事業は全ての高齢者を対象

　「一般介護予防事業」 は、従来の二次予防事業（要介護・要支援状態に陥るおそれの高い高齢者対象の介護予防事業）と一次予防事業（全ての高齢者を対象とした介護予防事業）を一元化・再編した介護予防事業です。事業の内容は次の5つに分類されます。

①介護予防把握事業	何らかの支援を要する高齢者の把握。
②介護予防普及啓発事業	介護予防に関するパンフレットの配布や研修等を実施。
③地域介護予防活動支援事業	ボランティア活動など住民主体の介護予防活動を支援。
④一般介護予防事業評価事業	一般介護予防事業の評価を行う。
⑤地域リハビリテーション活動支援事業	住民主導の介護予防の場でリハビリ専門職等による助言等を実施。

〈利用対象者〉

　利用制限はなく**全ての高齢者（第1号被保険者）が対象**です。

介護予防ケアマネジメントは状態や環境に応じ3パターンあり

　「介護予防・生活支援サービス事業」 利用の際には、従来の予防給付同様、基本的に**介護予防ケアマネジメント**が必要となります。介護予防ケアマネジメントでは、地域包括支援センターが要支援者等に対しアセスメントを行い、その状態や環境に応じて利用者本人が自立した生活を送れるようケアプランを作成します。但し、介護予防支援同様市区町村の判断により地域包括支援センターから居宅介護支援事業者に委託も可能です。

　介護予防ケアマネジメントは、利用者の状態や基本チェックリストの結果、本人の希望等に基づき、以下の3パターンに準じて実施されます。

①原則的な介護予防ケアマネジメント(＝ケアマネジメントA)
アセスメントやサービス担当者会議など従来の予防給付でのケアマネジメント同様の流れを踏んでケアプランを作成し実施されるケアマネジメント。
②簡略化した介護予防ケアマネジメント(＝ケアマネジメントB)
必要に応じサービス担当者会議を省略したケアプランを作成、間隔をあけて適宜モニタリング時期を設定し、評価とケアプランの変更を行う。
③初回のみの介護予防ケアマネジメント(＝ケアマネジメントC)
初回のみ緩和した基準により介護予防ケアマネジメントを実施し、その結果を利用者に説明・理解してもらった上で住民主体の多様なサービス等につなげる。

5 一般介護予防事業と介護予防ケアマネジメント

介護予防事業の一元化と再編の全体像

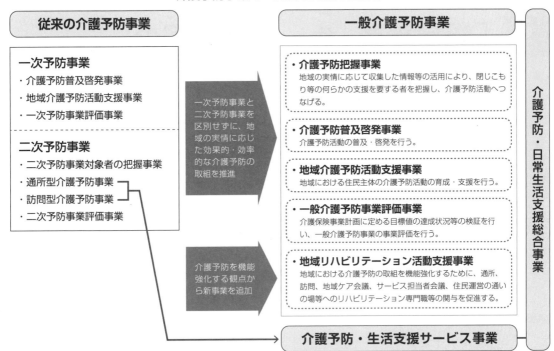

[出典]厚生労働省資料に基づき作成

介護予防ケアマネジメント（アセスメント、ケアプラン等）の考え方

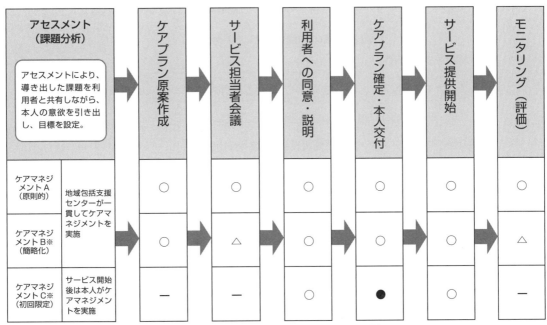

[出典]厚生労働省「介護保険最新情報」vol.484に基づき作成

第3章 介護保険をより深く知ろう

6 ［2014年改正より］ 総合事業④
「総合事業」サービス利用の 手続きについて

▶従来の二次予防事業対象者の把握に使用されていた「基本チェックリスト」を機能的に活用し、ニーズに応じたサービスが適用されます。

窓口への相談を受けて担当者が対応

　総合事業を利用するにあたっては、以下のような流れで手続きを進めます。

　利用に際しては、まず、①対象となる高齢者やその家族が、市区町村窓口や地域包括支援センターに相談します。これを受けて、窓口担当者は相談者のニーズを聞き取り、総合事業についての説明等を行います。次に、窓口担当者は②「基本チェックリスト」に沿って相談者に質問し、サービス利用区分の分類を行います。この結果により、要介護認定が必要な相談者は要介護認定申請につなぎます。そして③地域包括支援センター等でケアプランを作成し、介護予防ケアマネジメントが行われます。

　最も重要なポイントは**基本チェックリストが機能的に活用されている**点で、従来のような二次予防事業対象者の把握のためという活用方法ではなく、相談窓口において、必ずしも認定を受けなくても、必要なサービスを利用できるよう本人の状況を迅速に確認するツールとして用いられています。利用の流れは以下のフロー図をご参照ください。

総合事業の利用の流れ（イメージ）

①高齢者からの相談
↓
②基本チェックリスト／（明らかに）要介護認定等申請／（明らかに）一般介護予防
↓
③介護予防・生活支援サービス事業対象者／要介護認定等申請／一般介護予防
↓
④介護予防ケアマネジメント依頼書提出（対象者⇒市区町村）
↓
⑤名簿登録・被保険者証発行
↓
⑥介護予防ケアマネジメント実施
　（アセスメント、ケアプランの作成、サービス担当者会議等）
↓
⑦ケアプラン交付
↓
⑧サービス事業利用（利用料の支払い等）
↓
⑨モニタリング
↓
⑩給付管理票作成・国保連合会送付

6 「総合事業」サービス利用の手続きについて

従来のサービス利用手続き（〜2015年3月）

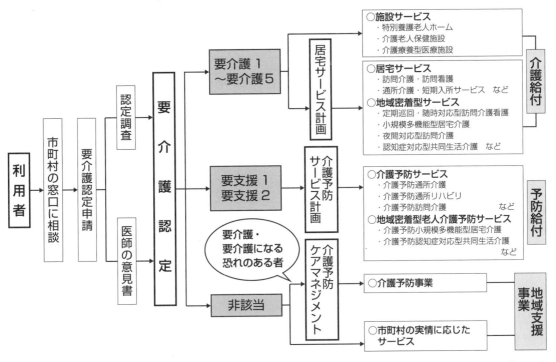

[出典] 厚生労働省資料に基づき作成

総合事業を踏まえたサービス利用手続き（2015年4月〜）

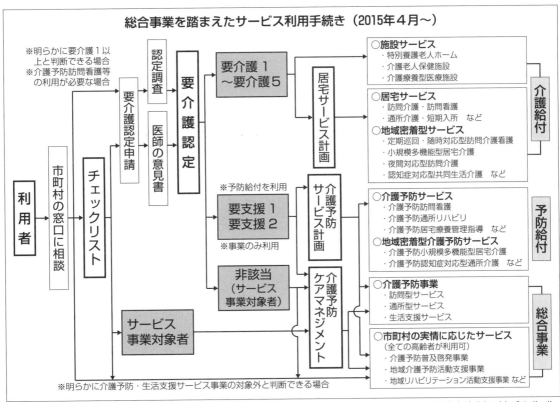

[出典] 厚生労働省資料に基づき作成

第3章 介護保険をより深く知ろう

7 基本チェックリストとは？

▶介護を必要としていない高齢者に介護予防の必要があるかをチェックするリストで、必要に応じ地域支援事業につなげます。

介護予防の必要の有無をチェックする25項目の質問票

「**基本チェックリスト**」とは、市区町村が実施する「地域支援事業」において、65歳以上の高齢者で要介護認定において非該当（自立）の人や、介護が必要になる可能性が見込まれる方に対し、生活機能低下の有無を判定する質問用紙で、2006（平成18）年の制度改正時より導入・活用されています。内容は、厚生労働省のガイドラインに基づく「生活」「運動」「栄養」「口腔」「外出」「認知」「こころ」の7分野25項目の質問からなり、対象の方には、市区町村より郵送等で送付されます。回答を集計し、項目別の合計点が下記のいずれか（または複数）に該当する場合は、「総合事業」の「介護予防・生活支援サービス事業」（第1号事業）の対象となり、市区町村や地域包括支援センターへの連絡を求められます。なお、「新しい総合事業」に移行前の市区町村では介護予防事業における二次予防事業の対象となります。

該当リスク	判定方法
10項目以上該当（全般的生活機能低下）	項目1～20のうち10項目以上に該当
運動機能	項目6～10の5項目のうち3項目以上に該当
低栄養	項目11～12の2項目すべてに該当
口腔機能	項目13～15の3項目のうち2項目以上に該当
閉じこもり予防支援	項目16に該当、問17も該当の場合は要注意
認知症予防支援	項目18～20の3項目のうちいずれかに該当
うつ予防支援	項目21～25の5項目のうち2項目以上に該当

介護予防対策が必要と判断された場合は市区町村から案内が届く

なんらかのリスクがあると判定された場合は、必要に応じ健康診断等により状態をチェックします。そして、要支援・要介護状態となる可能性が高いと判定された対象者には、地域包括支援センター等を通じて「介護予防プラン」が作成され、状況に応じ体操教室や口腔ケアなど介護予防事業への参加を促されることになります。参加費は、おおよその市区町村において無料～数百円程度の低額で実施されています。

7 基本チェックリストとは？

基本チェックリストの項目

項目	No.	質 問 項 目	回答（いずれかに○）	
生活	1	バスや電車で一人で外出していますか	0 はい	1 いいえ
	2	日用品の買物をしていますか	0 はい	1 いいえ
	3	預貯金の出し入れをしていますか	0 はい	1 いいえ
	4	友人の家を訪ねていますか	0 はい	1 いいえ
	5	家族や友人の相談にのっていますか	0 はい	1 いいえ
運動	6	階段を手すりや壁をつたわらずに昇っていますか	0 はい	1 いいえ
	7	椅子に座った状態から何もつかまらずに立ち上がっていますか	0 はい	1 いいえ
	8	15分間位続けて歩いていますか	0 はい	1 いいえ
	9	この1年間に転んだことがありますか	1 はい	0 いいえ
	10	転倒に対する不安は大きいですか	1 はい	0 いいえ
栄養	11	6カ月間で2〜3kg以上の体重減少がありましたか6カ月間で2〜3kg以上の体重減少がありましたか	1 はい	0 いいえ
	12	身長（　　cm）体重（　　kg） ＊ＢＭＩ（＝体重(kg)÷身長(m)÷身長(m)）	＊ＢＭＩが18.5未満なら該当	
口腔	13	半年前に比べて固いものが食べにくくなりましたか	1 はい	0 いいえ
	14	お茶や汁物等でむせることがありますか	1 はい	0 いいえ
	15	口の渇きが気になりますか	1 はい	0 いいえ
外出	16	週に1回以上は外出していますか	0 はい	1 いいえ
	17	昨年と比べて外出の回数が減っていますか	1 はい	0 いいえ
認知	18	周りの人から「いつも同じ事を聞く」などの物忘れがあると言われますか	1 はい	0 いいえ
	19	自分で電話番号を調べて、電話をかけることをしていますか	0 はい	1 いいえ
	20	今日が何月何日か、わからない時がありますか	1 はい	0 いいえ
こころ	21	（ここ2週間）毎日の生活に充実感がない	1 はい	0 いいえ
	22	（ここ2週間）これまで楽しんでやれていたことが楽しめなくなった	1 はい	0 いいえ
	23	（ここ2週間）以前は楽にできていたことが今ではおっくうに感じられる	1 はい	0 いいえ
	24	（ここ2週間）自分が役に立つ人間だと思えない	1 はい	0 いいえ
	25	（ここ2週間）わけもなく疲れたような感じがする	1 はい	0 いいえ

［出典］厚生労働省資料に基づき作成

第3章　介護保険をより深く知ろう

⑧ 介護予防手帳とは？

▶総合事業利用対象者の中でケアマネジメントによるモニタリングが実施されない方に配布されるセルフマネジメントを念頭に置いた手帳です。

【保管用】と【携行用】の2種類がある

「介護予防・日常生活支援総合事業」（総合事業）を利用するにあたり、「住民全体のサービス」や「生活支援サービス」のみの利用となり、地域包括支援センター等による継続的なケアマネジメントが実施されない場合は、各市区町村より手帳が配布されます。この手帳は**「介護予防手帳」**と呼ばれ、ケアマネジメントによるモニタリングを行わない代わりに、対象となる高齢者が自らの状況を把握・自己管理（セルフマネジメント）するために使用します。また、支援者との情報共有ツールとしての機能も併せ持っています。

この介護予防手帳は、妊娠期～乳幼児期の母子に関わる情報を一元管理する母子健康手帳がモデルとなっており、【保管用】として本手帳と【携行用】として「介護予防手帳～私のプラン～」に分かれています。【保管用】では手帳を持つ高齢者がセルフマネジメントに取り組むために必要な情報を掲載、【携行用】はセルフマネジメントの目標と計画を立て、記入する形式となっています。

目的に応じて地域資源を上手に活用

【保管用】には大きく4つの項目が記載されています。以下に活用方法に応じた使い方の事例をご紹介します。

＜活用のしかた＞

用途		活用方法
地域活動、趣味、スポーツなど、自分にあった活動を探している		【保管用】「1.地域内の活動場所」から仕事や趣味など目的に合わせて欲しい情報がないか確認します。
活動に取り組む際や日常生活を送る上で不安や心配なことがある		【保管用】「2.地域内の生活支援サービス」から家事支援、外出支援、理美容サービスなど解決の窓口を探します。
活動の目標・計画を立てたり、その経過を記録したい		【保管用】「3.手帳～私のプラン～の活用方法」を参照しながら、【携行用】に必要事項を記入・管理します。
「セルフマネジメント」に取り組む中で、心身の状況が悪化したり、介護が必要になった		【保管用】地域包括支援センターに相談。「4.地域内の相談窓口」で相談の流れや所在地を紹介してくれます。

8 介護予防手帳とは？

「介護予防手帳 ～私のプラン～」活用の流れ

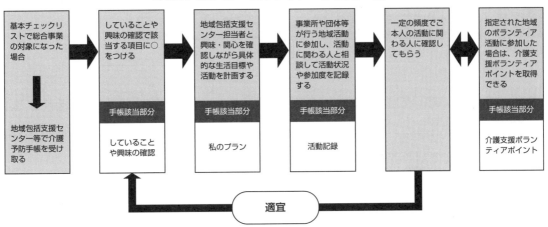

[出典]厚生労働省資料に基づき作成

【携行用】「介護予防手帳 ～わたしのプラン～」の活用例

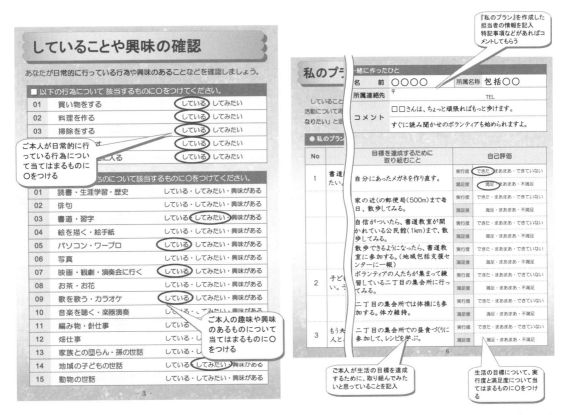

[出典]厚生労働省資料に基づき作成

❾ 地域密着型サービスとは？

▶地域の特性に応じて柔軟なサービスを提供できるよう日常生活圏域内で機能する24時間体制のサービスです。

利用者を24時間体制で支える地域特化型のサービス

　「**地域密着型サービス**」とは、要介護状態の高齢者が可能なかぎり住み慣れた地域で生活を継続できるよう24時間体制で支えるという観点から、従来の居宅サービスや施設サービスとは別体系で設定されたサービス体系です。要介護者の日常生活圏域内に拠点を確保することでリロケーションダメージを最小限に抑えるという点が特徴で、各市区町村が事業者を指定し、その是非や介護報酬（☞第5章6）も弾力的に運用できるしくみとなっています。

　地域密着型サービスの利用に際しては、その市区町村の住民（被保険者）のみが指定された事業所でサービスを受けることが可能です。

保険給付の対象

[出典]厚生労働省資料に基づき作成

　ただし、例えばB市の住民が利用したいサービスが市内にはない等事業所が所在するA市の同意があれば、隣接する他の保険者（B市）も同事業所を指定でき、B市の住民もその事業所を利用することができます。

事業所所在の保険者（A市）の同意があった場合

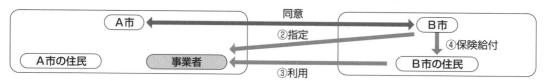

[出典]厚生労働省資料に基づき作成

地域密着型サービスに該当するサービスは？

　地域密着型サービスのメニューは、次ページの①～⑨が該当します。具体的なサービス内容は、第6章18～26をご覧ください。

　なお、定員が18名以下の通所介護については、2016（平成28）年4月までに居宅サービスより移行され、名称も「**地域密着型通所介護**」としてサービス提供されています（☞次ページ③）。

9 地域密着型サービスとは？

地域密着型サービスの位置づけ（一般的なサービス・地域密着型サービス）

在　宅

生活圏域利用 ← → 広域利用

⑨看護小規模多機能型居宅介護（複合型サービス）
⑤小規模多機能型居宅介護

①定期巡回・随時対応型訪問介護看護
②夜間対応型訪問介護

③地域密着型通所介護
④認知症対応型通所介護

⑥認知症対応型共同生活介護（グループホーム）
⑦地域密着型特定施設入居者生活介護
⑧地域密着型介護老人福祉施設入所者生活介護

訪問系サービス
訪問介護、訪問看護、訪問入浴介護、訪問リハビリテーション、居宅療養管理指導

通所系サービス
通所介護、通所リハビリテーション

短期滞在系サービス
短期入所生活介護、短期入所療養介護

居住系サービス
特定施設入居者生活介護

入所系サービス
介護老人福祉施設、介護老人保健施設、介護療養型医療施設

施　設

地域密着型のサービス　　**一般的なサービス**

市町村長 ……… 指定・監督 ……… 都道府県知事

※利用定員18名以下の施設について、2016年4月までに居宅サービスより移行。

[出典]厚生労働省資料に基づき作成

第3章　介護保険をより深く知ろう

10 介護サービス事業者の情報を調べるには？

▶各都道府県のホームページに開示されている「介護サービスの情報」が事業者のサービス内容の確認や比較検討に役立ちます。

厚生労働省令制度に基づいた事業者選択

　介護保険サービスを利用するには、介護保険サービスを提供する指定事業者の中からどの事業者を利用するか選択する必要が生じます。その際に、各都道府県より公表されている「介護サービスの情報」が役に立ちます。この「介護サービスの情報」は、介護サービスを利用しようとする本人や家族が、事業所のサービス内容や運営等に関する情報を比較検討できるよう2006（平成18）年の介護保険制度改正時に創設された厚生労働省令の「**介護サービス情報の公表**」制度に基づき、各都道府県のインターネットで閲覧できるようになっています。

事業所の比較表示やしおりなど機能も充実

　介護サービス情報公表システムで公表される情報項目（「事業所情報開示項目」）は、「**基本情報項目**」と「**運営情報項目**」に基づいています。

基本情報項目	事業所の運営主体や事業所名、営業時間職員体制等基本的な項目。事業所の報告内容がそのまま公表される。
運営情報項目	職員研修の状況やマニュアルの有無、クレーム対処の方法など、サービスの質担保を目的に事業所が実施している取組や状況を把握するための項目。

　これらのほか、事業所の特色や画像など任意の情報も含めた事業所からの報告内容について、都道府県知事または指定を受けた調査機関が調査を実施、報告内容で相違ないか事実確認を行った上で情報公表します。

　実際の情報公表システムのホームページ上では、全体を集約した「**事業所の概要**」をはじめ、「**事業所の詳細**」「**事業所の特色**」「**運営状況**」等タブに分類されて情報公表されています。また、**比較対象**に追加した事業所の公表データを**比較表示**したり、気になった事業所に**しおり（ブックマーク）**をつけて再表示したりできるといった機能性も備えています。

　検索できる介護サービスは全25種類・53サービスです（2018年4月現在）。検索方法は「**地図から探す**」「**サービスから探す**」「**住まいから探す**」「**条件検索**」と、好みの方法で検索が可能でとなっています。

公表画面へのアクセス方法
①厚生労働省HP「介護事業所・生活関連情報検索」より各都道府県の公表画面にリンクしています（［URL］http://www.kaigokensaku.mhlw.go.jp/）。
②介護サービス情報公表支援センターのホームページからも公表画面にアクセスできます（［URL］http://www.espa-jyohokohyoshienjigyo.org/）。

66

介護サービス情報の公表制度の仕組み

【趣旨】
○利用者が介護サービスや事業所・施設を比較・検討して適切に選ぶための情報を都道府県が公表する。
【ポイント】
○介護サービス事業所は年一回直近の介護サービス情報を都道府県に報告する。
○都道府県は事業所から報告された内容についてインターネットで公表を行う。また、都道府県は報告内容に対する調査が必要と認める場合、事業所に対して訪問調査を行うことができる。(都道府県は調査にかかる指針を定める)

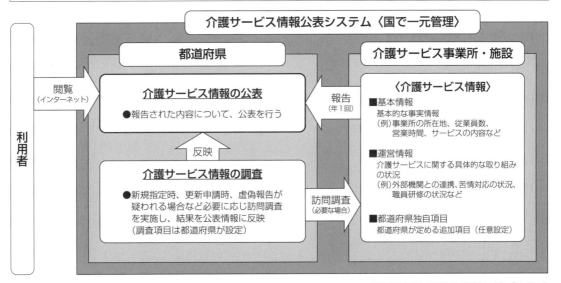

[出典]厚生労働省資料に基づき作成

介護事業所検索で見られる情報とチェックポイント

事業所の概要
▶事業所の所在地
▶サービスの内容、利用料、設備の概要...など

<チェックポイント>
●「事業の開始年月日」で介護サービス事業者の参入時期、事業所の開設時期から、経験が豊富な事業者かがわかります。
●「事業所の営業時間」で希望に応じた時間帯でサービスが可能かどうか確認できます。

事業所の詳細
▶提供しているサービスの一覧（設備、協力医療機関等も）
▶サービスの利用料...など

<チェックポイント>
●介護報酬の加算の有無などから事業所がサービスの質の向上に努力しているか確認できます。
●「営業時間外の対応」で土日に対応可であれば利用の幅が広がりますし、緊急時の電話に応じてくれれば安心につながります。

事業所の特色
▶サービス内容・特色など事業所のPR(写真・動画も閲覧可)
▶定員や空き情報...など

<チェックポイント>
●「アンケート」など利用者の意見を業務改善等に反映させる姿勢の有無により、利用者本位の事業運営が行われているかどうかの判断材料となります。
●第三者評価機関からの評価の有無により、サービス提供の透明性について判断材料の一つになります。

運営状況
▶提供しているサービスの一覧（設備、協力医療機関等も）
▶サービスの利用料...など

<チェックポイント>
●キャンセル料の有無やキャンセル料が発生する場合の条件、介護給付以外のサービス料金やその算定根拠などを確認することで、透明性の高い事業運営を行っているか確認できます。「規定料金による」等具体的な金額がわからなければ契約前に確認を。

[出典]編集室作成

第3章　介護保険をより深く知ろう

11 増え続ける認知症患者に対する 介護保険施策は？

▶地域支援事業の中に３つの認知症総合事業が位置づけられ、2018年４月までにすべての市区町村で実施されています。

進行性疾患で徐々に一人で生活できなくなる

「認知症」とは、脳の知的な働きが後天的な疾患等によって持続的に低下した状態を指します。従来は「痴呆」と呼ばれていましたが、2005（平成17）年６月29日より現在の呼称に改められています。

認知症が発症すると、進行にともない徐々に一人で日常生活を送ることが困難になってきます。特に多いのは脳血管性認知症、そしてアルツハイマー型認知症で、全体の８割から９割を占めています。症状は、①知的能力の低下、②心の症状、③行動障害、④動作能力の低下、⑤身体の障害と大きく５つに分けられます。

オレンジプラン・新オレンジプランを総合的に推進

認知症高齢者の数は年々増加の一途をたどり、政府の発表では、2025年には認知症患者が約700万人にまで増加するとの推計が示されています。その対策として、「オレンジプラン」や「新オレンジプラン」（☞巻末資料（1）さ行）が策定され、「住み慣れた地域での生活の継続」を主眼とした地域包括ケアシステム構築のための取り組みが進められています。

その一環として、2015年度の介護保険改正では、地域支援事業の中に３つの認知症総合事業が位置づけられました。概要は以下の通りです。

①認知症初期集中支援推進事業
地域包括支援センターや認知症疾患治療センター等に「**認知症初期集中支援チーム**」を設置。専門医や主治医の指導のもと、医療・介護系の多職種でチームを形成し認知症高齢者に積極的な訪問を実施、認知症初期段階から適切な医療・介護に結びつけます。
②認知症地域支援推進員設置事業
一定の研修を修了した医療・介護の専門職「**認知症地域支援推進員**」を市区町村や地域包括支援センター、認知症疾患医療センターなどに配置。地域の実情に応じて医療機関や介護サービス事業所等の連携支援や相談業務などを行います。
③認知症ケア向上推進事業
病院や介護保険施設等での認知症対応力向上、介護保険施設や介護事業所等における認知症対応力向上、認知症患者の家族に対する支援、認知症ケアに携わる多職種協働研修など、市区町村ごとに事業化され、総合的なケアの向上を推進します。

上記に加え今般の改正では、国や地方公共団体の責務と施策の総合的な推進が法により努力義務として定められています（介護保険法５条の２）。ポイントは以下の通りです。

①認知症予防、診断及び治療、認知症を有する方の心身特性に応じた介護方法に関する調査研究の推進

②認知症を有する方々への支援に係る人材の確保・資質の向上を図るために必要な措置を講ずる

認知症の主な症状

①知的能力の低下	物忘れがひどくなる、日時や場所がわからなくなる等
②心の症状	幻覚、妄想、不眠などの症状を訴える
③行動障害	徘徊、異食、ろう便、暴力をふるう等
④日常生活における動作能力の低下	食事、排泄、入浴、着替えなど日々の生活で必要な動作ができなくなる
⑤身体の障害	歩行や嚥下（食べ物の飲み込み）障害等

認知症初期集中支援チームと認知症地域支援推進員について

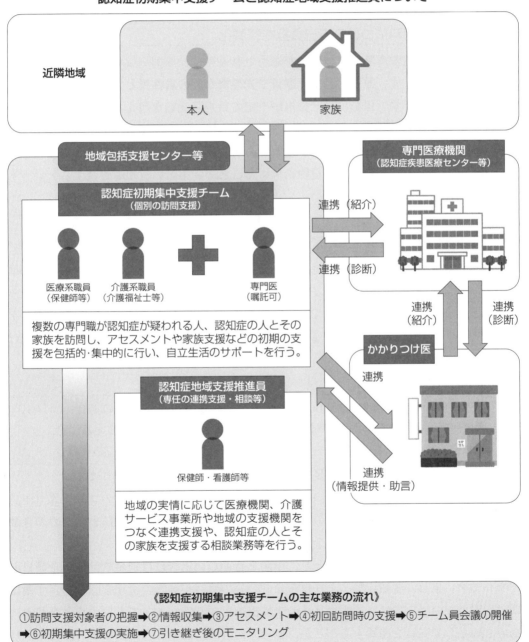

[出典]厚生労働省資料に基づき作成

第3章　介護保険をより深く知ろう

12　補足給付とは？

> ▶施設利用時の居住費と食費は原則全額自己負担ですが、一定以上の預貯金を保有
> していない低所得者には軽減制度が適用されます。

低所得者の施設利用料について自己負担を軽減化

　介護保険施設を利用する際に介護保険が適用されるのは、原則施設での介護サービス利用料の部分に限定されます。したがって、**家賃や光熱費などの居住費と食費、日常生活費は、別途自己負担**となります。但し、自己負担が一定の負担限度額を超えた場合には、超過分が戻って来る「**補足給付（特定入所者介護サービス費)**」が設けられています。これは、低所得者（住民税非課税世帯）対策のひとつとして、所得段階に応じて国が設定した基準額と利用者負担額との差額を、介護保険で現物給付することで利用者の負担を軽減するというものです。

負担公平化のため一定額以上の預貯金保有世帯は補足給付対象外に

　補足給付の対象について、制度発足時より長らく住民税非課税で前年の所得が一定基準以下の世帯（所得段階の第1段階〜第3段階）とされてきました。しかしながら、所得のみを勘案すると、多額の預貯金を保有しているのに補足給付を受けられるケースも生じ不公平であるとの指摘がありました。それを受けて、2015(平成27)年8月以降は預貯金等の「資産」も判定材料に加えられています。

　「補足給付の対象外」となるケースは、

> ①預貯金や有価証券が単身世帯で1,000万円超、夫婦世帯で2,000万円超の場合
> ②本人所得が非課税でも、配偶者が市町村民税（住民税）を課税されている場合
> ③遺族年金や障害年金（非課税年金）を含めると市町村民税課税水準になる場合

で、上記の場合は前年度の所得が補足給付対象に該当しても、除外となります。

　預貯金額の把握は、通帳コピー、口座残高が確認できるウェブサイトのコピー等（申請日の直近2か月以内）を添付した本人の自己申告に基づき判断され、不正防止のための金融機関への照会や、不正受給者への加算金等の規定も設けられています。

　申請は年1回（8月1日）を基本とし、申請を行わない場合には補足給付分が全額自己負担となります。但し、認知症等により自ら預貯金等の残高や通帳の所在を認識できず親族等の助けも望めない場合には、通帳コピーの未提出等書類不備があっても、預貯金が基準に満たないものとして支給を開始することが、極めて例外的に認められています（2015年7月13日　厚生労働省「介護保険最新情報 Vol.490」)。

12 補足給付とは？

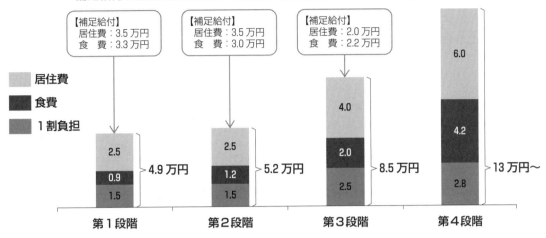

補足給付と施設利用者負担（介護老人福祉施設　ユニット型個室の場合）

補足給付の対象者について

補足給付の対象	第1段階	・生活保護受給者または老齢福祉年金の受給者で世帯全員が住民税非課税
	第2段階	・世帯全員が住民税非課税で、本人の合計所得金額と課税年金収入額の合計が80万円以下 ・本人の預貯金等が1,000万円以下（配偶者がいる場合は夫婦合わせて2,000万円以下）
	第3段階	・市町村民税世帯非課税で、本人年金収入等80万円以下 ・本人の預貯金等が1,000万円以下（配偶者がいる場合は夫婦合わせて2,000万円以下）
非該当	第4段階	・第1・第2・第3段階のいずれにも該当しない方

[出典]厚生労働省資料に基づき作成

合計すべき預貯金等の範囲

資産科目	確認方法
預貯金（普通・定期）	通帳の写し[※1]
有価証券（株式・国債・地方債・社債等）	銀行、証券会社等の口座残高の写し[※1]
金・銀（積立購入を含む）等、購入先の口座残高により時価評価額が把握できる貴金属	購入先の銀行等の口座残高の写し[※1]
投資信託	銀行、証券会社等の口座残高の写し[※1]
タンス預金（現金）	自己申告
負債（借入金・住宅ローンなど）	金銭消費貸借契約書等

※1．インターネットバンクの口座画面、ウェブサイトの写しも可。
※2．生命保険、自動車、貴金属（腕時計・宝石等）、絵画・骨董品・家財等は対象外。
※3．運用上、負債がある場合には、預貯金額等の合計額から負債の額を控除する取り扱いとする。

[出典]厚生労働省資料に基づき作成

第3章　介護保険をより深く知ろう

13　介護職員でも提供可能な医療行為とは？

▶所定の研修を受けた介護福祉士等について、「たんの吸引」や「経管栄養」との医療行為を実施することが可能です。

「たんの吸引」や「経管栄養」行為を研修修了者が行える

　これまでもお話ししてきたように、2015年度介護保険制度改正の主要施策は「地域包括ケアシステム」の構築に向けたものとなっているわけですが、すでに2012年度の改正時にも、その伏線は示されていました。当時の改正では①医療との連携強化、②介護サービスの充実強化、③予防の推進、④見守り、配食、買い物等多様な生活支援サービスの確保や権利擁護、⑤高齢期になっても住み続けられる住まいの整備の5つの視点に基づいて制度の見直しが行われました。なかでも、最大の焦点として注目されたのは、「医療との連携強化」で、それまで「医療行為」とみなされてきた「たんの吸引」や「経管栄養」といった行為が、2012（平成24）年4月より一定の研修を受けた介護福祉士や介護職員でも医療と介護の連携による安全確保が図られていること等一定の条件下で行えるようになりました。

　許容される医療行為の範囲、および研修の受講資格を有する対象範囲は以下の通りです。

一定の研修を受けた介護従事者に許容される医療行為の範囲

●たんの吸引（口腔内、鼻腔内、気管カニューレ内部）
●経管栄養（胃ろうまたは腸ろう、経鼻経管栄養）

研修を受講できる対象者

次の施設・事業所で介護職員等（介護福祉士を含む）として従事している方
特別養護老人ホーム、介護老人保健施設、特定施設入居者生活介護、認知症高齢者グループホーム、その他入所（居）系施設

　研修内容については、3種類の研修が設けられており、医師や看護師が中心となり実施されます。第1号研修では不特定多数の利用者に「喀痰吸引（口腔内・鼻腔内・気管カニューレ内部）」「経管栄養（胃ろう・腸ろう・経鼻）」を行うことが、第2号研修では不特定多数の利用者に「喀痰吸引（口腔内・鼻腔内）」「経管栄養（胃ろう・腸ろう）」を実施することが可能です。対して第3号研修は、特定の利用者に対してのみ「喀痰吸引」「経管栄養」を行うことが可能となっています。

　各研修とも、研修終了後交付された「喀痰吸引等研修修了証」をもって都道府県に認定申請を行い、『認定証』が交付されれば、所定の医療行為が可能となります（認定証交付時点で事業所が登録喀痰吸引等事業者である必要があります）。

13 介護職員でも提供可能な医療行為とは？

介護職員等によるたんの吸引等の実施について

以下の行為について一定の研修を受けた介護職員のいるサービス提供事業所や介護老人福祉施設等の介護施設で受けられます。

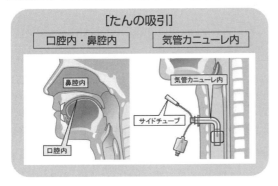
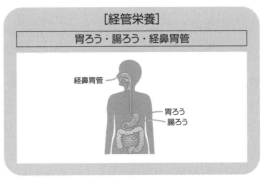

[出典]厚生労働省資料に基づき作成

喀痰吸引等の研修について

○第1号研修
　対象となる医療行為すべてを行う類型

| 講義
（50時間） | ＋ | 各行為の
シミュレーター演習 | ＋ | 実地研修 |

○第2号研修
　対象となる医療行為のうち必要な行為のみ行う類型

| 講義
（50時間） | ＋ | 各行為の
シミュレーター演習 | ＋ | 実地研修
（気管カニューレ内吸引、
経鼻経管栄養を除く） |

※1．講義と演習は全て行いますが、実地研修の一部が除外されます。

○第3号研修
　特定の個人に対して行う実地研修を重視した類型（ＡＬＳなどの重度障害者等）

| 講義（8ｈ）及び演習（1ｈ）※2 | ＋ | 実地研修
（特定の者に対する必要
な行為についてのみ） |

※2．重度訪問介護従事者養成研修と併せて行う場合には20.5時間となります。

[出典]厚生労働省資料に基づき作成

第3章　介護保険をより深く知ろう

⑭ 住所地特例とは？

▶**介護施設が集中する市区町村に財政負担が偏らないよう、施設入所（居）者の被保険者登録について転居前の市区町村に据え置く制度です。**

財政上の不均衡を緩和するための救済策

　介護保険は住所地（住民登録地）における市区町村で加入するのが原則です。引っ越して住所地が他の市区町村に移転した場合は、介護保険の被保険者登録も引っ越した市区町村に移行する必要が生じます。ところが、他の市区町村にある介護保険施設に入所して施設所在地に住所を変更した場合は、住所を変更した住所地（施設所在地）の市区町村ではなく、引き続き住所移転前の市区町村の被保険者となります。これを「**住所地特例**」と呼んでいます。

　どうしてこのような特例を講じる必要があるのかというと、介護保険施設に入所するために他の市区町村（仮にA町とします）からZ市に引っ越してくる利用者が増えた場合、その分Z市の介護給付が増加します。こうした状況が顕著になった場合には、A町とZ市の間に財政上の不均衡が生じてしまいます。このような偏りを防ぐべく、介護施設等が集中する市区町村において介護保険財政圧迫を緩和するための救済策として、住所地特例が実施されているというわけです。

サ高住、障害者支援施設も住所地特例の対象に

　2015（平成27）年4月施行の介護保険法改正では、需要が見込まれる高齢者の住宅整備の一環として、一部の**サービス付き高齢者向け住宅（サ高住）**においても住所地特例が適用されています。適用要件は以下の通りです。

サービス付き高齢者向け住宅（サ高住）における住所地特例の適用要件	①特定施設入居者生活介護の指定を受けている ②有料老人ホームに該当するサービス（介護、家事、食事、健康管理のいずれか）を提供している ③契約方式が利用権方式（☞次ページ参照）である

※安否確認と生活相談サービスのみを提供しているサービス付き高齢者向け住宅には本要件は適用されません。

　このほか、2014（平成26）年改正では住所地特例の対象者が地域密着型サービスや地域支援事業を利用する場合にも、地域包括ケアの視点に立ち、住所地の市区町村が実施する地域密着型サービスや地域支援事業を利用できるよう見直しが図られています。

　そして2017（平成29）年改正では、地域共生社会の実現を視野に入れ、障害者支援施設や救護施設など介護保険適用除外施設においても、住所地特例の見直しが施されています。詳細はコラム「介護保険Plus 3」をご参照ください。

14 住所地特例とは？

住所地特例の基本的な例

住所地	A町	
生活する場所	A町の自宅	Z市 介護保険施設
保険者	A町	
介護保険料	A町	
保険給付	A町	
住所		Z市
住民税		Z市
行政サービス		Z市

[出典]厚生労働省資料に基づき作成

住所地特例対象施設（2015年4月現在）

(1) 介護保険施設
　①介護老人福祉施設（特別養護老人ホーム）
　②介護老人保健施設
　③介護療養型医療施設

(2) 特定施設（地域密着型特定施設を除く）
　①有料老人ホーム（介護付・住宅型含む）
　②軽費老人ホーム（ケアハウス等）
　③養護老人ホーム
　④サービス付高齢者向け住宅　　〔2015年度より適用〕
　　・特定施設入居者生活介護の指定を受けている
　　・有料老人ホームに該当するサービス（介護、家事、食事、健康管理のいずれか）を提供している
　　・契約方式が利用権方式である

(3) 介護保険適用除外施設
　①障害者支援施設
　②救護施設

[出典]厚生労働省資料に基づき作成

契約方式（権利形態）について

利用権方式	賃貸借方式
施設やサービスを利用する権利を購入する契約方法。一般に老人ホームがこの方式で、居住部分と介護等のサービスを一体的に利用できる。	一般の賃貸物件同様毎月賃料や管理費を支払う方式。居住部分と介護等のサービスが別々に提供されるため、サービス選択が自由に行える。

[出典]編集室作成

第3章　介護保険をより深く知ろう

■介護保険適用除外施設の住所地特例が見直された　●コラム●介護保険Plus　3

　従来の介護保険制度では、他の市区町村から介護保険の適用除外施設に入所した利用者（適用除外者）がその後退所して介護保険施設等の住所地特例対象施設に移った場合、適用除外施設が所在する市区町村が保険者となることから、従来費用を負担していた市区町村ではなく、適用除外施設の所在市区町村がその費用を負担することとされていました。

　2018（平成30）年4月より、適用除外施設から退所して住所地特例対象施設に入所した利用者について適用除外施設の所在する市区町村の介護給付費が過度に重くならないよう、保険者の定め方が見直されています。見直しの対象となる適用除外施設は以下の通りです。

①障害者の日常生活及び社会生活を総合的に支援するための法律（平成17年法律第123号）に規定する指定障害者支援施設（支給決定（生活介護及び施設入所支援に係るものに限る。）を受けて入所している身体障害者、知的障害者及び精神障害者に係るものに限る。以下「指定障害者支援施設」という。）

②障害者支援施設（生活介護を行うものであって、身体障害者福祉法（昭和24年法律第283号）の規定により入所している身体障害者または知的障害者福祉法（昭和35年法律第37号）の規定により入所している知的障害者に係るものに限る。以下「障害者支援施設」という。）

③独立行政法人国立重度知的障害者総合施設のぞみの園法（平成14年法律第167号）の規定により独立行政法人国立重度知的障害者総合施設のぞみの園が設置する施設（いか「のぞみの園」という。）

④生活保護法（昭和25年法律第144号）に規定する救護施設（以下「救護施設」という。）

　上記①から③までの施設については、これらの施設に入所する際に支給決定や措置を行った市区町村が保険者となります。④の施設については、以下のように保険者が定められています。

| | 保護の実施機関等 | | | 救護施設の所在地
※見直し前の住所地特例による保険者 | 介護保険施設等の所在地 | 見直し後の住所地特例による保険者 |
	被保険者（※）の救護施設入所前の居住地	保護の実施機関	保護の費用の負担者			
ケース①	A県a市	A県a市	A県a市	B県b市	C県c市	A県a市 （実施者）
ケース②	A県d村	A県	A県	B県b市	C県c市	A県d村 （居住地）
ケース③	不明orなし	A県a市	A県	B県b市	C県c市	A県a市 （実施者）

ケース①：救護施設入所前の居住地が市、特別区または福祉事務所設置町村である場合。
ケース②：救護施設入所前の居住地が福祉施設を設置していない町村である場合。
ケース③：救護施設入所前の要保護者の居住地が不明または明らかでなく、A県a市で保護された場合。
※「生活保護法による保護の実施要領について」（昭和38年4月1日社発第246号厚生省社会局長通知）
　第10-2-（6）において被保険者とみなされた者を含む。

第4章

介護保険サービスを利用する①
―申請～要介護認定―

介護保険サービスを実際に受ける場合
まず何からすればいいの？
どうすればサービスを受けられるの？
月にどのくらいまで利用できるの？
本章では、そうした介護保険サービスの具体的な
しくみについて、簡潔かつ明瞭に触れていきます。

第4章 介護保険サービスを利用する①─申請〜要介護認定─

① 介護保険サービスを利用するには？

▶介護保険のサービスを利用するには、保険者（市区町村）から「認定」を受ける必要があります。

まずはサービスの流れを知ろう

認定の申請からサービス利用に至るまでの流れは、①「要介護認定」の申請を行う、②訪問調査を受ける、③審査・判定を受ける、④認定結果が通知される、⑤サービス・事業者を選択し、契約する、⑥利用したサービス費用の1割（所得額に応じて2割または3割）を支払う、となります。

サービス利用の第1歩は要介護認定の申請から

介護保険のサービスを利用するためには、まず希望する本人が介護保険（**介護給付、予防給付**）の対象となるか、また、対象となる場合どの程度の介護が必要か、保険者である市区町村より「**要介護認定**」を受ける必要があります（☞第4章4）。介護度が決まると、要介護度（要支援1〜要介護5まで7段階）に応じ1か月あたりの給付費の上限が設定されます（☞第4章3）。

ケアプラン作成はケアマネジャーに依頼するのが望ましい

要介護の認定を受けた方は、「居宅サービス」「施設サービス」、「地域密着型サービス」のどれを利用するかを選択します（ただし、要支援者の場合、施設サービスなど一部利用できないサービスもあります）。

居宅サービスを選んだ場合、居宅サービス計画（**ケアプラン**）を作成し、サービス事業者と契約することで、希望のサービスを利用することが可能となります。とはいえ、サービスの種類が多く、どれを利用すれば良いのか迷ってしまう人が大半ではないかと思います。したがって、一般的には専門業者である居宅介護支援事業所（ケアマネジャーを配置しているサービス事業者）に所属する**ケアマネジャー**（介護支援専門員）に作成を依頼します。ケアマネジャーは、本人や家族の希望や生活環境を総合的に把握し、ケアプランを作成してくれます。居宅介護支援事業所については、市区町村の窓口や地域包括支援センターなどに相談すれば、情報を提供してもらえます。なお、ケアマネジメントの費用は全額介護保険でまかなわれますので、利用者負担はありません。

施設サービスは、要介護認定を受けた上で利用する施設を決め、施設に入所してサービスを受けます。その際のケアプランは、施設のケアマネジャーが作成します。

地域密着型サービスは施設規模がいずれも小規模であり、利用希望者の市区町村に必ずしもこのサービスがあるとは限らないため、利用を希望する場合にはケアマネジャーや市区町村の介護保険担当課にお問い合わせください。

1 介護保険サービスを利用するには？

利用できるサービス内容

第1号被保険者（65歳以上）	
「要介護」（要介護1～5）と認定された場合	「介護サービス」を利用
「要支援」（要支援1～2）と認定された場合	「介護予防サービス」（予防給付）を利用
第2号被保険者（40歳～64歳）	
「特定疾病」（☞第2章7）にかかっていると認められた場合	状態により「介護サービス」または「介護予防サービス」を受けられる

要介護認定の申請からサービス利用までの流れ

①「要介護認定」の申請をする
本人または家族が、住んでいる市区町村の行政窓口、または総合福祉事務所などに要介護認定の申請をする。

②訪問調査を受ける
市区町村より委託された指定居宅介護支援事業者等の訪問調査員から、心身の状態について聞き取り調査を受ける。

③主治医が意見書を作成する
市区町村の依頼を受け、主治医が意見書を作成する。主治医がいない場合は、市区町村から紹介された医師の診断を受ける。

④審査・判定
「訪問調査」と「主治医の意見書」をもとに、「コンピュータ判定」（1次判定）、さらに介護認定審査会で審査判定（2次判定）を行う。

⑤認定通知を受ける
「要支援1～2」「要介護1～5」など、要介護度が決定し、利用者本人に認定通知が通知される（原則申請から30日以内）。

⑥ケアプランを作成する
居宅サービスを利用する場合、居宅介護支援事業所のケアマネジャーに依頼するか、または自分でケアプランを作成する。

⑦サービス提供事業者と契約する
ケアプランが決まったら、サービス提供事業者と契約し、サービスを受ける。施設サービスは直接施設に申し込む。

⑧費用を支払う
提供を受けたサービスに対して費用の1割（所得額に応じて2割または3割）を支払う。利用者の条件によっては、負担が軽減されるしくみもある。

［出典］厚生労働省資料に基づき作成

第4章　介護保険サービスを利用する①─申請〜要介護認定─

② 介護保険で受けられるサービスの内容は？

▶居宅サービス、施設サービス、地域密着型サービス、予防給付などがあります。

2006年より「地域密着型サービス」が加わり多様化

　介護保険で利用できるサービスには、利用者の自宅での介護を中心とした「**居宅サービス**」（☞第6章1〜13）、施設に入所する「**施設サービス**」（☞第6章14〜17）があります。2006（平成18）年4月以降は、これに「**地域密着型サービス**」（☞第6章18〜26）が加わり、利用者を取り巻く環境や地域性にフィットする多様なサービス体系が確立されました。さらに、居宅サービス、地域密着型サービスは、それぞれ対象者ごとに「**介護給付**」と「**予防給付**」（☞第3章2）に分かれています。

　なお、施設サービスなど、要支援者には一部利用できないサービスもあります。

介護保険で利用できるサービス内容（2018年4月以降）

サービス		介護給付		予防給付	
居宅	①訪問介護	要介護者の自宅を訪問介護員（ホームヘルパー）が訪れ入浴、排泄、食事等身体介護や洗濯、掃除等生活援助を行う。		〔介護予防給付なし〕	
	②訪問看護	看護師等が要介護者の居宅を訪問し、主治医の指示に基づき療養上の世話や診療の補助を行う。	②介護予防訪問看護	看護師等が介護予防を目的に要支援者の居宅を訪問し、一定期間療養上の世話や診療の補助を行う。	
	③訪問入浴介護	浴槽を移動入浴車等で要介護者の居宅に運び、入浴の介助を行う。	③介護予防訪問入浴介護	介護予防を目的に移動入浴車等で訪問し、要支援者の入浴の介助を行う。	
	④訪問リハビリテーション	要介護者の居宅を理学療法士や作業療法士等が訪れ、自立支援に向け必要なリハビリを行う。	④介護予防訪問リハビリテーション	介護予防を目的に要支援者の居宅を理学療法士や作業療法士等が訪れ、一定期間必要なリハビリを指導する。	
	⑤居宅療養管理指導	医師や歯科医師、薬剤師、管理栄養士等が要介護者の自宅を訪問し、薬の飲み方、食事など療養上の管理・指導を行う。	⑤介護予防居宅療養管理指導	医師や歯科医師、薬剤師、管理栄養士等が要支援者の自宅を訪問し、薬の飲み方、食事など療養上の管理・指導を行う。	
	⑥通所介護	在宅の要介護者にデイサービスセンター等に通ってもらい、食事や入浴など介護や機能訓練を提供する。		〔介護予防給付なし〕	
	⑦通所リハビリテーション	在宅要介護者に病院や診療所、介護老人保健施設に通ってもらい、日帰りで必要なリハビリを提供する。	⑦介護予防通所リハビリテーション	介護予防を目的に在宅要支援者に病院や診療所等に通ってもらい、日帰りで必要なリハビリを提供する。	
	⑧短期入所生活介護	介護老人福祉施設などに短期間入所してもらい、食事・入浴など介護や機能訓練を行う。	⑧介護予防短期入所生活介護	介護予防を目的に在宅要支援者に介護老人福祉施設等に短期間入所してもらい、食事・入浴等介護や機能訓練を行う。	
	⑨短期入所療養介護	介護老人保健施設などに短期間入所してもらい、医学的な管理のもとで介護や機能訓練、医療等を行う。	⑨介護予防短期入所療養介護	介護予防を目的に在宅要支援者に老人保健施設等に短期間入所してもらい、医学的管理下で介護や機能訓練、医療等を行う。	
	⑩特定施設入居者生活介護	有料老人ホームなど特定施設に入居している要介護者に対し、食事・入浴等の介護や機能訓練等を行う。	⑩介護予防特定施設入居者生活介護	介護予防を目的に、特定施設に入居している要支援者に、食事・入浴等の介護や機能訓練等を行う。	
	⑪福祉用具貸与	在宅要介護者に対し、自立支援を目的に福祉用具の貸与を行う。	⑪介護予防福祉用具貸与	介護予防を目的に、対象となる福祉用具をレンタルする。	

80

	⑫特定福祉用具販売	在宅要介護者に対し、入浴・排泄に係る福祉用具の購入費を支給する。	⑫特定介護予防福祉用具販売	居宅要支援者に対し、入浴・排泄に係る福祉用具の購入費を支給する。
	⑬住宅改修	手すりの取り付け等、給付対象となる住宅改修を行った際に住宅改修費の補助を受けられる。	⑬住宅改修	手すりの取り付け等、給付対象となる住宅改修を行った際に住宅改修費の補助を受けられる。
地域密着型	①定期巡回・随時対応型訪問介護看護	主に中重度の在宅要介護者に対し、介護職員が24時間体制で定期巡回訪問と随時の対応を行う。		〔介護予防給付なし〕
	②夜間対応型訪問介護	夜間の定期的な巡回訪問や通報により、要介護者の自宅で入浴、食事等の介護や日常生活上の世話を行う。		〔介護予防給付なし〕
	③地域密着型通所介護（2016年度より）	事業所の利用定員が18人以下の地域に密着したデイサービス事業所において、要介護者に介護や日常生活上の世話などを行う。		〔介護予防給付なし〕
	④認知症対応型通所介護	認知症の要介護者にデイサービスセンター等に通ってもらい、入浴・排泄・食事等の介護や日常生活上の世話、機能訓練を行う。	①介護予防認知症対応型通所介護	認知症の要支援者にデイサービスセンター等に通ってもらい、一定期間にわたり入浴・食事等の介護や日常生活上の世話、機能訓練を行う。
	⑤小規模多機能型居宅介護	在宅要介護者に居宅、あるいは居宅からサービス拠点に通ってもらうか短期間宿泊してもらい、介護や日常生活上の世話、機能訓練を行う。	②介護予防小規模多機能型居宅介護	在宅要支援者に居宅、あるいは居宅からサービス拠点に通ってもらうか短期間宿泊してもらい、介護や日常生活上の世話、機能訓練を行う。
	⑥認知症対応型共同生活介護	共同生活の住居に入居する認知症要介護者に対し、入浴・排泄・食事等の介護や日常生活上の世話、機能訓練を行う。	③介護予防認知症対応型共同生活介護	共同生活の住居に入居する認知症要支援者に対し、介護予防を目的に入浴・排泄・食事等の介護や日常生活上の世話、機能訓練を行う。
	⑦地域密着型特定施設入居者生活介護	定員29人以下の有料老人ホーム等に入所している要介護者に、食事や入浴などの介護や機能訓練を行う。		〔介護予防給付なし〕
	⑧地域密着型介護老人福祉施設入所者生活介護	定員29人以下の特別養護老人ホーム入所者に、入浴、排泄、食事等の介護や機能訓練、健康管理、療養上の世話を行う。		〔介護予防給付なし〕
	⑨複合型サービス	施設への「通い」を中心に短期の「宿泊」や自宅への「訪問介護」、「訪問看護」も組み合わせた介護と看護の一体的なサービスを提供する。		〔介護予防給付なし〕
ケアマネジメント	①居宅介護支援	在宅において介護サービスを利用するために、居宅介護支援事業所のケアマネジャーがケアプランの作成、事業者との利用調整等を行う。	①介護予防支援	在宅において介護予防サービスを利用するために、地域包括支援センターの保健師等が中心となり、ケアプランの作成、事業者との利用調整等を行う。
施設	①介護老人福祉施設	常時介護が必要な要介護者が特別養護老人ホームに入所し、日常生活の世話や必要な介護サービスを受ける。		〔介護予防給付なし〕
	②介護老人保健施設	病状が安定期にある要介護者が老人保健施設に入所し、必要な介護や機能訓練などの医療サービスを受ける。		〔介護予防給付なし〕
	③介護療養型医療施設	長期療養患者のうち常に医療管理が必要な要介護者が介護療養型医療施設に入所し、必要な介護・医療サービスを受ける。		〔介護予防給付なし〕
	④介護医療院（2018年4月創設）	利用者の日常的な医療ニーズに対応するため「長期療養のための医療」「日常生活上の世話（介護）」を一体的に提供する。		〔介護予防給付なし〕

［出典］厚生労働省資料に基づき作成

第4章　介護保険サービスを利用する①―申請〜要介護認定―

③ 要介護度とは？

▶介護を必要とする人の状態像をランク化したもので、区分によりサービス内容や利用限度額が異なります。

申請してから1か月で認定結果が届く

　介護保険では、要介護認定の申請をすると30日で、申請者のもとに介護保険証と一緒に、認定結果が記入された認定通知が送られてきます。この認定通知には、「非該当」（自立）、「要支援」「要介護」といった、介護を必要とする人の心身の状況を数値化したランク（＝**要介護度**）が記載されています。介護保険サービスを受けることができるのは、このうち要支援、要介護の認定を受けた場合です。

区分に応じサービスの利用限度額が異なる

　要介護度は、最も軽い「要支援1」から最も重度の高い「要介護5」まで、7段階に区分されます。
　「**要支援状態**」とは、常時介護を要する状態の軽減、もしくは悪化の防止のために支援を要する状態、または身体上もしくは精神上の障害のため一定期間日常生活を営むのに支障があると見込まれる状態をいいます。区分については、認定審査の結果により要支援1・2に区分されます。
　「**要介護状態**」とは、身体上または精神上の障害により入浴、排泄、食事など日常生活における基本動作について6か月以上にわたり常に介護を要する状態を指します。要介護の該当者は、介護の必要度により1〜5の5段階に分かれます。
　居宅サービスを利用する際は、この区分に基づいて介護保険給付の支払い限度額、つまり1か月でサービスを利用できる上限（区分支給限度額）が設定されます。この区分支給限度額を超えてサービスを利用した場合の費用は、利用者が全額（10割）負担することになります。施設サービスを利用する場合は、支給限度額はありません。

要支援者は予防給付、要介護者は介護給付を利用

　要支援、要介護の区別により、利用できる給付の種類（サービス）も分類されます。
　申込者が要支援と認定された場合は、**予防給付**（介護予防サービス）の対象となります（☞第3章2）。また、地域支援事業において「介護予防・日常生活支援総合事業」を実施している市区町村に住んでいる場合は、予防給付と当該事業におけるサービスのどちらかを受けられます（☞第3章3〜6）。予防給付では、施設サービスは利用不可等サービス内容に一部限定があります。
　一方、要介護と認定された場合は介護給付（介護サービス）の対象となります。要介護者は、基本的にすべての介護サービスを利用できます。

要介護度の区分別状態像

要介護度	心身の状態例	利用できるサービス
非該当 （自立）	日常生活上で歩行や起き上がりなどの基本動作にとくに問題のない状態。服薬や電話のやりとりなども支障なく行える。	介護保険サービスは利用対象外
要支援1	食事・排泄、身の回りのことはほぼ自分でできる。家事、薬・金銭の管理など手段的日常生活の一部に社会的支援が必要。	〈介護予防サービス〉または地域支援事業
要支援2	立ち上がりなど身体的動作に不安があり、その状態の軽減もしくは悪化防止（要介護状態への移行の予防）に支援を要する。	
要介護1	要支援状態から、身だしなみや掃除、金銭管理など日常生活上部分的な介護が必要となる状態。食事、排泄、着替えはひとりでできるが、外傷や疾病等により理解力に低下がみられる。	〈介護サービス〉 ※2015年4月以降、**特別養護老人ホームの新規利用入所対象者は原則要介護3以上に変更**（但し重度の認知症や家族による虐待などやむを得ない事情がある場合は、要介護1・2も利用可）。
要介護2	要介護1の状態に加え、立ち上がりや歩行などの日常的な動作に部分的な介護が必要となる状態。食事や排泄に介助を要する場合もある。外傷や認知症等により理解力の低下もみられる。	
要介護3	要介護2の状態よりも、食事、排泄、着替えなど日常生活に必要な動作、および家事、薬・金銭管理など手段的日常生活動作の両面で著しい低下がみられ、ほぼ全面的な介助が必要となる。	
要介護4	要介護3の状態よりもさらに動作能力が低下し、介護なしに日常生活を送ることが困難な状態。重度な認知症で問題行動も多く、食事、排泄、着替え等生活上のあらゆる行為に介助を要する。	
要介護5	介護なしには日常生活を送ることがほぼ不可能な状態。寝たきりで寝返りもできず、食事、排泄、着替え等全面的な介助を要する。認知症では全般的に意志の伝達が困難となる。	

[出典]厚生労働省資料に基づき作成

要介護度区分ごとの支給限度額（居宅サービス）

要介護度	利用限度額（1か月）	住宅改修費	福祉用具購入費
要支援1	5万0,030円	原則20万円まで （／1住宅）	1年間10万円まで （／1年）
要支援2	10万4,730円		
要介護1	16万6,920円		
要介護2	19万6,160円		
要介護3	26万9,310円		
要介護4	30万8,060円		
要介護5	35万0,650円		

●自己負担額は利用額の1割。但し一定以上の所得のある第1号被保険者は2割ないし3割負担（3割負担は2018年8月より実施）。

●居宅療養管理指導は、1か月に利用できる回数の上限が定められているため、上記利用限度額は適用されない（居宅療養管理指導☞第6章5）。

●住宅改修費は同一の住居での支給限度額。転居時や介護状態が著しく悪化した場合には、再利用も可能。

●住宅改修費、福祉用具購入費の利用にあたっては、利用者がいったん改修費用の全額を負担、市区町村に申請後、保険給付分（9割〜7割）が支給される。

●**保険者（市区町村）により利用限度額が異なる。**

[出典]厚生労働省資料に基づき作成

第4章　介護保険サービスを利用する①—申請〜要介護認定—

④ 要介護認定の申請場所・申請に必要なものは？

▶**市区町村役場に直接出向くか、または介護保険施設、地域包括支援センター等地域の窓口で申請代行してもらえます。**

申請時には主治医の氏名を控えたメモや診察券を忘れずに

　介護保険サービスの利用資格取得（要介護認定）のための申請は、原則として各市区町村の介護保険課担当窓口または地域包括支援センターで受け付けています。

　窓口で申請書を渡されたら、必要事項を所定欄に記入し、本人の被保険者証を添えて提出します（地域によって認め印が必要な場合もあり）。申請の際には主治医の氏名や医療機関名、所在地、電話番号記入欄があるので、診察券や控えのメモを必ず携帯しましょう。

申請手続きは代行も可能

　要介護認定の申請は、基本的に本人かその家族が行いますが、「**申請代行**」を依頼することもできます。代行してもらう場合には、記入した申請書の控を忘れずに受け取りましょう。

〈本人や家族以外に申請が可能な「代行先」〉

●居宅介護支援事業所	●地域包括支援センター	
●民生委員、介護相談員	●成年後見人	●社会保険労務士

認定の更新や変更の場合にも申請が必要

　要介護認定には有効期間が定められています。期間満了後も継続して利用するには認定更新の申請が必要です。認定後長期間状態が安定している場合は更新時の判定手続きが簡素化されることがあります（☞第4章6）。更新手続きは期間満了の60日前から行えます。また、有効期間内に心身の状況が変化した場合は、**区分変更申請**（☞第4章9）を行うことが可能です。

〈申請時に必要なもの〉

●65歳以上の方
　①申請書　②「介護保険被保険者証」（介護保険証）　③診察券など
●40〜64歳（第2号被保険者）の方
　①申請書　②「医療保険被保険者証」（医療保険証）　③診察券など

※①は各役所窓口にあり。市区町村によってはホームページからもダウンロード可能。
※③は主治医の氏名、病院の名称・所在地がわかるもの。

84

4 要介護認定の申請場所・申請に必要なものは？

様式例

介護保険 (要介護認定・要支援認定 / 要介護更新認定・要支援更新認定) 申請書

○○市(町村)長　様

次の通り申請します。

被保険者		被保険者番号									申請年月日	平成　　　年　　月　　日
		フリガナ									生年月日	明・大・昭　年　　月　　日
		氏　　名									性　別	男　・　女
		住　　所	〒　　　　　　　　　　　　　　　　　電話番号									
		前回の要介護認定の結果等 ※要介護・要支援更新認定の場合のみ記入	要介護状態区分　1　2　3　4　5　経過的要介護　要支援状態区分　1　2									
			有効期間　平成　　年　　月　　日　から　平成　　年　　月　　日									
	過去6月間の介護保険施設医療機関等入院、入所の有無	介護保険施設の名称等・所在地								期間　年　月　日～　年　月　日		
		介護保険施設の名称等・所在地								期間　年　月　日～　年　月　日		
		医療機関等の名称等・所在地								期間　年　月　日～　年　月　日		
	有　・　無	医療機関等の名称等・所在地								期間　年　月　日～　年　月　日		

提出代行者	名　称	該当に○（地域包括支援センター・居宅介護支援事業者・指定介護老人福祉施設・介護老人保健施設・指定介護療養型医療施設）　　　　印
	住　所	〒　　　　　　　　　　　　　　　　電話番号

主　治　医	主治医の氏名		医療機関名	
	所　在　地	〒　　　　　　　　　　電話番号		

第二号被保険者（40歳から64歳の医療保険加入者）のみ記入

医療保険者名		医療保険被保険者証記号番号	
特定疾病名			

介護サービス計画又は介護予防サービス計画を作成するために必要があるときは、要介護認定・要支援認定にかかる調査内容、介護認定審査会による判定結果・意見、及び主治医意見書を、○○市(町村)から地域包括支援センター、居宅介護支援事業者、居宅サービス事業者若しくは介護保険施設の関係人、主治医意見書を記載した医師又は認定調査に従事した調査員に提示することに同意します。

本人氏名

第4章　介護保険サービスを利用する①—申請〜要介護認定—

⑤ 認定調査って何？

▶介護保険サービスを状態に応じて適切に利用できるよう、利用希望者に直接実施する聞き取り調査です。

申請者本人のありのままの心身状態を把握する調査

　要介護認定の申請後、しばらくすると調査員が心身の状況や、日頃どんな生活を送っているかを調べるために、利用希望者の自宅を訪ねてきます。これを「**認定調査**」といいます。突然やってくるわけではなく、調査員本人から直接訪問日時についての連絡が入りますので、その際に利用希望者本人や家族の希望する日時を伝え、後日自宅や入院先に来てもらって調査を受けます。

　調査員は、各市区町村の職員、あるいは市区町村から依頼を受けた事務受託業者、指定居宅介護支援事業者の介護支援専門員（ケアマネジャー）などで構成されています。調査当日、調査員は「認定調査員証」等身分を証明する物を所持していますので、気になるようであれば日時を決める際に氏名を控えておき、当日照合するとよいでしょう。

　なお、「訪問調査」は要介護認定更新時にも改めて実施されます。

心身状態や日常生活動作について74項目の調査がある

　調査員は、全国共通の基本調査票に基づき、本人に74項目の聞き取り調査を行います。調査内容は、「**基本調査**」と「**特記事項**」の２つに分かれていて、前者は選択式、後者は調査員が結果を記述します。

　基本調査は大きく５つの群で構成され、すべての調査項目について、「能力」「介助の方法」「障害や現象（行動）の有無」といった３つの評価軸のいずれかに沿った選択基準が設けられています。主な構成内容は、視力・聴力などについて、歩行や寝返りができるか、食事、入浴や排泄に介助が必要か、衣服の着脱や洗面などで介助が必要か、ひどい物忘れ、徘徊などの行動があるか、過去14日間に受けた医療に関する事項などからなります。基本調査の結果をもとにコンピュータ推計により「要介護認定等基準時間」が算出され、一次判定（☞第４章６）にかけられます。

　一方、特記事項とは基本調査の補足的なもので、「主治医の意見書」（☞第４章８）とともに介護認定審査会による二次判定（☞第４章６）の参考として利用されます。

正確な心身状態を調査員に伝える

　調査に要する時間はおおよそ１時間〜１時間半程度で、項目に則しさまざまな質問や、時には本人の身体の動きなどをみてもらったりしながら、聞き取り方式で進められます。調査の際には誤った判断をされないよう、認定調査員に本人の普段の様子を詳しく伝えることが重要です。

5 認定調査って何？

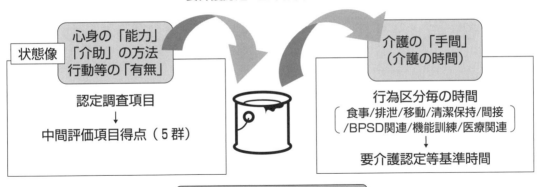

申請者の認定調査の結果（状態像）を一次判定ソフトにより数値化し、介護の手間の総量（要介護認定等基準時間）を割り出します。

[出典]介護認定審査会委員テキスト（厚生労働省）

認定調査票(基本調査)の質問項目(概要)　※回答は選択式。

分類	調査内容
第1群 (身体機能・ 起居動作)	・麻痺等の有無　・拘縮の有無　・寝返り　・起き上がり　・座位保持 ・両足での立位保持　・歩行　・立ち上がり　・片足での立位　・洗身 ・つめ切り　・視力　・聴力
第2群 (生活機能)	・移乗　・移動　・嚥下(飲み込み)　・食事摂取　・排尿　・排便　・口腔清潔 ・洗顔　・整髪　・衣服(上衣・ズボン等)着脱　・外出頻度
第3群 (認知機能)	・意思の伝達　・記憶・理解　・毎日の日課を理解　・生年月日や年齢を言う ・短期記憶　・自分の名前を言う　・今の季節を理解する　・場所の理解 ・徘徊　・外出すると戻れない
第4群 (精神・行動 障害)	・被害妄想　・作り話　・感情不安定　・昼夜逆転　・同じ話をする ・大声を出す　・抵抗する　・「家に帰る」等落ち着きがない　・目が離せない ・破壊する　・ひどい物忘れ　・自分勝手な行動　・会話にならない
第5群 (社会生活 への適応)	・薬の内服　・金銭管理　・日常の意思決定　・集団への不適応　・買い物 ・簡単な調理
その他	・過去14日間に受けた特別な医療について

[出典]介護認定審査会委員テキスト（厚生労働省）に基づき作成

第4章　介護保険サービスを利用する①—申請〜要介護認定—

⑥ 審査・判定はどのように行われるの？

▶認定調査の結果を入力したコンピュータ判定などをもとに、介護認定審査会が総合的に審査・判定します。

判定は一次判定と二次判定の二段階式

　認定調査が終わると、認定調査における基本調査票の結果をコンピュータに入力し、「**一次判定**」を行います。

　一次判定では、認定調査の結果から、申請者の介護にどのくらいの時間が必要か（要介護認定等基準時間）を算出します。この一次判定の結果と「主治医の意見書」、「認定調査の特記事項」をもとに、介護認定審査会において「**二次判定**」が行われます。

保健・医療・福祉の専門家によるチームで二次判定にあたる

　介護認定審査会のメンバーは、保健、医療、福祉の専門家で構成されます。人数は5名を標準とし、市区町村から任命されたメンバーにより、多角的かつ総合的な認定を行うことを目指しています。審査会メンバーの任期は2年です。審査に際しては、申告者や家族に関するプライバシー保護が義務付けられています。もし他者に秘密を洩らした場合には、介護保険法により1年以上の実刑、または50万円以下の罰金が課せられます。

二次判定結果により要介護度が決まり、本人に通知される

　審査会は、二次判定の中で申請者が要介護・要支援のいずれかに該当するか、該当するとすればどの段階かなどについて審査・判定を行います。もし申請者が第2号被保険者（40〜64歳）である場合には、介護を必要とする原因が**特定疾病**（☞第2章7）によるものかどうかも含めて審査します。その際、審査会にはサービスの種類や申請者の留意すべき点などについて意見を付記することができる権利があります。

　こうした二次判定の結果をもとに市区町村が申請者の要介護度を認定し、本人に文書で通知することで認定は完了となります。

認定通知と被保険者証の記載内容を確認する

　申請から数えて原則30日以内に、市区町村より認定結果の通知が届きます。また、申請時に窓口に渡した介護保険の被保険者証も一緒に返送されてきます。被保険者証には、認定された要介護度と、必要に応じ介護認定審査会による所見が記されています。

　通知が届いたら、まず認定通知と被保険者証の記載内容に間違いがないかを確認し、万一相違があれば各市区町村の窓口にその旨連絡してください。

6 審査・判定はどのように行われるの？

審査・判定の流れ

- 長期間状態が変化していない（状態安定）者については、審査会委員等の事務負担の軽減を図るため、二次判定の手続きを簡素化することが可能とされました（2018年4月〜）。

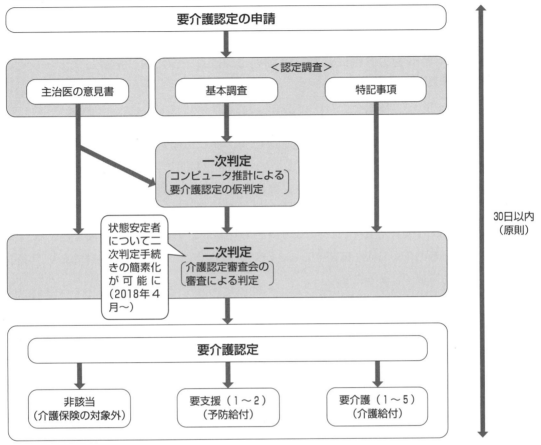

[出典]厚生労働省資料に基づき作成

要介護認定の有効期間について

新規・区分変更申請後12か月経過しても要介護度に変化がないケースが4〜5割あるという結果を踏まえ、事務職員等の負担軽減を目的に更新認定有効期間の上限を36か月に延長することが可能となりました（2018年4月〜）。

申請区分		原則の認定有効期間	設定可能な認定有効期間の範囲
新規申請		6か月	3〜12か月
区分変更申請		6か月	3〜12か月
更新申請	前回要支援→今回要支援	12か月	3〜36か月
	前回要支援→今回要介護	12か月	3〜36か月
	前回要介護→今回要支援	12か月	3〜36か月
	前回要介護→今回要介護	12か月	3〜36か月

最大36か月に上限を延長（2018年4月〜）

[出典]厚生労働省資料通知に基づき作成

第4章　介護保険サービスを利用する①―申請～要介護認定―

7 要介護認定等基準時間とは どんなもの？

▶サービス利用希望者の介護に必要な時間をコンピュータにより推計したデータで、認定を大きく左右します。

訪問調査結果をコンピュータにかけ、分単位で推計

　要介護認定では、第一次判定・第二次判定を通し、基本的には認定調査の結果を土台に主治医の意見等を踏まえた上で要介護度を決定しますが、その認定結果の判断材料となるのが「**要介護認定等基準時間**」というものです。要介護認定等基準時間とは、申請者本人の介護に必要な1日あたりの時間を分単位で推計したもので、認定調査で得られた結果をコンピュータ処理により5つの分野に分類して算出します。これにより、「どの行為がより多くの介護時間を要する」と一次判定ソフトが判断しているかを確認することができます。但し、あくまでも推計であり、実際に介護が提供される時間ではありません。

　5つの分野は、以下のように定められています（詳細は次ページ参照）。

①直接生活介助（入浴、排泄、食事等の介護）
②間接生活介助（掃除、洗濯等の家事援助等）
③BPSD関連行為（徘徊や不潔な行為等問題行動の見守りや後始末など）
④機能訓練関連行為（歩行や日常生活訓練等リハビリテーションに係る行為）
⑤医療関連行為（褥瘡の処置や輸液の管理等医療に係る補助行為）

　上記の項目ごとに算出された時間の合計が要介護度別の推計時間基準に割り当てられ、一次判定の要介護度となるわけです。

独自のデータベースが基準値となっている

　要介護認定等基準時間の土台となっているのは「**1分間タイムスタディ・データ**」と呼ばれるデータベースで、これは旧厚生省が全国の特別養護老人ホームや老人保健施設等の高齢者約3,400人を対象に、24時間どんなサービスをどの位の時間にわたり利用したかを分刻みで記録・集計した調査結果がもととなっています。

　この1分間タイムスタディ・データを統計処理ソフトにかけ樹形モデル化したソフトウェアが各市区町村に備え付けられており、一次判定の際に訪問調査結果と主治医意見書の該当項目を入力することで、認定申請者の要介護認定等基準時間が自動的に推計できるしくみになっています。

介護行為の種類（5つの分野）について

種　類	介護行為の具体例
（1）直接生活介助	●身体に直接触れる（可能性がある）介助、及びその準備・後始末 （例）・清潔・整容に関する介助（洗顔、口腔の清潔、身体の清潔、洗髪、整容、更衣） 　　　・入浴に関する介助 　　　・排泄に関する介助（排尿、排便） 　　　・食事に関する介助 　　　・移動に関する介助（体位変換・起居・移乗・移動）
（2）間接生活介助	●身体に直接触れない（可能性がない）介助及びその準備・後始末 （例）・洗濯 　　　・食事の準備・後始末 　　　・掃除 　　　・コミュニケーション
（3）BPSD関連行為	●問題行動に関連して必要となる介助 （例）・不潔行為への対応 　　　・徘徊に対する対応・探索 　　　・暴力行為への対応
（4）機能訓練関連行為	●機能訓練に関連して必要となる行為 （例）・寝返り訓練 　　　・起き上がり訓練 　　　・座位訓練 　　　・立ち上がり訓練 　　　・移乗訓練 　　　・日常生活訓練
（5）医療関連行為	●医療関連職種による業務独占行為 （例）・中心静脈栄養の管理　┐ 　　　・酸素療法の管理　　├ 特別な医療 　　　・褥瘡の処理　　　　│ 　　　・留置カテーテルの管理 ┘ 　　　・浣腸 　　　・座薬の挿入

[出典]厚生労働省資料に基づき作成

要介護認定等基準時間の分類

要介護度	要介護認定等基準時間のめやす　※5分野（●ページの表）を合計した時間。
要支援1	要介護認定等基準時間（5分野を合計した時間）が25分以上32分未満
要支援2・要介護1	要支援状態のうち、要介護認定等基準時間が32分以上50分未満
要介護2	要介護認定等基準時間が50分以上70分未満
要介護3	要介護認定等基準時間が70分以上90分未満
要介護4	要介護認定等基準時間が90分以上110分未満
要介護5	要介護認定等基準時間が110分以上

※要支援2、要介護1の振り分けは、「認知機能の低下の評価」及び「状態の安定性に関する評価」の結果をふまえて行われます。

[出典]厚生労働省資料に基づき作成

第4章　介護保険サービスを利用する①—申請〜要介護認定—

❽ 「主治医の意見書」はなぜ必要？

▶申請者本人を継続的に把握している点や医学的視点から、他の調査結果との整合性を図るためです。

自分の状態を一番よく知っている医師がベスト

　認定調査と並行して、要介護認定審査の過程で必要となるのが、被保険者のかかりつけの医師が記入した「**主治医意見書**」です。

　この意見書は、申請者の心身上の障害因子となっている疾病や負傷について主治医が記載したもので、おもに審査の二次判定の判断材料となります。したがって、主治医が複数にわたる場合は、申請者を継続的に診察し、心身の状態を最もよく把握していると思われる主治医、あるいは介護を要する原因となっている疾病の担当医を選択することが重要です。

　もし主治医がいない場合は、市区町村の窓口に近くの医療機関を紹介してもらうことも可能です。病院には随分と行っていないという人でも、この主治医の意見書がないと、要介護認定は受けられません。

意見書の内容は訪問による基本調査とほぼ同じ

　主治医意見書作成の流れは、以下のとおりです。

①要介護認定申請書の主治医の欄に、申請者が所定事項を記入。
②市区町村が主治医に直接連絡し、意見書の提出を依頼。
③主治医は意見書をまとめ、市区町村に送付（申請者には渡りません）。

　意見書の内容は、①傷病に関する意見、②過去14日間に受けた特別な医療、③心身の状態に関する意見、④介護に関する意見、⑤その他特記すべき事項の5項目で構成されています。

　基本内容は、認定調査の「基本調査」項目とほぼ同一です。これは、認定調査が、面識のない訪問調査員により短時間の面接で行われることに対し、医学的見地、さらには日頃より継続的に申請者本人と接し心身状態を把握しているという視点から、調査データを補うことが必要となるためです。

　とはいえ、認定調査と主治医の意見書のどちらも要介護度を決定する上で非常に重要なデータとなりますので、調査員への回答、主治医の指定と、どちらも十分に考慮した上で取り組むことが大切です。

8 「主治医の意見書」はなぜ必要？

主治医意見書の書式（例）

主治医意見書

記入日　平成　年　月　日

申請者	（ふりがな）　　　　　　　　　　明・大・昭　年　月　日生（　歳）　男・女

上記の申請に関する意見は以下の通りです。
主治医として、本意見書が介護サービス計画作成に利用されることに　□同意する。　□同意しない。

医師氏名
医療機関名
医療機関所在地　　　　電話（　　）　　FAX（　　）　　連絡先（　　）

(1) 最終診察日　平成　年　月　日
(2) 意見書作成回数　□初回　□2回目以上
(3) 他科受診の有無　□有（有の場合　□内科 □精神科 □外科 □整形外科 □脳神経外科 □皮膚科 □泌尿器科 □婦人科 □眼科 □耳鼻咽喉科 □リハビリテーション科 □歯科 □その他（　　）） □無

1. 傷病に関する意見

(1) 診断名（特定疾病または生活機能低下の直接の原因となっている傷病名については1.に記入）及び発症年月日
1. 　　　　　　発症年月日（昭和・平成　年　月　日頃）
2. 　　　　　　発症年月日（昭和・平成　年　月　日頃）
3. 　　　　　　発症年月日（昭和・平成　年　月　日頃）

(2) 症状としての安定性　□安定　□不安定　□不明
（「不安定」とした場合、具体的な状況を記入）

(3) 生活機能低下の直接の原因となっている傷病または特定疾病の経過及び投薬内容を含む治療内容
（最近（概ね6か月以内）介護に影響のあったもの及び特定疾病についてはその診断の根拠等について記入）

2. 特別な医療（過去14日間以内に受けた医療のすべてにチェック）

処置内容　□点滴の管理　□中心静脈栄養　□透析　□ストーマの処置　□酸素療法
　　　　　□レスピレーター　□気管切開の処置　□疼痛の看護　□経管栄養
特別な対応　□モニター測定（血圧、心拍、酸素飽和度等）　□褥瘡の処置
失禁への対応　□カテーテル（コンドームカテーテル、留置カテーテル等）

3. 心身の状態に関する意見

(1) 日常生活の自立度等について
・障害高齢者の日常生活自立度（寝たきり度）　□自立 □J1 □J2 □A1 □A2 □B1 □B2 □C1 □C2
・認知症高齢者の日常生活自立度　□自立 □I □IIa □IIb □IIIa □IIIb □IV □M

(2) 認知症の中核症状（認知症以外の疾患で同様の症状を認める場合を含む）
・短期記憶　□問題なし　□問題あり
・日常の意思決定を行うための認知能力　□自立 □いくらか困難 □見守りが必要 □判断できない
・自分の意思の伝達能力　□伝えられる □いくらか困難 □具体的要求に限られる □伝えられない

(3) 認知症の周辺症状（該当する項目全てチェック：認知症以外の疾患で同様の症状を認める場合を含む）
□無 □有　□幻視・幻聴 □妄想 □昼夜逆転 □暴言 □暴行 □介護への抵抗 □徘徊
　　　　□火の不始末 □不潔行為 □異食行動 □性的問題行動 □その他（　）

(4) その他の精神・神経症状
□無 □有　〔症状名：　　　　　　　　　〕

(5) 身体の状態
利き腕（□右 □左）　身長＝　□cm　体重＝　□kg（過去6ヶ月の体重の変化 □増加 □維持 □減少 ）
□四肢欠損　（部位：　　　　　　　　）
□麻痺
　　□右上肢（程度：□軽 □中 □重）
　　□左上肢（程度：□軽 □中 □重）
　　□右下肢（程度：□軽 □中 □重）
　　□左下肢（程度：□軽 □中 □重）
　　□その他（部位：　　　程度：□軽 □中 □重）
□筋力の低下　（部位：　　　程度：□軽 □中 □重）
□関節の拘縮　（部位：　　　程度：□軽 □中 □重）
□関節の痛み　（部位：　　　程度：□軽 □中 □重）
□失調・不随意運動　・上肢 □右 □左　・体幹 □右 □左　・下肢 □右 □左
□褥瘡　（部位：　　　程度：□軽 □中 □重）
□その他の皮膚疾患　（部位：　　　程度：□軽 □中 □重）

4. 生活機能とサービスに関する意見

(1) 移動
屋外歩行　□自立 □介助があればしている □していない
車いすの使用　□用いていない □主に自分で操作している □主に他人が操作している
歩行補助具・装具の使用（複数選択可）　□用いていない □屋外で使用 □屋内で使用

(2) 栄養・食生活
食事行為　□自立ないし何とか自分で食べられる □全面介助
現在の栄養状態　□良好 □不良
→栄養・食生活上の留意点（　　　　　　　　　）

(3) 現在あるかまたは今後発生の可能性の高い状態とその対処方針
□尿失禁 □転倒・骨折 □移動能力の低下 □褥瘡 □心肺機能の低下 □閉じこもり □意欲低下 □徘徊
□低栄養 □摂食・嚥下機能低下 □脱水 □易感染性 □がん等による疼痛 □その他（　）
→対処方針（　　　　　　　　　）

(4) サービス利用による生活機能の維持・改善の見通し
□期待できる □期待できない □不明

(5) 医学的管理の必要性（特に必要性の高いものには下線を引いて下さい。予防給付により提供されるサービスを含みます。）
□訪問診療 □訪問看護 □看護職員の訪問による相談・支援 □訪問歯科診療
□訪問薬剤管理指導 □訪問リハビリテーション □短期入所療養介護 □訪問歯科衛生指導
□訪問栄養食事指導 □通所リハビリテーション □その他の医療系サービス（　）

(6) サービス提供時における医学的観点からの留意事項
・血圧 □特になし □あり（　）　・移動 □特になし □あり（　）
・摂食 □特になし □あり（　）　・運動 □特になし □あり（　）
・嚥下 □特になし □あり（　）　・その他（　）

(7) 感染症の有無（有の場合は具体的に記入して下さい）
□無 □有（　　　　　　　　　）□不明

5. 特記すべき事項

要介護認定及び介護サービス計画作成時に必要な医学的なご意見等を記載して下さい。なお、専門医等に別途意見を求めた場合はその内容、結果も記載して下さい。（情報提供書や身体障害者申請診断書の写し等を添付して頂いても結構です。）

第4章　介護保険サービスを利用する①―申請〜要介護認定―

❾ 要介護認定は変更できる？

▶認定の更新時には必ず見直されるほか、希望すれば有効期間内でも要介護度の変更を申請することができます。

要介護認定の更新時には必ず要介護度の見直しがある

　介護保険では、要介護状態の「継続見込み期間」を原則6か月〜12か月と定めていますので（☞第4章6）、要介護者（介護予防サービスでは要支援者）は**原則の認定期間に伴って認定を更新**することを基本としています。但し、介護認定審査会で最初の要介護認定の際に「状態が変わりやすい」等の理由により、原則の認定期間以外の期間を設定した場合には、その期間が継続見込み期間となります。

　期限満了を迎えても引き続き介護保険のサービスを利用する場合は、改めて要介護認定の申請が必要となります。手続きは**有効期間満了の60日前**から受け付けており、手順は最初の申請時と同様です。この見直しを踏まえ、状態が好転していると見なされれば要介護度は軽く、反対に悪化したと判断されれば要介護度は重くなり、支給限度額も変わることになります。

有効期限内でも認定区分の変更を申請できる

　介護サービスを利用しているうちに利用者の心身状態が悪化し、サービスがそぐわなくなってしまった、という事態も起こり得るでしょう。そんなときには、有効期限内でも認定の見直しを申請することができます。これを「**区分変更申請**」といいます。区分変更申請に必要なものは、以下のとおりです。

---

①要介護状態区分変更申請書
②介護保険証
③主治医の情報（主治医氏名、医療機関名、診療科目、所在地、電話番号）

サービス内容の変更はいつでも可能

　サービスを提供するにあたっては、いつ、どのサービスを利用するかという**ケアプラン**が必要となります（☞第5章3）。したがって、要介護度が見直されれば、それに伴ってケアプランも見直しを行うことになります。

　但し、有効期限内、更新時にかかわらず、サービスの変更はできますので、希望する際はケアマネジャーに相談してみましょう。

9 要介護認定は変更できる？

第6号様式（第16条関係）

介護保険　要介護状態区分変更申請書

（あて先）○○市区町村長
次のとおり申請します。

［保険証の番号を記入。］

| 受給者番号 | — | | | | | ← 記入不要 |

	介護保険被保険者番号					1	2	3	4	5	6	7	申請年月日	○○年　○月○○日

被保険者

フリガナ	トウキョウ タロウ	
氏　名	東京　太郎	［氏名は手書きです。］

生年月日　明・(大)・昭　3年4月5日

主治医への要介護認定結果等の情報提供について　□同意する　□同意しない

性　別　(男)・女

| 住　所 | 〒123-4567　港区○△1-2-3　　　　電話番号　□□-○○○○-△△△△ |

| 現在の要介護状態区分等 | 要介護状態区分　1　②　3　4　5 | ← 現在の介護状態に○と有効期間。 |
| | 有効期間　平成○○年○月○日　から　平成○○年○月○○日 |

| 変更申請の理由 | 左足の骨折後、筋力の低下があり歩けなくなったため。 | ← 区分変更申請の理由。 |

現在、入院・入所している
□介護保険施設
□上記以外の病院・施設

施 設 名	〒
所在地	
	電話番号	← 入院・入所している場合のみ記入。

連絡先
□本人
☑家族
□その他

連絡先が本人以外のときは下記にご記入ください。　□結果通知等の送付先も下記に変更
氏　名　東京　花子　　（続柄　妻）　電話番号　□□-○○○○-△△△△
住　所　〒

← 連絡先が本人のときは「本人」にチェックのみ。家族のときは「家族」に、第三者機関に依頼するときは「その他」にチェックし、氏名と電話番号を記入。送付先を本人以外にする場合は住所も記入。

提出代行者

名　称	該当にチェック（□居宅介護支援事業者　□指定介護老人福祉施設　□介護老人保健施設　□指定介護療養型医療施設）　　　　印
住　所	〒
	電話番号

← 申請を第三者機関が行う場合のみ記入。

主治医

フリガナ	マルヤマ タロウ	医療機関名	○山病院
主治医の氏名	○山　太郎	診療科名	整形外科
所在地	〒234-2345　○○区△△町7-9-7	電話番号　○○-△△△△-□□□□

← 主治医が複数の場合、申請者又はご家族の意向で申請者の心身状態を一番把握している主治医を一人記入。

2号被保険者（40歳から64歳の医療保険加入者）は医療保険情報と特定疾病名を記入　※被保険者証の写しを添付してください。

| 医療保険者名 | | 医療保険保険者番号 | |
| 被保険者証記号番号 | | 特定疾病名 | |

← 2号被保険者（40歳～64歳）の場合は医療保険の加入状況（医療保険証のコピーを添付）と、介護又は支援が必要になった特定疾病名（国が定める16疾病名）を記入。

老人医療受給者のみ受給者番号記入　| | | | | |

← 70歳以上の方は老人保健法医療受給者証の番号を記入。

［出典］厚生労働省資料に基づき作成

10 認定に不満がある場合は？

▶納得できない場合には、60日以内であれば各自治体の介護保険審査会に再審査の申立てができます。

市区町村を通して介護保険審査会に再審査を要求できる

　要介護認定の結果は、申請後30日以内に郵送されてきます。受け取った要介護認定や介護保険料の徴収等に関する行政処分に対し不満がある場合は、市区町村に再審査を申し立てて、認定内容を再度検討してもらうことができます。

　再審査を申し立てる場合は、都道府県の介護保険審査会にその旨申請（＝**審査請求**）を行います（申し立ては市区町村の窓口で受け付けています）。この介護保険審査会とは、介護の必要性や程度について公平に判定を行う機関で、各都道府県に一つずつ設置されており、保健や医療・福祉に関する専門家で構成されています。

　再審査の申立ては認定結果通知書を受け取ってから60日以内に行う必要があります。

　介護保険審査会は、これまでの審査内容について調査を行い、必要に応じ専門の調査員や医療関係者等が申請者宅を訪問するなどして調査を実施することもあります。

　そうして、この調査結果に基づき介護保険審査会によって再審査が行われ、新たな要介護度認定をするか、却下するかを裁決し、結果を本人に通知します。

　なお、審査請求については、委任状を作成・添付すれば、代理人が行うことも可能です。

審査請求のしくみ

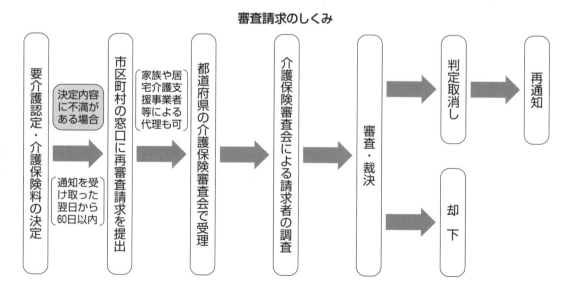

[出典]厚生労働省資料に基づき作成

11 非該当（自立）となった場合は？

11 非該当（自立）となった場合は？

▶介護が必要とならないよう市区町村が実施する地域支援事業、その他非該当でも受けられる福祉サービスがあります。

非該当の場合は介護保険外のサービスを自費利用

　もし要支援・要介護等要介護認定されなかった場合、つまり非該当とされた場合は、介護保険のサービスを受けることはできません。

　各市区町村では、要介護認定で「非該当」と判定を受けた方をはじめ、全ての高齢者を対象に、地域支援事業の一環として介護予防事業を実施しています。2012年4月からは、この地域支援事業に予防サービス（訪問・通所）や生活支援サービス（見守り・配食等）を柔軟に組み合わせて利用できる「介護予防・日常生活支援総合事業」も加わっています（☞第3章3〜6）。介護予防事業におけるサービスの種別や内容は、各市区町村により異なります。また、本人負担が必要となるサービスもありますので、必要な場合は詳細を各市区町村窓口か、お近くの地域包括支援センターに問い合わせてみましょう。

非該当でも受けられるサービス例

＜生活支援事業＞	
外出支援サービス事業	移送用車輛により利用者宅と施設・病院等との間を送迎。
寝具類等洗濯乾燥消毒サービス事業	寝具類等の水洗いや乾燥消毒等を行う。
軽度生活援助事業	外出時の援助、食材の買い物、雪下ろし等軽易な日常生活援助を行う。
住宅改修支援事業	高齢者向けの住宅改修に関する相談・助言や業者との連絡調整を行う。
訪問理美容サービス事業	移動理美容車や出張理美容チームが自宅に出向き理美容サービスを提供。
高齢者共同生活支援事業	グループリビングなどに支援プログラムの作成・調整等支援を行う。
＜介護予防事業・生きがい活動事業＞	
介護予防事業	転倒・骨折予防教室、音楽や絵画の教室等のアクティビティを開催。
高齢者筋力向上トレーニング事業	高齢者向けトレーニング機器を使い、筋力向上トレーニングを行う。
高齢者食生活改善事業	配食サービス（定期的に居宅を訪問し食事を提供）等食生活の支援を行う。
運動指導事業	生活習慣病予防のための運動指導を行う。
生活管理指導事業	社会対応が困難な高齢者に日常生活に対する指導、支援を行う。
＜その他の高齢者向け事業＞	
高齢者の生きがいと健康づくり推進	娯楽活動、健康増進活動等により高齢者の生きがいと社会参加を促進。
寝たきり予防対策事業	高齢者や家族に対し、寝たきり防止を目的とした推進活動を行う。
住宅支援用具の給付	腰掛便座や入浴補助用具、歩行支援用具など指定用具を限度額内で給付。
自立支援住宅改修費支援	手すりの取り付け、段差の解消、引き戸への扉の取り替え、便器の洋式化等の工事費の一部を（例えば20万円を限度に）給付。
車いす・介護用ベッドの貸与	ケガや病気等により一時的に車いすや介護用ベッドが必要となった場合に短期間貸与。

※サービス内容及び実施状況については、各市区町村により異なるため確認が必要。
※本人負担が必要となるサービスもあり。

[出典]編集室作成

第4章　介護保険サービスを利用する①—申請～要介護認定—

■新オレンジプランを軸とする認知症施策が目指すもの ●コラム● 介護保険Plus　4

　第3章11で取り上げているとおり、認知症高齢者の数は団塊の世代が75歳以上となる2025年には約700万人にまで増加すると推計されています。このような中で、認知症の人を単に支えられる側と考えるのではなく、認知症の人が認知症とともによりよく生きていけるよう、環境整備を行っていくことが求められています。このため、厚生労働省は2025年を目指し、認知症の人の意思が尊重され、できる限り住み慣れた地域のよい環境で自分らしく暮らし続けることができる社会を実現すべく、2012(平成24)年9月に「**認知症施策推進 5か年計画（オレンジプラン）**」(☞巻末資料(1)あ行) を発表、さらに2015年1月27日には、省庁横断で取り組む総合戦略として「**認知症施策推進総合戦略（新オレンジプラン）**」(☞巻末資料(1)さ行) を策定しています。

　介護保険サービスは要介護者しか利用できませんが、新オレンジプランでは、早期診断・早期対応を軸に、「本人主体」を基本に容態の変化に応じもっともふさわしい場所で医療・介護等が提供される循環型の仕組みの実現を目指しています。例えば、発症予防・早期発見の取り組みとしては、住民主体のサロンや体操教室などに参加してもらい、認知機能低下の予防に繋がる運動、口腔機能の向上、趣味活動などを提供するといった具合です。さらに、早期診断・早期対応のための体制整備として、かかりつけ医の認知症対応力向上のための研修や、認知症サポート医の養成等、できる限り早い段階から支援するための「認知症初期集中支援チーム」を全市区町村に配置します(2018年度期限)。これにより、必要な医療や介護の導入・調整や家族支援を包括的、集中的に行い、自立生活をサポートしていきます。

　このほか、大阪府ではコンビニエンスストア4社と協力、府内計約3,500店舗網を活用し、全国初となる認知症の見守り活動に着手するなどユニークな動きもみられます。こうした動きを通して認知症に対する社会的な理解が醸成され、本人だけでなく家族や支える人たちの苦労が少なからず緩和されることも、認知症施策の目指すところです。

認知症の容態に応じた適時・適切な医療・介護等の提供

発症予防	発症初期	急性増悪期	中期	人生の最終段階

住民主体のサロンや体操教室など、地域の実情に応じた取組	認知症の人の生活を支える医療・介護等の提供	本人の尊厳が尊重された医療・介護等を提供

〜容態の変化に応じもっともふさわしい場所で医療・介護等が提供される循環型の仕組みの実現〜

第5章

介護保険サービスを利用する②
―ケアプラン作成～
　　　サービスの利用開始―

ケアプランとはいったいどんなもの？

ケアマネジャーは何をしてくれるの？

サービスを利用した際の自己負担の割合は？

負担が厳しい場合の軽減措置はある？

本章では、介護保険サービスを利用する際に

押さえておくべきポイントについて解説します。

第5章　介護保険サービスを利用する②—ケアプラン作成〜サービスの利用開始—

1 ケアマネジャーとは？

▶利用者の希望や心身の状態に応じケアマネジメントを推進する専門職で、居宅介護支援事業所や介護保険施設などに配置されています。

利用者と関連機関との調整を行いケアプランを見守る

「ケアマネジャー」とは、2000年の介護保険法施行に伴って生まれた専門職で、**介護支援専門員**とも呼ばれます。介護支援サービスの中核となるケアマネジメントを担うことから全体的な質の向上が急務とされており、2006年の改正以降は5年ごとに資格の更新が義務づけられています。

さらには、研修内容や受験資格は改正の都度ハードルが高くなっており、2018年度も資格要件の変更に伴い、受験資格はますます狭き門となっています（☞次ページ参照）。

ケアマネジャーの主な業務は、大きく3つに分類できます。

一つは要介護認定に関する業務で、認定希望者に代わり要介護認定の申請手続きを行ったり、市区町村から認定に係る訪問調査を依頼された場合には、その認定希望者の家を訪ね必要な調査を実施したりします。

二つ目は次項で解説するケアマネジメントで、利用者からの相談に基づき適切なサービスが受けられるよう、市区町村やサービス提供事業者、主治医など関連機関との連絡調整を行います。また、一定期間ごとに担当する利用者のケアプラン実施経過をチェックし、利用者のニーズとの間にずれが生じた場合にはケアプランの変更を策定します。さらに、認定の更新前にもケアプランを見直します。

三つ目は給付管理業務で、作成したケアプランを実行した場合に支給限度額を超えないかチェックしたり、給付管理票（サービスプラン）を作成し国保連合会に提出するといった業務にも携わります。

加えて、全国に設置されている地域包括支援センターには、一定以上の実務経験を有する主任ケアマネジャーが配され、公正・中立なケアマネジメントを支援しています。その一環として、2017年改正では、居宅介護支援事業者においてより高品質なケアマネジメント実現に根ざした人材育成の取り組みを推進するため、**管理者を主任ケアマネジャーとする**旨要件の見直しを行っています（3年間の経過措置あり）。

介護・医療の現場に幅広く携わる

ケアマネジャーの主な勤務地としては、①保険福祉センター、地域包括支援センターなど、公営あるいは市区町村からの委託施設、②訪問看護ステーション、在宅介護支援センター、社会福祉協議会が運営する指定居宅介護支援事業所、③特別養護老人ホーム、老人保健施設、療養病床を持つ病院など介護保険施設が挙げられます。この他、福祉用具リース・販売会社、ホームヘルパー派遣会社、給食配膳センター、一般病院・診療所などにも配置されています。

1 ケアマネジャーとは？

ケアマネジャーの受験資格と資格取得までの流れ

	受験資格要件		実務研修受講試験	実務研修	ケアマネジャー資格取得
	～2017年度	2018年度～			
法定国家資格保有者	国家資格等に基づく実務経験5年以上従事した者	変更なし	資格要件を満たす希望者を対象に試験を実施（年1回秋に実施）	試験合格者にケアマネジャーの業務に関する演習等を実施。研修時間は合計35時間以上	都道府県に介護支援専門員として名簿登録 ↓ 介護支援専門員証の交付
相談援助業務従事経験者	介護施設等において相談援助業務に5年間従事した者	以下の専門職で相談援助業務経験5年以上の者・生活相談員・支援相談員・相談支援専門員・主任相談支援員			
介護等業務従事経験者	介護職員初任者研修（ホームヘルパー2級）等の資格を有しかつ介護等の実務経験が5年以上の者	資格要件から除外			
	老人・障害者施設等介護施設での実務経験が10年（無資格可）の者				

[出典]厚生労働省資料に基づき作成

ケアマネジャーの主要業務

介護支援サービス関連業務
・要介護者の課題分析（アセスメント）
・サービス担当者会議（ケアカンファレンス）の開催
・ケアプランの作成
・サービスの仲介、実施状況の管理
・サービス提供状況の継続的な把握（モニタリング）及び評価
・ケアプランの見直し・変更

要介護認定にかかる業務
・申請手続き代行
・利用希望者の自宅訪問調査
・更新手続き代行

給付管理業務
・支給限度額の確認と利用者負担額の計算
・サービス利用票、サービス提供票の作成
・給付管理票の作成、国保連合会への提出

[出典]厚生労働省資料に基づき作成

ケアマネジャーのいる機関・施設

〈都道府県・市区町村〉
・保険福祉センター
・保健センター
・地域包括支援センター（直営）　　etc.

〈居宅介護支援事業所〉
・訪問看護ステーション
・在宅介護支援センター
・社会福祉協議会　　etc.

〈介護保険施設〉
・特別養護老人ホーム
・老人保健施設
・療養病床を持つ病院

〈介護・医療関連機関〉
・福祉用具リース・販売会社
・ホームヘルパー派遣会社
・病院・診療所（一般）　　etc.

[出典]厚生労働省資料に基づき作成

101

第5章　介護保険サービスを利用する②—ケアプラン作成〜サービスの利用開始—

② ケアマネジメントとは？

▶要介護者のニーズに沿った最適なサービスが受けられるよう、地域の多様な資源を活用して組み合わせ調整することです。

必要な居宅サービスを効率的に利用するためのプロセス

　要介護認定を受けた要介護者は、自宅で、あるいは施設に通いサービスを受けるか（居宅サービス）、それとも施設に入所して24時間体制で介護してもらうか（施設サービス）を選択することになります。

　ここで居宅サービスを選んだ人は、サービスを受けるにあたり、居宅サービス計画（ケアプラン）の作成が必要となります（施設サービスの場合は施設内で作成します）。自分でケアプランを作成し市区町村に提出してサービスを受けることも可能ですが、サービス内容は多岐にわたるため、通常は居宅介護支援事業所などに所属するケアマネジャーに依頼することが望ましいといえます。

　そこで、居宅サービスを希望する要介護者に対し、ケアマネジャーが利用者の課題（ニーズ）に沿ってケアプランを作成、地域で利用できる多様な資源の中から最適なサービスを効果的に提供できるようバックアップします。この一連のサポート体制を「**ケアマネジメント**」（**居宅介護支援事業**）と呼んでいます。

　なお、要支援者が受けられる介護予防サービスについては、基本的には地域包括支援センターの保健師が中心となって介護予防プランを作成します。

ケアマネジメントの大まかな流れ

　まず、ケアマネジャーが要介護者の家を訪れ、個々の心身状態や本人及び家族の希望、住環境など生活全般における介護上の課題を明確にします。その上で、本人を取り巻く状況を総合的に判断してケアプランを作成し、サービス事業者とサービスの種類や利用頻度等について調整を行い、利用者に仲介します。さらに、サービス開始後も月１回利用者宅を訪問するなど定期的・継続的にサービス提供状況をチェックし、利用者に沿った介護サービスの提供を促していきます。

> （a）インテーク（サービスの受理面接）・契約→（b）アセスメント（生活課題の分析）→（c）プランニング（サービス計画原案の立案）→（d）サービス事業者との調整・仲介（サービス担当者会議の開催等）→（e）利用者・家族への説明〜文書による同意の受諾→（f）サービスの実施→（g）モニタリング（サービス提供中の評価・継続的な把握）→（h）サービス評価→（i）利用者へのフィードバックを経て（b）に戻る。

102

ケアマネジメントのプロセス

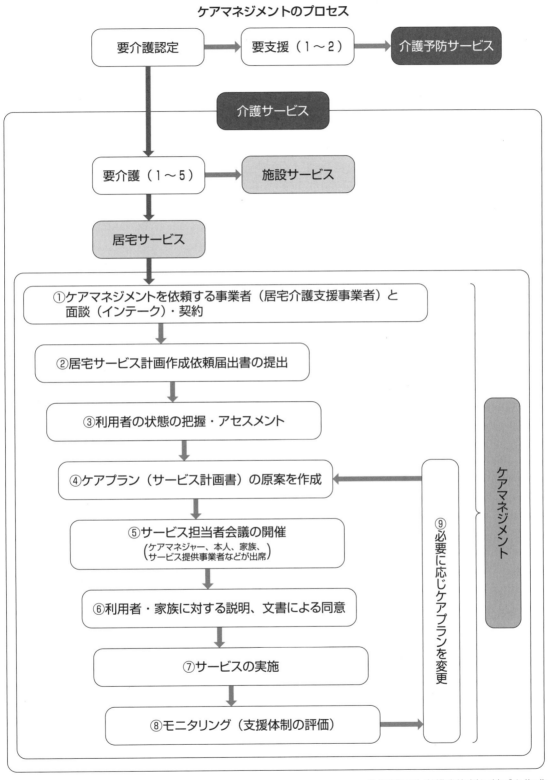

[出典]厚生労働省資料に基づき作成

第5章　介護保険サービスを利用する②—ケアプラン作成〜サービスの利用開始—

③ ケアプランとは？

> ▶どのような介護サービスをどの程度利用するかを利用者や家族の意向をふまえて記載した、介護サービス利用の計画書です。

利用者それぞれのサービスプランを整理した利用計画書

　ケアマネジメントの項でも述べたとおり、要介護認定を受けて介護サービスを利用しようとする場合、「ケアプラン」(居宅サービス計画)が必要となります。

　ケアプランとは、簡潔にいえば、「誰が、いつ、どんなサービスを、どの事業所から、どのくらい利用するか」を、利用者のニーズを踏まえて作成したサービス計画書のことです。施設サービスでは、施設のケアマネジャーがケアプランを立ててくれますが、居宅サービスではほとんどの場合、サービス計画の作成・手配を代行してくれる居宅介護支援事業所に依頼し、所属するケアマネジャーに作成してもらいます。

　どの居宅介護支援事業所に依頼するかは、利用者が選択できます。たいていは市区町村の担当窓口にリストが備え付けられているか、認定通知に同封されてきます。その他、インターネットで各都道府県の「介護サービス情報の公表システム」でも検索できます(☞第3章10)。それらをはじめ資料を見て、自分が受けたいサービスが提供してもらえるかどうかをチェックした上で、プラン作成を依頼する事業所を決めましょう。

　なお、ケアプランの作成費用は全額保険から給付されますので、利用者の自己負担の必要はありません。

ケアプラン作成の第一歩はアセスメントから

　ケアプランの作成にあたっては、まず利用者(要介護者)の状態把握を行うために、「アセスメントツール」を利用して利用者の心身状態や希望、課題を導き出します。

　アセスメントツールとは、ケアプランのもととなる評価を行うためのプログラムで、6種類ほどある中からケアマネジャーが一つを使用してアセスメントを行います。その上で目標を明確化し、達成するためにどんなサービスを、どの程度(月または週に何回)利用するかを計画案に盛り込みます。この計画案をもとに、ケアマネジャーと利用者本人、家族などが出席しケアカンファレンス(サービス担当者会議)を開催、医療、看護、介護、行政担当者などが参加し意見交換がなされるという流れになっています(前ページ「ケアマネジメントのプロセス」参照)。

　最後に、利用者に説明、同意を得て、ケアプランはようやく完成し、いよいよサービス利用開始となります。

104

3 ケアプランとは？

ケアプランの記入例

居宅サービス計画書（１）

第1表

作成年月日　平成30年6月1日

初回・紹介・継続　　認定済・申請中

利用者名	虎ノ門太郎　殿	生年月日　昭和1年1月1日	住所　港区虎ノ門9-9-9

居宅サービス計画作成者氏名　　　　　　介護健太

居宅介護支援事業者・事業所名及び所在地　　○○○○ケアサービス

居宅サービス計画作成（変更）日　平成27年11月1日　　初回居宅サービス計画作成日　平成27年11月1日

認定日　平成27年10月1日　　認定の有効期間　27年10月1日　〜　28年9月30日

要介護状態区分	要介護1　・（要介護2）・　要介護3　・　要介護4　・　要介護5

利用者及び家族の生活に対する意向	膝に痛みを伴い、思う方に歩行や家事ができず支障をきたしている。また、引きこもりがちで近隣の人や親しい友人ともここのところ会話をしていない。運動不足による体力の低下も心配である。
介護認定審査会の意見及びサービスの種類の指定	

居宅サービス計画書（２）

第2表

作成年月日　平成30年6月1日

利用者名　虎ノ門太郎　殿

生活全般の解決すべき課題（ニーズ）	援助目標				援助内容					
	長期目標	（期間）	短期目標	（期間）	サービス内容	※1	サービス種別	※2	頻度	期間
安定した歩行のための杖が欲しい。	安全かつ安心な日常生活を送る。	28.1〜29.12	自力で安心して歩ける。	28.1〜29.12	歩行補助つえ貸与	○	福祉用具貸与	株式会社○○	毎日	28.1〜29.12
自宅に引きこもりがちである。	社会交流を活発にする。	28.1〜29.12	円滑に会話できるようになる。	3ヶ月	他者との交流	○	通所介護	○○デイサービスセンター	週2回	3ヶ月
膝が悪く日常生活に支障がある。	膝の痛みを気にせず日常生活を送ることができる。	28.1〜29.12	つえを利用し自力で歩ける。	6ヶ月	自立支援	○	訪問介護	○○ケア	週3回	6ヶ月
できるだけ自宅で膝の状態を改善したい。	28.1〜29.12	トイレにも一人で行ける	3ヶ月	看護師に自宅訪問により主治医の指示のもと膝の状態改善をはかる。	○	訪問看護	○○医院	週2回	3ヶ月

※1「保険給付の対象となるかどうかの区分」について、保険給付対象内サービスについては○印を付す。

※2「当該サービス提供を行う事業所」について記入する。

週間サービス計画表

第3表

作成年月日　平成30年6月1日

利用者名　虎ノ門太郎　殿

		月	火	水	木	金	土	日	主な日常生活上の活動
深夜早朝	4:00								
	6:00								
	8:00								
午前	10:00								
	12:00	通所介護（デイサービス）				通所介護（デイサービス）			
午後	14:00		訪問介護		訪問介護			訪問介護	
	16:00			訪問看護			訪問看護		
	18:00								
夜間	20:00								
	22:00								
深夜	24:00								
	2:00								
	4:00								

週単位以外のサービス	福祉用具貸与（歩行用補助つえ）

[出典]編集室作成

第5章　介護保険サービスを利用する②─ケアプラン作成〜サービスの利用開始─

❹ 施設のケアプランで重要なことは？

▶スタッフの連携、入所されるお年寄りの生活をできるかぎり在宅に近づけるプランづくりがポイントとなります。

施設では利用者を24時間体制で見守るケアプランが必要

　介護支援専門員（ケアマネジャー）の業務は、居宅サービスを必要とする在宅高齢者ばかりではありません。介護老人福祉施設（特別養護老人ホーム）や介護老人保健施設、介護療養型医療施設などの介護保険施設にも必ず配置され、入所して受けられる施設サービスの利用者のケアも受け持っています。

　施設ケアにおいても、居宅サービスと同様に利用者や家族の要望を**施設サービス計画**（**施設ケアプラン**）に反映し、適切なケアを提供していきます。その上で重要なことは、施設では24時間体制で利用者のケアにあたることになりますので、一人の利用者に対しあらゆる職種のスタッフが統一の目標を持って共働・連携を図る必要があります。ですから、ケアプランにも介護・看護・食事・機能訓練など日常生活全般にわたる具体的な目標が設定され、それに基づいて介護スタッフをはじめ保健師や医師、看護師、理学療法士、作業療法士、介護福祉士、調理師などさまざまな専門職が利用者を包括的にケアしていくというわけです。

■施設のケアマネジャー等にケアプランを作成依頼するサービス

介護老人福祉施設（特別養護老人ホーム）、介護老人保健施設、介護療養型医療施設、介護医療院、特定施設入居者生活介護、認知症対応型共同生活介護（グループホーム）、小規模多機能型居宅介護

利用者の尊厳保持、在宅に近いケアを念頭に置いたプランが求められる

　もう一つ、施設ケアで大切なことは、利用者の施設での生活をできるかぎり「在宅生活」に近づけていくという視点を持つことにあります。そのためには、施設の中で介護しているのではなく、居室を自宅同様に捉え、生活支援を行っていくという関わり方が必要となってきます。

　2006（平成18）年の改正時には、介護保険の目的として高齢者の『**尊厳の保持**』が明確化されました。介護保険施行以前より、施設では認知症高齢者や精神に障害を持つお年寄りの入所が多かったことから、身体拘束が長らく社会問題となってきました。また、入所したばかりの高齢者の中には、施設に「入れてもらえた」という意識を抱き、感情を抑えてしまうケースも多々あると指摘されています。こうした施設ケアの課題とされてきたことに改めて着目し、ノーマライゼーションの思想に立ったケアプランづくりを行うことが、施設ケアでは不可欠といえるでしょう。

4 施設のケアプランで重要なことは？

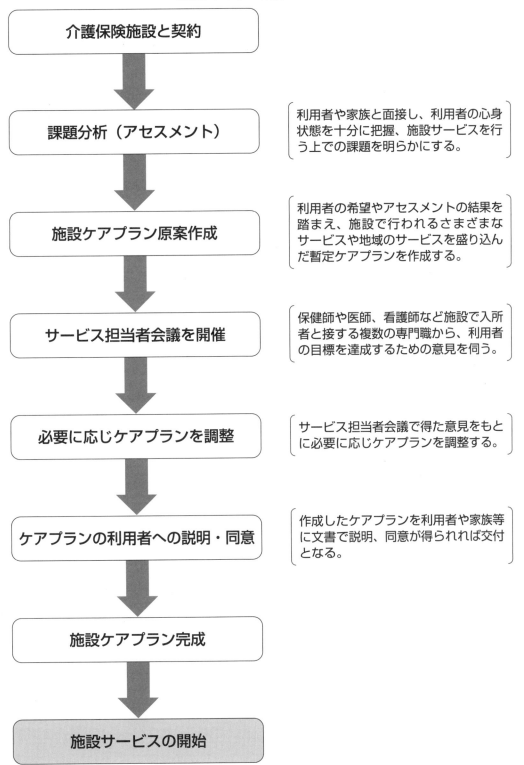

施設ケアプラン作成のポイント

[出典]厚生労働省資料に基づき作成

第5章 介護保険サービスを利用する②─ケアプラン作成〜サービスの利用開始─

5 ケアプランの更新・変更は可能？

▶要介護認定の更新ごとに必ずケアプランも見直しされます。また、サービスの利用に不都合が生じた場合は随時変更が可能です。

通常は要介護認定の更新に伴って定期更新が必要

　要介護認定は新規認定時は原則6か月、更新認定時には原則12か月ごとに更新を行いますので、ケアプランもそれと同様に見直しすることになります。この更新期の見直しは、要介護認定更新期限の60日前から受け付けています。

　注意すべき点は、要介護認定はもとより、ケアプランについても期限内に更新申請を行わないと、引き続きサービスが利用できなくなってしまうことです。もちろん、担当のケアマネジャーも更新を視野に入れて利用者と関わっていますが、利用者や家族の方も、次の更新時期はいつかを必ず確認し、期限内に手続きを済ませることを日頃より意識しておきましょう。

　なお、更新申請の手続きは、新規申請時と同じ手順で行われます。

状態の悪化等による変更申請は期限内でもできる

　定期的な見直しの時期以外でも、不都合が生じた場合にはケアプランを変更することも可能です。

　例えば、通所サービスの利用が多く疲れが抜けない等、ケアプランそのものに無理があって状態が改善されないとします。また、利用者の心身状態が急変し、サービスがそぐわなくなってしまったということも起こり得るかもしれません。そんなときにはケアマネジャーに相談し、ケアプランを見直してもらうことが必要です。場合によっては、ケアプランだけでなく要介護度自体を変更する必要が生じることもあります（**区分変更申請**☞第4章9）。

支給限度内であれば届け出は不要

　見直したケアプラン内容の届け出については、支給限度内での変更であれば、ケアマネジャーが月末に作成する給付管理票に変更内容を記載するだけで済みます。

　但し、居宅介護支援事業者を変更するといった場合には、「**居宅介護サービス計画作成依頼（変更）届出書**」を市区町村に提出する必要があります。この届け出がない場合、市区町村によっては、保険料を全額負担させられる場合もありますので、変更がある場合は、必ず届け出を行いましょう。

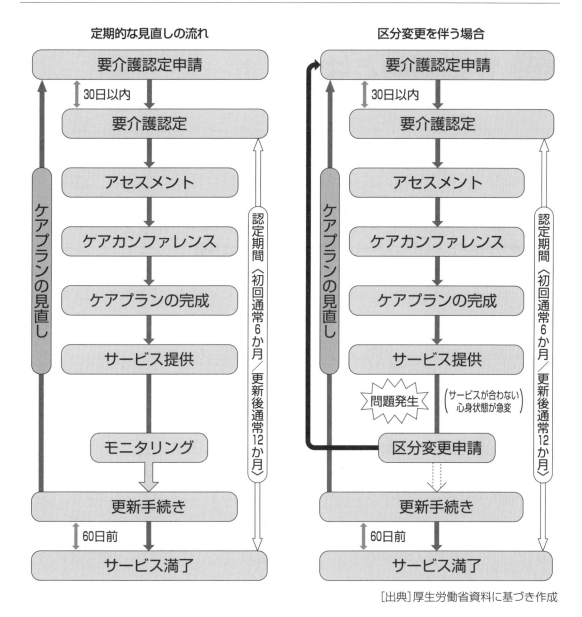

[出典]厚生労働省資料に基づき作成

6 介護報酬とは？

▶介護保険サービスを提供したサービス事業者等に支払われるサービス費用のことで、1単位＝10円で計算します。

サービスを提供した事業者の報酬で、人件費も含まれる

　事業者等が契約を交わした利用者に介護サービスを提供した場合に、対価として利用者や市区町村から事業者に支払われるサービス費用のことを「**介護報酬**」といいます。

　この中には人件費もすべて含まれていますので、例えば訪問介護ならホームヘルパーへの時給、訪問リハビリテーションであれば理学療法士や作業療法士への給与も介護報酬から支払われることになります。

金額は10円を1単位として計算、内容により細かく規定されている

　介護サービスを利用すると、サービスを提供した事業者は、その対価としての介護報酬のうち原則9割相当額を市区町村に、残りの1割を利用者にそれぞれ請求します（所得に応じ負担の変動あり）。報酬は「単位」で表し、原則として1単位につき10円で計算されます。例えば、150単位は1,500円となります（実際の金額は地域により異なります☞巻末付録(2)）。

　介護報酬は介護保険上厚生労働大臣が社会保障審議会（介護給付費分科会）の意見を踏まえながら、3年ごとに改定が行われています。

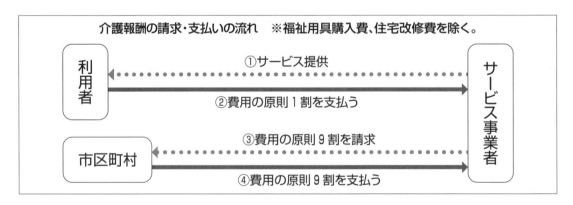

地域性や時間帯等によりさまざまな加算や減算で調整されている

　介護報酬を設定する際には、適正な評価の観点から地域性や時間帯を考慮した加算や減算が行われます。夜間の介護内容や介護体制を確保した場合など、サービスの質の向上に努めたと評価された場合には事業者に対し加算が、反対に質の低下につながる行為が認められた時や、同一建物の事業者からサービスを受けた場合は、報酬の減額措置が講じられます。

6 介護報酬とは？

介護報酬とサービス料金・利用者負担について

介護報酬（単位）		サービス料金		利用者負担（1割の場合）
300単位	▶	3,000円※	▶	300円※

※上記金額に、訪問介護などサービス種別により地域加算が割増となります。

[出典]厚生労働省資料に基づき作成

これまでの介護報酬の改定率の変動について

改定年度	改定率(%)	主な改定の視点
2003(平成15)年度	▲2.3%	○自立支援の観点に立った居宅介護支援（ケアマネジメント）の確立 ○自立支援を指向する在宅サービスの評価 ○施設サービスの質の向上と適正化
2005(平成17)年度		○居住費（滞在費）に関連する介護報酬の見直し ○食費に関連する介護報酬の見直し ○居住費（滞在費）及び食費に関連する運営基準等の見直し
2006(平成18)年度	▲0.5% [▲2.4%] ※[ ]は平成17年10月改定分を含む。	○中重度者への支援強化 ○介護予防、リハビリテーションの推進 ○地域包括ケア、認知症ケアの確立 ○サービスの質の向上 ○医療と介護の機能分担・連携の明確化
2009(平成21)年度	3.0%	○介護従事者の人材確保・処遇改善 ○医療との連携や認知症ケアの充実 ○効率的なサービスの提供や新たなサービスの検証
2012(平成24)年度	1.2%	○在宅サービスの充実と施設の重点化 ○自立支援型サービスの強化と重点化 ○医療と介護の連携・機能分担 ○介護人材の確保とサービスの質の評価
2014(平成26)年度	0.63%	○消費税の引き上げ（8%）への対応 　・基本単位数等の引き上げ 　・区分支給限度基準額の引き上げ
2015(平成27)年度	▲2.27%	○中重度の要介護者や認知症高齢者への対応の更なる強化 ○介護人材確保対策の推進 ○サービス評価の適正化と効率的なサービス提供体制の構築
2017(平成29)年度	1.14%	○介護人材の処遇改善
2018(平成30)年度	0.54	○地域包括ケアシステムの推進 ○自立支援・重度化防止に資する質の高い介護サービスの実現 ○多様な人材の確保と生産性の向上 ○介護サービスの適正化・重点化を通じた制度の安定性・持続可能性の確保

[出典]厚生労働省資料に基づき作成

第5章　介護保険サービスを利用する②—ケアプラン作成〜サービスの利用開始—

7 サービスを利用した時の自己負担は？

> ▶利用者の負担は費用の１割〜３割です。地域により単価が異なるため、同じサービスを利用しても、負担額に地域差が生じます。

利用者の負担は費用の原則１割

　介護保険では、原則としてサービス利用額の９割（利用者の所得によっては８割または７割）が保険でまかなわれ、利用者は残りの１割〜３割※を負担します（但し、通所系サービスや施設サービスを利用した際の食費や居住費、日常生活費は自己負担となります。）。支払い方法は、通常は利用額のみを事業者に支払う**現物給付方式**ですが、住宅改修費、福祉用具の購入、高額介護サービス費については、利用時に全額を支払い、後日９割が払い戻される**償還払い方式**となっています。

　居宅サービスの利用者負担額は、訪問入浴サービス、ショートステイなどサービスの提供事業者ごとに支払うことになります。また、支払いの方法（１回ごとに支払うか、月額一割払いにするか）については、事業者により異なります。

※2015（平成27）年８月より、一定以上の所得のある利用者の負担割合は１割から２割に変更となりました。なお、2018（平成30）年８月からは所得状況により２割から３割に引き上げられます。

サービス利用には上限額が設定されている

　サービスの利用にあたっては、要介護度別に１か月に利用できるサービス金額の上限が決められています（支給限度額☞第３章４）。福祉用具購入費、住宅改修費については、別途個別に支給限度基準額が定められています。基本的には、限度額以内であれば、希望のサービスを組み合わせて利用することが可能です（居宅療養管理指導については、利用限度額とは別枠で利用できます）。この他、各市町村がサービスごとに支給限度額を定めた「種類支給限度基準額」もあります。

同じサービスでも地域により金額が異なる

　介護保険のサービス費用の算定については、厚生労働大臣が定めた算定基準に則り計算します。具体的には「サービスの種類ごとの単価」×「１か月の利用回数」×「地域単価」×「自己負担率（10％）」で計算した額が、利用者の自己負担額となります。地域単価とは、それぞれの地域特性を踏まえて各サービスごとに設定された単価のことで、５つの地域に区分されています。

介護保険施設では食費と居住費が自己負担に

　この他、介護老人福祉施設（特別養護老人ホーム）、介護老人保健施設、介護療養型医療施設は、2005（平成17）年10月より食費と居住費が全額自己負担となっています。

7 サービスを利用した時の自己負担は？

サービス種類ごとの地域加算額

単位:円

サービス分類	人件費比率	1級地	2級地	3級地	4級地	5級地	6級地	7級他	その他
上乗せ割合	—	20%	16%	15%	12%	10%	6%	3%	0%
・訪問介護 ・(介護予防)訪問入浴介護 ・(介護予防)訪問看護 ・定期巡回・臨時対応型訪問介護看護 ・夜間対応型訪問介護 ・居宅介護支援、介護予防支援	70%	11.40	11.12	11.05	10.84	10.70	10.42	10.21	10
・(介護予防)訪問リハビリテーション ・(介護予防)通所リハビリテーション ・(介護予防)短期入所生活介護 ・(介護予防)認知症対応型通所介護 ・(介護予防)小規模多機能型居宅介護 ・看護小規模多機能型居宅介護	55%	11.10	10.88	10.83	10.66	10.55	10.33	10.17	10
・(地域密着型)通所介護 ・(介護予防)短期入所療養介護 ・(介護予防)特定施設入居者生活介護 ・(介護予防)認知症対応型共同生活介護 ・地域密着型特定施設入居者生活介護 ・地域密着型介護老人福祉施設入居者生活介護 ・介護老人福祉施設 ・介護老人保健施設 ・介護療養型医療施設 ・介護医療院	45%	10.90	1072	10.68	10.54	10.45	10.27	10.14	10

※(介護予防)居宅療法管理指導、(介護予防)福祉用具貸与は地域区分に関係なく一律単位10円。
※1級地〜7級地の地域区分については、巻末(2)参照。

[出典]厚生労働省資料に基づき作成

費用の計算例

◎三級地において[訪問介護]の身体介護を1回45分、月に9回利用した場合

<介護サービス費用の算出方法>

<自己負担額の算出方法(自己負担1割の場合)>

サービス費用	保険給付(9割)	自己負担額(1割)
39,183円	35,264.7円 ↓ 35,264円 (小数点以下切り捨て)	3,919円 (もしくはサービス費用×0.1) (小数点以下切り上げ)

[出典]厚生労働省資料に基づき作成

113

第5章　介護保険サービスを利用する②―ケアプラン作成～サービスの利用開始―

❽ 利用者負担がきつい場合の 軽減措置はある？

▶同月の利用負担額が一定額を超えた場合には、後日「高額サービス費」として払戻しされます。

月あたりの自己負担金額が一定額を超えると後日払い戻される

　介護保険では、同じ月に利用した介護サービスの利用者負担（原則１割、所得額に応じ２～３割）の合計額（夫婦など同じ世帯に複数の利用者がいる場合には世帯合計額）が著しく高額になり、一定の上限額（次ページ参照）を超えた場合には、「**高額介護サービス費**」として後日払い戻しがあります。但し、福祉用具購入費など、一部支給対象外のサービスもありますので注意してください。

　対象となる利用者には、サービス利用月から約２～３か月後に保険者である市区町村より通知がありますので、その指示に従って手続きを行います。申請後１～３か月ほどで、高額介護サービス費が指定の口座等に支給されます。

＜高額介護サービス費の支給対象とならない利用者負担＞
１）福祉用具購入費または住宅改修費の利用者負担額
２）要介護度別の支給限度額を超えた額
３）施設サービスの食費・居住費や日常生活費等、介護保険の給付対象外の利用者負担額

　高齢化が進み、介護保険費用や保険料が増大するなか、サービスを利用している方と利用されていない方との公平性、あるいは負担能力に応じた負担をお願いする観点から、近年の制度改定において、月々の負担の上限（高額サービス費の基準）に度々変更が加えられています。

　まず、2015（平成27）年８月より、特に所得の高い現役並み所得相当の方がいる同居者がいる世帯に相応の負担をお願いするため、高額介護サービス費の負担上限が当時の月額37,300円から44,400円に引き上げられました。さらに2017（平成29）年８月からは、世帯のどなたかが市区町村民税を課税されている場合の負担上限が、同じく月額37,300円から44,400円に引き上げられています（☞次ページ参照）。

　但し、介護サービスを長期に利用している方に配慮し、同じ世帯の全ての65歳以上の方（サービスを利用していない方を含む）の利用者負担割合が１割の世帯には、年間を通しての負担が過度にならないよう１年で446,400円（37,200円×12か月）の上限が設定されています（３年間の時限措置あり）。

高額介護サービス費の支給対象者と支給上限額（2017年8月見直し後）

◎利用者の自己負担額が下記上限額を超えた場合、後日払い戻されます。

区分	負担の上限（月額）
現役並み所得者[※1]に相当する方がいる世帯の方	44,400円（世帯）[※2]
世帯内のどなたかが市区町村民税を課税されている方	44,400円（世帯）[※3]
世帯の全員が市区町村民税を課税されていない方	24,600円（世帯）
・老齢福祉年金を受給している方 ・前年の合計所得金額と公的年金等収入額の合計が年間80万円以下の方等	24,600円（世帯） 15,000円（個人）[※2]
生活保護受給している方等	15,000円（個人）

※1．前年の所得額が383万円以上。
※2．(世帯)：住民基本台帳上の世帯員で介護サービスの利用者全員の負担合計上限額。(個人)：介護サービス利用者本人の負担の上限額。
※3．同じ世帯の全ての65歳以上の方（サービスを利用していない方を含む。）の利用者負担割合が1割の世帯に年間上限額（446,400円）を設定。

〈判定の流れ〉

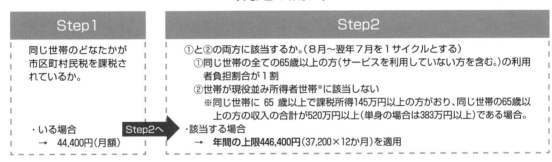

〈高額介護サービス費の見直し後の適用例〉

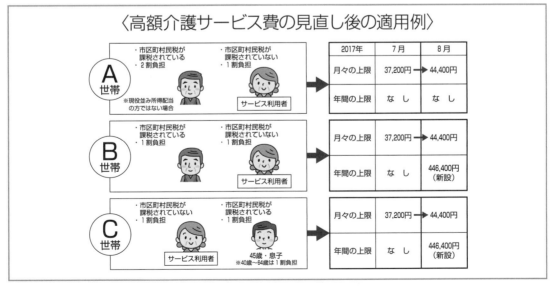

[出典]厚生労働省資料に基づき作成

第5章　介護保険サービスを利用する②—ケアプラン作成〜サービスの利用開始—

❾ 低所得者や生活保護受給者にも軽減措置はある？

▶各都道府県に軽減制度事業の実施を申し出た社会福祉法人等による利用者負担額の助成制度などがあります。

サービス費や食費・居住費などの軽減対策が受けられる

　介護保険サービスは、低所得者でも、また生活保護受給者であっても、65歳になれば、要介護認定を経てサービスを受ける資格が得られます。とはいうものの、ケースによっては利用者負担額の1割でさえ重くのしかかってくることもあると思います。こうした情勢をふまえ、各自治体では、所得が低く生計が困難な利用者の負担額（サービス費の1割負担や食費負担など）の一部を助成し、負担を軽減する事業を実施しています。

　また、2011（平成23）年4月からは、生活保護受給者が個室（特養・短期入所生活介護）を利用する場合の居住（滞在）費負担についても軽減対象となっています。対象となる利用者（次ページ参照）が軽減を実施しているサービス事業者から対象の介護保険サービスを利用した場合、自己負担額（サービス費用の1割や居住費・食費など）が軽減されます。利用の際は市区町村より「軽減確認証」を発行してもらいます。この確認証を社会福祉法人等に提示することで軽減措置が受けられます。対象サービスや軽減される要件については、各市区町村にご確認ください。

社会福祉法人等利用者負担軽減確認証
（社会福祉法人等による利用者負担の軽減制度）

交付年月日		年　　　月　　　日	
確　認　番　号			
被保険者	住　所		
	フリガナ		
	氏　名		
	生年月日		
介護保険被保険者番号			
適用年月日		年　　　月　　　日 から	
有　効　期　限		年　　　月　　　日 まで	
減　額　割　合	（対象サービス利用者負担） （食費・居住費等）	/100 /100	
発行機関名及び印		○　○　市　長　　印	

注意事項

一、次の介護サービスを受けるときは、必ず事前に、この確認証を事業者に提出してください

二、対象となるサービスは、介護福祉施設サービス、訪問介護、通所介護、短期入所生活介護、夜間対応型訪問介護、認知症対応型通所介護、小規模多機能型居宅介護、地域密着型介護老人福祉施設入所者介護、介護予防訪問介護、介護予防通所介護、介護予防短期入所生活介護、介護予防認知症対応型通所介護及び介護予防小規模多機能型居宅介護です。

三、この確認証は、都道府県に申し出のあった事業者のみ有効です。

四、前記のサービスを利用した場合、利用者負担額（日常生活に要する費用及び居住費に限る）が、前面に記載されている減額割合により減額されます。ただし、「社会福祉法人等による生計困難者に対する介護保険サービスに係る利用者負担額軽減制度に係る実施要綱」の定めにより軽減対象とならない場合があります。

五、介護保険の被保険者の資格がなくなったとき、減額措置の要件に該当しなくなったとき、又は確認証の有効期限に至ったときは、遅滞なく、この証を添えて市町村にその旨を届け出てください。

六、この証の表面の記載事項に変更があったときは、十四日以内に、この証を市町村に返してください。また、転出の届出をする際には、この証を添えて市

七、不正にこの証を使用した者は、刑法により詐欺罪として懲役の処分を受けます。

備考　この証の大きさは、縦128ミリメートル、横91ミリメートルとすること。
　　　発行機関名および印の項内には、事業実施主体である市町村の市町村コードを記載すること。

9　低所得者や生活保護受給者にも軽減措置はある？

災害の際には利用者負担が減額・免除されることも

　災害などの特別な理由により利用者の負担が困難になった場合は、申請により1割の負担額が減額、または免除されることがあります。

　また、生計維持者が亡くなったり、長期入院、あるいは失業等により収入が減少して生活が困難になった場合、一時的にその度合いに応じて利用者の負担が減額または免除されるケースもあります。詳しくは、市区町村等にお尋ねください。

生活困難な方に対する自己負担額の軽減について（1）対象者

◎以下の要件を全て満たす低所得の利用者及び生活保護受給者の方について、区市町村（保険者）に対し申請・利用の手続きを行い、軽減対象者として認められた場合には、自己負担額の一部が軽減されます。

負担軽減対象者の要件
・住民税世帯非課税であること ・年間収入が基準額（※1）以下であること ・預貯金等が基準額（※2）以下であること ・日常生活に供する資産以外に活用できる資産がないこと ・親族等に扶養されていないこと ・介護保険料を滞納していないこと

※1．年間収入が150万円以下（単身世帯の場合の額。世帯人数が1人増えるごとに50万円を加えた額）。
※2．預貯金等が350万円以下（単身世帯の場合の額。世帯人数が1人増えるごとに100万円を加えた額）。

生活困難な方に対する自己負担額の軽減について（2）申請から利用まで

申請〜交付
①区市町村（保険者）に確認証の交付申請 　確認証の交付申請手続きについては各区市町村窓口にご確認ください。
②確認証の交付 　区市町村より軽減対象者として認められた場合、確認証が交付されます。

サービスの利用
③軽減実施事業所にてサービスを利用 　各都道府県に届出済みの軽減実施事業所にて、確認証を提示した上でサービスを受けることができます。
④利用料金の支払い 　サービス利用後、軽減後の金額（通常の75％、老齢福祉年金受給者は50％、生活保護受給者の個室居住費は自己負担なし）を事業所に支払います。

第5章 介護保険サービスを利用する②─ケアプラン作成〜サービスの利用開始─

⑩ 介護保険の指定事業者とは？

▶介護保険が適用されるサービスを提供する、都道府県の指定を受けたサービス提供
主体のことです。

居宅介護支援事業者、居宅サービス事業者、介護保険施設の３業種より指定

介護保険法では、実際にサービスの提供に携わる居宅介護支援事業者、居宅サービス事業者、介護保険施設の３業種については指定（または許可）の制度があり、都道府県知事の指定または許可を受けた事業者でなければ、サービスを利用しても介護保険は適用されません。

指定事業者になるための条件

指定事業者になるには、指定事業者になるための基準を満たしていることが条件となります。具体的には（１）法人格を有していること、（２）指定基準たる人員数を満たしていること、（３）事業ごとの設備や運営基準を満たしていることが求められます。申請は、事業所が設置される都道府県に届け出ます。

また、事業所がいくつかに分かれたり、サービスの種類が複数にわたるようであれば、指定もそれぞれ個別に受ける必要があります。

但し、老人保健法や老人福祉法、健康保険法に基づき、介護保険法施行以前よりサービスを提供している特別養護老人ホームや老人保健施設、訪問看護ステーション、病院、診療所、薬局等に対しては、新たに指定の申請をしなくても、一定の事業について指定を受けたとみなす措置（みなし指定）がとられています。

指定事業者の規制がより厳しくなった

これまでは、一度事業者の指定を受けたとしても、中には設備・運営基準に適合しなくなったままサービスを提供し続けるというケースもあり得ました。そこで、2006（平成18）年の法改正では、６年ごとに指定の更新を受けることが新たに義務づけられました（但し、地域密着型介護サービスは更新の対象外です）。

また、給付等の管理強化のため必要に応じ立入検査も行われたり、都道府県が行う指定の取消しに市区町村も関与できるようになるなど、保険者である市区町村の機能も強化され、不正等に対するチェックがより厳しくなっています。

在宅サービスは法人でなくてもサービス提供が可能

地域のボランティアや民間団体など法人格を持たない団体においても、厚生労働省が定める人員や施設、設備、運営基準を満たしているサービスについては、市区町村が指定することで、そ

の市区町村に限定して介護給付の対象となります。これを「**基準該当サービス**」と呼んでいます。基準該当サービスが認められているのは、（１）居宅介護支援サービス（ケアプラン作成等）、（２）訪問介護サービス、（３）訪問入浴サービス、（４）通所介護サービス（デイサービス）、（５）短期入所生活介護（ショートステイ）、（６）福祉用具貸与（介護予防サービス含む）等です。

　なお、基準該当サービスの利用料については、一度全額を支払い、申請により後日９割（または所得額に応じ８〜７割）が払い戻される償還払いが原則です。

指定事業者の種類

	指定事業者の名称（種類）	サービス内容	主な事業団体
居宅サービス	・指定居宅サービス事業者 ・指定介護予防サービス事業者	要支援・要介護者に対し、ケアプランに基づき居宅介護サービス（訪問介護、訪問看護、デイサービス、福祉用具貸与など）を提供する	市区町村 社会福祉法人 医療法人 NPO　等
	・指定地域密着型サービス事業者 ・指定地域密着型介護予防サービス事業者	要支援・要介護者に対し、住み慣れた環境の中でケアプランに基づき居宅介護サービス（訪問介護、訪問看護、デイサービス、福祉用具貸与など）を提供する	市区町村 社会福祉法人 医療法人 NPO　等
	・指定居宅介護支援事業者 ・指定介護予防支援事業者	要介護者・要支援者で居宅介護サービスを希望する人に対し、居宅サービス計画（ケアプラン）を作成するなどケアマネジメントを行う	市区町村 社会福祉法人 医療法人 NPO　等
介護保険施設	・指定介護老人福祉施設	常時介護が必要な要介護者に特別養護老人ホームに入所してもらいひつオユな援助を行う	社会福祉法人 地方公共団体　等
	・指定介護老人保健施設	治療を終え退院した高齢者に老人保健施設等に入所してもらい、一時的に介護やリハビリを行う	医療法人 社会福祉法人 地方公共団体　等
	・指定介護療養型医療施設	長期にわたり療養が必要な高齢者に療養病床等に入所してもらい、必要な介護や医療を行う	地方公共団体 医療法人　等
総合事業	・介護予防・日常生活支援総合事業事業者	市町村を中心に、地域の実情に応じ住民等の多様な主体が多様なサービスを提供することで要支援者等地域の高齢者を支える	2018年3月以前、介護予防訪問介護・介護予防通所介護のみなし指定を受けていた事業者

第5章　介護保険サービスを利用する②—ケアプラン作成〜サービスの利用開始—

11 サービス内容に不満がある場合は？

▶ケアマネジャーやサービス事業者に苦情を訴えることができるほか、市区町村の窓口や国保連でも苦情を受け付けています。

サービス提供事業者をはじめさまざまな窓口で苦情を受け付けている

　介護保険サービスを利用してなんらかの不満が生じた場合は、苦情として申し立てることができます。苦情受付は、（1）サービス事業者（苦情相談窓口）、（2）市区町村（介護保険課の担当窓口）、（3）都道府県の国民健康保険団体連合会（国保連）が正式な窓口として設けられています。この他、（4）居宅介護支援事業者（ケアマネジャー）、（5）地域包括支援センター、（6）在宅介護支援センター、（7）民生委員、（8）社会福祉協議会、（9）医師・保健師などの専門職や組織も苦情の受付に対応しています。

まずは事業者に直接クレーム内容を伝えるかケアマネジャーに相談を

　サービスそのものの苦情については、まず事業者や施設内に設置されている窓口や担当ケアマネジャーに直接クレームの内容を伝えるのがよいでしょう。居宅介護支援事業者には、ケアプランに位置づけたサービスに関する利用者からの苦情に対応するとともに、国保連への申立てについても利用者に必要な補助を行うことが運営基準に定められています。ケアマネジャーは利用者の不満の内容を踏まえ、サービス提供事業者に事実関係を確認したり、調整を行います。サービスが合わない場合には、ケアプラン自体の見直しにも応じてくれます。

　また、サービスを提供する事業者についても、利用者からの苦情に迅速かつ適切に対応する、市区町村や国保連の指導・助言に従って必要な改善を行うことが運営基準に定められています。保険者である市区町村には、必要があればサービス事業者に対し、文書等の提出を求めたり照会することができる権限があります。苦情を訴える場合には、介護保険主管課などの窓口や在宅介護支援センターなどが相談に応じています。

事業者やケアマネジャーで解決困難な場合は国保連に

　国保連は、介護保険サービスの苦情を調査し、必要に応じサービスを提供した事業者に対し指導を行う権限を持っています。但し、国保連が取り扱うクレームは、通常市区町村での取扱いが困難であったり、苦情の対象となるサービス事業者が他の市区町村にある場合など他の苦情受付窓口では対応が難しいケースが主となります。

　なお、要介護認定や介護保険等の徴収等に関する行政処分に不満がある場合は、各都道府県の介護保険窓口を通して介護保険審査会に審査請求を行うことができます（☞第4章10）。

120

11 サービス内容に不満がある場合は？

サービスの苦情対応について

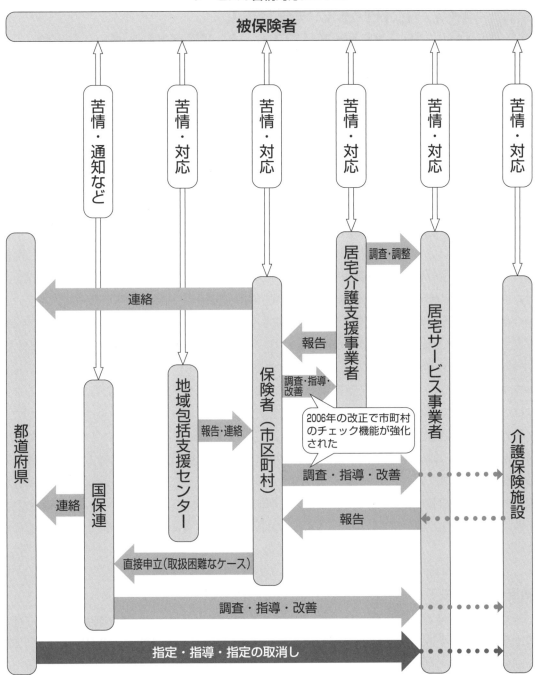

[出典] 厚生労働省資料に基づき作成

第5章　介護保険サービスを利用する②—ケアプラン作成～サービスの利用開始—

12 やむを得ない事情で サービスを利用した場合は？

▶緊急の場合など、要介護認定が下りる前に介護サービスを受けた場合は、特例により
介護サービスの費用の償還払いを受けられることがあります。

要介護認定決定前の急なサービス利用時でも償還払いを受けられることがある

　介護保険サービスを利用するには、要介護認定を受ける必要があります。要介護認定を申請してから認定結果の通知を受けるまでに、通常は30日ほど期間を要します。もしかすると、この間に急な事情によりやむを得ずサービスを利用する必要が生じるかもしれません。その場合は、申請により支給を受けることも可能です。この給付を「**特例居宅介護サービス費**」と呼んでいます。同様に、要支援該当の場合は「**特例居宅支援サービス費**」、ケアプラン作成など居宅介護支援を受けた場合は「**特例居宅介護サービス計画費**」、緊急的に施設指定施設へ入所しサービスを受けた場合は「**特例施設介護サービス費**」が、認定手続き完了前のサービスとして受給可能です。

　ただ、サービスを前倒しで受けたからといって、必ずしも特例給付が受けられるとは限りません。サービス利用後の申請を受けて、市区町村がやむを得ないと認めた場合のみ、償還払いで給付されます。したがって、利用した介護保険サービスの利用料は、いったん全額を自費で負担しなければならないうえ、給付が受けられない可能性もあるのです。

　特例給付は、「介護保険要介護認定・要支援認定等結果通知書」が郵送されてきた後に領収書を市区町村の担当窓口に届け出て、給付認定が受けられれば自己負担分（基本１割。所得額に応じ２割または３割）を差し引いた額が払い戻されます。まずはケアマネジャーとよく話し合い、負担した費用の償還払いが受けられないリスクも承知のうえでサービスを利用することが賢明です。また、特例給付の申請手続きについても、不安があればケアマネジャーと相談のうえ進めるのがよいでしょう。

離島や過疎地域でも特例給付が認められる場合も

　離島や交通不便な過疎地域など、介護サービス基盤が十分に整っていない特定の市区町村で居宅サービスを受けようとする際に、指定基準を満たしていない事業者によるサービス、つまり介護保険適用外の居宅サービス、あるいは施設サービスを受けざるを得ないこともあります。そうしたケースでも、市区町村が認めれば、特例居宅介護サービス費・特例施設サービス費等特例給付を受けることができます。なお、給付はやはり償還払いになります。

13 介護サービスと医療サービスの使い分けは？

▶介護の必要性に応じて一体的に提供される医療サービスについては、原則介護保険から給付されます。

介護保険と医療保険で共通するサービスには原則介護保険が優先される

　訪問看護や医師による居宅療養管理指導などの医療系サービスは、介護保険と医療保険の両方で行われています。介護保険制度では、介護保険と医療保険の両方に共通するサービスについては、原則として介護保険が適用されます。

　サービス種類別にみた介護保険と医療保険の適用は、おおむね以下の通りです。実際の利用にあたっては、ケアマネジャーや主治医と相談の上トータルで住み分けを図るのが得策です。

＜居宅療養管理指導＞

医師、歯科医師、薬剤師、管理栄養士等の訪問による介護サービス利用上の注意事項や介護方法の指導等	介護保険
訪問診療に伴う投薬、処置等	医療保険

＜訪問看護サービス＞

要介護者等に対する訪問看護（容態が安定している場合）	介護保険
要介護者等で神経難病や急に状態が悪化したとき	医療保険
要介護者以外の人	医療保険

＜訪問・通所リハビリテーション＞

要介護者等に対する作業療法士、理学療法士によるリハビリ	介護保険
それ以外の人に対するリハビリ	医療保険

＜介護老人福祉施設＞

配置医師が行う健康管理や療養指導等	介護保険
医療機関からの往診や入院費等	医療保険

＜介護老人保健施設＞

医学的管理の下での機能訓練その他必要な医療行為	介護保険
状態の急変等緊急に行われる施設療養（緊急時施設療養費）	介護保険
対診にかかる医療行為	医療保険
老人保健施設では通常行えない一定の処置（透析等）手術等	医療保険

＜介護療養型医療施設＞

診療報酬における基本診療料、検査、投薬、注射、一部の処置	介護保険
指導管理、リハビリ、創傷処理等長期療養への日常的な医療行為	介護保険
状態が急性増悪し転棟等ができない場合等に行われた医療	医療保険
透析や人工呼吸器の装着など、頻度の少ない複雑な医療行為	医療保険

第5章　介護保険サービスを利用する②—ケアプラン作成〜サービスの利用開始—

⑭ 家族が介護した場合現金の給付は受けられる？

▶過疎地や山間部では例外的に家族介護に対する給付を認める場合もありますが、非常に限定的です。

過疎地など利用が困難な地域では家族介護への保険給付もあり得る

　介護保険制度では、基本的には家族による介護行為については、給付を行っていません。但し、以下のような一定要件を満たす場合には、非常に限定的ですが介護をしている家族に保険給付を行うことが認められています。

（1）居住地域が過疎地や山間部、離島など、訪問介護が十分に供給できないと市区町村が認める地域である。
（2）介護者（家族）は訪問介護員（ホームヘルパー）資格を取得する。
（3）訪問介護事業所に所属し、他の利用者にも自分の家族と同等以上にサービスを提供する。
（4）ケアプランは第三者が作成、その中に「家族による介護サービス提供」を位置づけている。
（5）身体介護を主とする。家事援助は行わない。

地域によっては慰労金制度もある

　介護保険を利用しない市区町村民税非課税世帯の場合で、基準を満たす高齢者を介護する家族に対し、市区町村によっては、独自の判定により**家族介護慰労金**（年額10万円まで）が支給されます。市区町村により取扱いの有無や条件等が異なりますので、詳しくはお住まいの市区町村の窓口にご相談ください。

■**家族介護慰労金支給の対象者（一例）**
（1）要介護者を介護する家族
（2）市民税非課税世帯
（3）要介護者と同居しており、慰労金支給を申請する市区町村に住民登録している者
■**要介護者の要件（一例）**
①要介護4または5の認定を受けており、介護保険サービスを利用していない（年間7日以内のショートステイ利用を除く）。
②申請日現在在宅生活をしている。
③当該市区町村に1年以上居住している（1年内に91日以上の入院をした者を除く）。
④市民税非課税世帯である。
⑤介護保険料を滞納せず、介護保険給付の制限を受けていない。

15 介護休業給付とは？

▶企業に勤める人が家族を介護する必要に迫られた時に、一定の要件を満たせば休んだ日の分の給付を受けられる制度です。

一定要件を満たせば複数回給付可能に

　介護休業給付とは、自分の家族の介護をするために介護休業を取得する一般被保険者（短時間労働被保険者を含む）に対し、給付金を支給する制度のことです。この給付により、企業に属し就労する人が介護休業を取得しやすくなり、復帰しても円滑・円満に仕事を続けることが可能となっています。

　従来、同一家族について介護休業を複数回取得した場合でも、一定の要件を満たせば、改めて介護休業給付金の受給が可能となっています。条件は以下のとおりです。

> イ）介護休業給付金の支給対象となる介護休業を開始した日から起算して93日を経過する日後において、当該休業を開始した日から引き続いて要介護状態にある対象家族を介護するための休業でないこと
> ロ）同一の対象家族について介護休業給付金の支給日数の合計が93日以内であること

　なお、期間雇用者も一定の条件に該当する場合は、介護休業給付金の対象となります。条件や申請手続きについては、事業所の所在地を管轄する公共職業安定所（ハローワーク）、または雇用先企業の総務等窓口にお尋ねください。

＜介護休業給付金の支給額の算定方法＞

　介護休業に係る介護休業給付金の支給額は、支給対象期間ごとに以下のとおり算定され、一括して支給されます。

> **休業開始時賃金日額×支給日数×40％**
>
> 支給日数 ┌ A（B以外の支給対象期間）：1か月につき30日
> 　　　　 └ B（休業終了日の属する支給対象期間）：支給対象期間の日数

　Aの期間（休業を開始した日から起算した1か月ごとの期間）については、休業日（会社の休日も含む）が20日以上ある場合支給を受けられます。Bについては、休業している日が1日でもあれば支給を受けられます。

第5章 介護保険サービスを利用する②─ケアプラン作成〜サービスの利用開始─

■介護保険と障害者福祉施策

● コラム ●**介護保険Plus 5**

介護保険制度では、心身に障害を持つ人も、40歳になれば介護保険の被保険者になります（身体障害者療護施設や重症心身障害児施設等の入所者を除く。☞第2章2）。介護サービスの利用に際し、障害者施策と介護保険で共通するサービスについては、基本的に介護保険が優先します。

介護保険と障害者福祉施策で共通するサービスは、次のとおりです。

> ●訪問介護　　●通所介護　　●訪問入浴介護　　●短期入所
> ●福祉用具（補装具・日常生活用具）　●住宅改修費

上記のサービスに関しては、要介護認定を受け、ケアプランを作成した上で受給が可能になります。その他、介護保険と障害者施策との給付調整に際し、障害者の自立支援や社会参加促進の視点から、必要に応じ以下のような給付対応がとられています。

●訪問介護及び通所介護について

介護保険では補えない固有のサービスが必要な場合には、障害者施策のサービスが受けられます。

●短期入所生活介護について

本人が障害者施策のショートステイ利用を望み、かつ身近に介護保険のショートステイがない等やむを得ない場合には、障害者施策のショートステイの利用が認められます。

●補装具及び日常生活用具について

福祉用具（車いす、歩行器、歩行補助つえ）については、既製品であれば介護保険で貸与されます。但し、身体への個別対応を要する障害者は身体障害者福祉法に基づく補装具として給付が受けられます。

●障害者施設への入所及び通所について

身体障害者更生施設及び知的障害者更生施設について、介護保険の保険給付を受けられる場合でも、必要性が認められれば入所及び通所が可能です。

第6章

サービスの種類と内容を知ろう

ここまで、介護保険サービスを利用するにあたり、そのしくみや
さまざまな準備について触れてきました。
本章では、
「居宅サービス（介護予防サービス含む）」
「施設サービス」
「地域密着型サービス（介護予防サービス含む）」
について、サービス種別に利用内容、対象者、利用金額の
目安等わかりやすく解説していきます。

第6章　サービスの種類と内容を知ろう

1　居宅サービス①（自宅で利用するサービス）
〔介護サービス〕
訪問介護

▶ホームヘルパーが自宅まで出向いて身の回りの世話をしてくれる、在宅サービスのかなめです。

最も多く利用される日常的なサポートサービス

「**訪問介護**」は、**ホームヘルパー**（訪問介護員）が利用者の家を訪問し、介護や生活援助などを行います。入浴やトイレに行くときの介助が必要だったり、食事の世話や衣類の交換を手伝ってほしいときに便利です。

〔サービスの内容〕

訪問介護には、身体介護、生活援助、通院等乗降介助の3つのサービスがあります。

① 身体介護
食事・入浴・排泄のお世話や、着替えをする際のお手伝い、さらには通院や外出する際の介助など、利用者の体に触れてサービスを行います。
② 生活援助
身体介護以外の介護、具体的には住居の掃除や洗濯、買い物、食事の準備や調理など、日常生活上の家事の援助を行います。
③ 通院等乗降介助
利用者（要支援を除く）が通院したり外出する際に、ホームヘルパーが登録している事務所の車で送り届け、その乗り降りも介助します。

利用者は、これらのサービスを単体、あるいは複合させてスケジュールを組み、利用することができます。

なお、介護予防訪問介護は2017（平成29）年4月より予防給付から外れ、地域支援事業の一つである総合事業に移行しています。

〔利用対象者〕

在宅で介護を必要とする要介護者が対象です。

〔サービス利用の手続き〕

サービスを利用する場合は、市区町村の窓口や居宅介護支援事業者に相談してください。

128

1 〔介護サービス〕訪問介護

訪問介護のサービス例

〈身体介護〉	〈生活援助〉
・食事の介助	・掃除、ごみ出し
・排泄の介助、おむつ交換	・洗濯
・歯磨き、洗顔	・調理
・入浴の介助	・配膳、下膳
・寝起きの際の介助	・ふとんの出し入れ
・着替えの介助	・シーツの交換
・ベッドの上での体位変換	・衣服の折りたたみ
・車いすの乗降、移動の介助	・衣服の修繕
・通院、外出の介助　　　　etc.	・買い物　　　　　　　　etc.

■訪問介護の費用の目安

（「その他の地域」（単価10円）、利用者負担1割で計算）

〔基本利用料〕

内　　容		費用	自己負担（1割の場合）
身体介護※1※2	20分未満※3	1,650円/回	165円/回
	20分〜30分未満	2,480円/回	248円/回
	30分〜1時間未満	3,940円/回	394円/回
	1時間〜1.5時間未満	5,750円/回	575円/回
	1.5時間〜2時間未満	6,580円/回	658円/回
	2時間〜2.5時間未満	7,410円/回	741円/回
	2.5時間〜3時間未満	8,240円/回	824円/回
生活援助※2	20分〜45分未満	1,810円/回	181円/回
	45分以上	2,230円/回	223円/回

※1．身体介護は3時間以後30分ごとに830円（自己負担額83円）加算。

※2．身体介護・生活援助とも早朝（6〜8時）及び夜間（18〜22時）は25％増し、深夜（22〜6時）は50％増し。

※3．20分未満の身体介護を利用する場合、日中（午前6時〜午前10時）の利用は①利用者の要介護度が3〜5、②障害高齢者の日常生活自立度ランクがB〜C、③サービス担当者会議によって必要を認められていることが条件になります。

〔おもな加算料〕　利用するメニューにより別途加算されます。

加算内容		加算料	自己負担（1割）
初回加算	利用開始月	2,000円	200円
通院等乗降介助	1回（片道）	980円	98円
生活機能向上連携加算	1月	1,000円	100円

第6章　サービスの種類と内容を知ろう

② 居宅サービス②（自宅で利用するサービス）
〔介護サービス／介護予防サービス〕
訪問入浴介護

▶自宅の浴槽での入浴が困難な利用者に対し、移動入浴車などが自宅を訪問する入浴サービスです。寝たきりの人でも快適な入浴が楽しめます。

〔サービスの内容〕

　訪問入浴介護サービスは、**指定訪問入浴介護事業者**または**基準該当訪問入浴介護事業者**の看護職員（看護師、准看護師など）1名と介護職員2名（介護予防サービスでは1名）によって行われます。ただし、利用者の身体状況が安定している場合は、主治医の意見を確認した上で、介護職員3名（介護予防サービスでは2名）で行われることもあります。

　入浴に際しては、①まず看護師（または介護職員）が血圧や脈拍、体温のチェックを行い、入浴が可能か判断します。②入浴可と判断されれば、自宅に湯船を持ち込んで湯を沸かし、スタッフが入浴介助を行います（通常10分程度）。全身浴のほかに、体調や事前の希望により、部分浴（洗面器等を使用して湯に浸かる）や清拭（タオルなどで拭き清潔を保持する）を行う場合もあります。③入浴後には、着替え、水分補給、ひげ剃りなど、さまざまなケアを行います。

〔利用対象者〕

　基本的に、ホームヘルパーの介助があっても入浴が困難な重度の要介護者を対象としていますが、自宅に浴槽がない等ケースによっては要支援者も利用可能です。

〔サービス利用の手続き〕

　サービスを利用するには、要介護認定を受けた上で、主治医に**入浴を許可する診断書や意見書**を書いてもらう必要があります。サービス利用の申込みは、市区町村の担当窓口、居宅介護支援事業者（要支援の方は地域包括支援センター等）で受け付けています。

〔利用する際の注意点〕

①タオル、着替え、洗面器等必要なものは事前に用意しておきます。

②浴槽の設置、スタッフの作業の関係上2～3畳程度のスペースが必要となります。

③ワゴンタイプなどの車で浴槽を運びますので、駐車スペースがない場合は、路上駐車許可を取っているかどうかを事業者に確認しておくと安心です。

④体調の急変等によってサービスが利用できなくなった場合、キャンセル料がかかるかどうか事前に確認しておきましょう。

⑤女性の利用者で男性のケアスタッフでは抵抗がみられる場合は、必要に応じ同性のスタッフからの介助が受けられるか事業者に確認してみましょう。

130

2 〔介護サービス／介護予防サービス〕訪問入浴介護

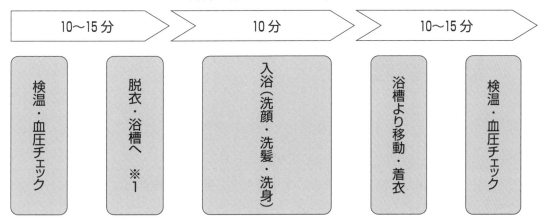

訪問入浴介護のサービス提供例

10〜15分 → 10分 → 10〜15分

検温・血圧チェック → 脱衣・浴槽へ ※1 → 入浴（洗顔・洗髪・洗身） → 浴槽より移動・着衣 → 検温・血圧チェック

※検温・血圧チェック（入浴前・入浴後）は通常看護師が行います。介護職員3名でサービスを提供する場合は、介護職員が検温・血圧チェックを行います。

■訪問入浴介護の費用の目安　　　　　　　　（「その他の地域」（単価10円）、利用者負担1割で計算）

〔基本利用料〕

サービス内容	費用	自己負担（1割）
全身浴　（看護師1名＋介護職員2名）	12,500円/回	1,250円/回
全身浴　（介護職員3名）※1	11,870円/回	1,187円/回
清拭または部分浴　（看護師1名＋介護職員2名）	8,750円/回	875円/回

※1．入浴により利用者の身体の状況等に支障を生ずるおそれがない場合は、主治医の意見を確認した上で介護職員3名により介助が行われることがあります。

■介護予防訪問入浴介護の費用の目安　　　　　　（「その他の地域」（単価10円）で計算）

〔基本利用料〕

サービス内容	費用	自己負担（1割）
全身浴　（看護師1名＋介護職員1名）	8,450円/回	845円/回
全身浴　（介護職員2名）※2	8,020円/回	802円/回
清拭または部分浴　（看護師1名＋介護職員1名）	5,910円/回	591円/回

※2．体調が安定している場合には、介護職員2名により介助が行われることがあります。

第6章　サービスの種類と内容を知ろう

③ 居宅サービス③（自宅で利用するサービス）
〔介護サービス／介護予防サービス〕
訪問看護

▶**主治医の指示に基づいて利用者の自宅で行われる看護サービスです。**

主治医の指示のもと自宅で看護サービスが受けられる

　「**訪問看護**」「**介護予防訪問看護**」では、利用者の家を**看護師**や**保健師**など主治医の指示を受けた医療事業者が訪問し、療養上の世話、診療の補助といったサービスを提供します。通院の難しい寝たきりのお年寄りなどにはうれしいサービスです。

〔サービスの内容〕

　訪問看護のサービス内容は、病状や障害の観察と判断、療養指導、入浴の介助、食事や排泄の介助、注射や点滴の管理、尿管カテーテルの管理、褥瘡（じょくそう）予防のための体位変換や処置、浣腸や摘便、認知症等に関するケア、感染症対策・処置、家族の悩みの相談、主治医との連絡と調整などです。この他、終末期医療（ターミナルケア）やガンの在宅ケアにも応じてくれる場合もあります。

　訪問するスタッフは、主治医の指示に基づいて訪問看護ステーションまたは病院・診療所から派遣される看護師、保健師、作業療法士（OT）、理学療法士（PT）など医療・看護の専門職です。

　１回あたりの所要時間は30分〜１時間30分が目安です。自己負担額（利用料の１割）は、サービス利用時間に応じて算定されます。なお、訪問看護ステーションからサービスを受けた場合と、病院・診療所から受けた場合とでは自己負担額が異なります。

　なお、2018(平成30) 年の改定前までは要支援者・要介護者とも基本報酬は一律でしたが、改定後はそれぞれ異なる設定となっています（☞次ページ〔基本利用料〕参照）。

〔利用対象者〕

　病状が安定期にあり、訪問看護が必要と主治医が認めた要介護者または要支援者です。

〔サービス利用の手続き〕

　サービスの利用にあたっては、居宅介護支援事業所、（要支援の方は地域包括支援センター等）でケアプランを作成してもらい、サービス提供事業者と契約を結びます。

　また、サービスを受けるためには、主治医に「**訪問看護指示書**」を書いてもらう必要がありますので、かかりつけの医師に相談してみるとよいでしょう。

3 〔介護サービス／介護予防サービス〕訪問看護

訪問看護のサービス例

・呼吸・脈・血圧・体温等のチェック	・服薬の指導・管理
・感染症予防のための清潔保持	・家族への介護・看護方法の指導
・褥瘡予防（体位変換）・手当て	・環境整備についての相談
・痰の吸引	・歩行訓練
・点滴、チューブ、尿管カテーテルの管理	・リハビリテーション
・在宅酸素などの管理	・嚥下機能の訓練

■（介護予防）訪問看護の費用の目安　（「その他の地域」（単価10円）、利用者負担1割で計算）

〔基本利用料〕

内　容		介護予防サービス		介護サービス	
		費　用	利用者負担	費　用	利用者負担
訪問看護ステーションから※1	20分未満※2	3,000円/回	300円/回	3,110円/回	311円/回
	20分〜30分未満	4,480円/回	448円/回	4,670円/回	467円/回
	30分〜1時間未満	7,870円/回	787円/回	8,160円/回	816円/回
	1時間〜1.5時間未満	10,800円/回	1,080円/回	11,180円/回	1,118円/回
	PT、OT、STの場合※3	2,860円/回	286円/回	2,960円/回	296円/回
病院・診療所から※1	20分未満※2	2,530円/回	253円/回	2,630円/回	263円/回
	20分〜30分未満	3,790円/回	379円/回	3,960円/回	396円/回
	30分〜1時間未満	5,480円/回	548円/回	5,690円/回	569円/回
	1時間〜1.5時間未満	8,070円/回	807円/回	8,360円/回	836円/回

※1．早朝（6〜8時）、夜間（18〜22時）は25％増し、深夜（22〜6時）は50％増し。
※2．20分未満の訪問看護は、週に1回以上、20分以上、保健師または看護師による訪問が条件。
※3．1日に2回を超えて実施する場合は90/100で計算。

〔おもな加算料〕　利用するメニューにより別途加算されます。

加算内容		加算料	自己負担（1割）
初回加算	利用開始月	3,000円	300円
緊急時訪問看護加算（訪問看護ステーション）	1月	5,740円	574円
緊急時訪問看護加算（病院・診療所）	1月	3,150円	315円
特別管理加算（Ⅰ）※4	1月	5,000円	500円
特別管理加算（Ⅱ）※5	1月	2,500円	250円
ターミナルケア加算※6	該当月	20,000円	2,000円

※4．在宅悪性腫瘍患者の指導管理、もしくは在宅気管切開患者指導管理を受けている場合。または、気管カニューレか留置カテーテルを使用している場合。
※5．透析、酸素療法、留置カテーテル、重度の褥瘡、点滴注射等を週3日以上行う必要がある等、特別な管理が必要な状態の場合。
※6．死亡日及び死亡日前14日以内に2日以上ターミナルケアを行った場合。

第6章　サービスの種類と内容を知ろう

④ 居宅サービス④（自宅で利用するサービス）
〔介護サービス／介護予防サービス〕
訪問リハビリテーション

▶理学療法士・作業療法士・言語聴覚士が自宅を訪問し、主治医の指示に従い心身機能の維持回復と自立支援に必要なリハビリを行うサービスです。

〔**サービスの内容**〕

　「**訪問リハビリテーション**」では、都道府県知事の指定を受けたサービス提供事業者(病院、診療所、介護老人保健施設などを設置主体とする）に所属する理学療法士、作業療法士、言語聴覚士といった専門職により、主治医の指示のもとで最適なリハビリ指導が受けられます。

　自宅で受けられる具体的なサービス内容は、**食事の提供・介助、入浴の介助、排泄の介助、自立支援、健康チェック、医療、介護、機能訓練**などです。

　訪問リハビリテーションの主なサービスメニューは以下の３通りです。

① 理学療法士(PT)によるリハビリテーション
マッサージ、体操、電気刺激、温熱、寒冷、光線などにより、日常生活に必要な基本動作をつかさどる機能の維持・回復を図ります。
② 作業療法士(OT)によるリハビリテーション
工作や手芸、家事などの動作を通じて、心身の機能や社会適応能力の維持・回復を図ります。
③ 言語聴覚士(ST)によるリハビリテーション
言葉を発するための訓練や、嚥下（飲み込み）が楽にできるよう機能訓練を行います。

　なお、2018年度改定では、基本報酬が4.0％引き下げられた一方で、リハビリテーションマネジメント加算が重点的に見直され、報酬単価もアップしています（☞次ページ〔おもな加算料〕参照）。

〔**サービス提供主体**〕

　サービス提供は主に以下の施設で実施されています。

① 訪問リハビリテーション事業所	② 訪問看護ステーション

〔**利用対象者**〕

　「病状が安定期にあり、かつ診察に基づき実施される計画的な医学的管理下でのリハビリテーションが在宅で必要である」と主治医が認めた通院が困難な要介護・要支援者が対象です。利用にあたっては、原則として受診医療機関からサービスを受けることが求められます。

134

4 〔介護サービス／介護予防サービス〕訪問リハビリテーション

〔利用を検討する際の注意点〕

　リハビリテーションを検討される際には、訪問リハビリテーションのほかに、リハビリテーション病院などに通って受けられる通所リハビリテーション（☞第6章7）があります。

　訪問リハビリテーションの場合は、何よりも住み慣れた自宅で受けられるので、マンツーマンで周囲の目を気にすることなくリハビリが受けられる反面、大きな器具などは使えず、メニューに制限が生じます。一方、通所リハビリテーションは、ひととおり器具が揃っている反面、移動を伴うため体力面での負担に配慮する必要があります。もちろん、それぞれに特徴がありますので、迷った場合はケアマネジャーなどに相談してみるとよいでしょう。

〔サービス利用の手続き〕

　主治医に相談の上、原則として介護サービス計画に基づいて利用できます。利用を希望する場合は、居宅介護支援事業者（要支援の方は地域包括支援センター等）に相談し介護サービス計画を作成してもらいましょう。

■（介護予防）訪問リハビリテーションの費用の目安

（「その他の地域」（単価10円）、利用者負担1割で計算）

〔基本利用料〕

サービス提供施設	費　用	利用者負担
病院または診療所・介護老人保健施設・介護医療院	2,900円/回	290円/回

〔おもな加算料〕

予防給付	介護給付	加　算　内　容	加算料	利用者負担
○	○	短期集中リハビリテーション実施加算※1	2,000円/日	200円/日
	○	リハビリテーションマネジメント加算（Ⅰ）	2,300円/月	230円/月
	○	リハビリテーションマネジメント加算（Ⅱ）	2,800円/月	280円/月
	○	リハビリテーションマネジメント加算（Ⅲ）	3,200円/月	320円/月
	○	リハビリテーションマネジメント加算（Ⅳ）※2	4,200円/月	420円/月
○		リハビリテーションマネジメント加算※3	2,300円/月	230円/月

※1．退院（所）日または認定日から起算して1か月以内に行われた場合は1週につきおおむね2日以上、1日あたり40分以上、1か月超〜3か月以内に行われた場合は1週につきおおむね2日以上、1日あたり20分以上実施した場合に加算可能。

※2．3月に1回を限度に算定。

※3．訪問介護計画を作成する上での必要な指導・助言を行なった場合に算定可能。

第6章　サービスの種類と内容を知ろう

5 居宅サービス⑤（自宅で利用するサービス）
〔介護サービス〕〔介護予防サービス〕
居宅療養管理指導

▶利用者が安心して療養生活を送れるよう、医師・歯科医師・薬剤師などが利用者
宅を定期的に訪問し療養上の管理や指導を行うサービスです。

〔サービスの内容〕

　「**居宅療養管理指導**」は、在宅療養中で通院が困難な利用者に対し、医師、歯科医師、看護師、薬剤師、管理栄養士、歯科衛生士などが家庭を訪問して療養上の管理や指導、助言等を行います。利用する場合は、指導を行う目的に応じ、職種が異なります。

　居宅療養管理指導のおもなサービス内容は、以下の通りです。

① 医師・歯科医師による指導
利用者の心身の状態に基づいた居宅での療養上の注意点、介護方法等について、医師や歯科医師が利用者の居宅を訪問し指導します。
② 薬剤師による指導
服薬の管理や副作用等について薬剤師が利用者の居宅を訪問し、説明・指導します。
③ 管理栄養士による指導
管理栄養士が利用者の居宅を訪問し、献立作成や調理法、栄養指導、摂取方法の注意点等について指導を行います。
④ 歯科衛生士による指導
管理栄養士が居宅を訪問し、口腔内や義歯の清掃指導、嚥下機能の訓練等を行います。
⑤ 保健師・看護師による指導
保健師や看護師、准看護師が利用者の居宅を訪問し、療養上の相談や指導を行います。

　指導の内容により、利用回数の規定が異なります。料金については、サービス提供を行う事業所が同一建物内にある場合は割安になります（次ページ参照）。なお、本サービスは医療行為は行いません。また利用にあたっては、ケアプランに組み入れていなくても、医師・歯科医師との話し合いで居宅療養管理指導を行うかどうか決めることができます。

〔利用対象者〕

　心身が虚弱で医学的管理と指導を要する通院困難な要介護者及び要支援者、具体的には①脳血管障害による後遺症や合併症を起こしやすい人、②骨折などによりリハビリが必要な人、③歯、口腔の治療が必要な人、④ガンや高血圧、糖尿病を患っている人などが対象です。

5 〔介護サービス〕〔介護予防サービス〕居宅療養管理指導

〔サービス利用の手続き〕

　利用を検討する場合は、まずかかりつけの医師や歯科医師に相談してください。

　なお、2018年度改定では医療保険との整合性を図るため、単一建物居住者の訪問人数に応じ報酬評価がなされるよう見直しが図られています。また、保健師・看護師による居宅療養管理指導は、2018(平成30)年9月末をもって廃止されます（☞以下〔基本利用料〕参照）。

■（介護予防）居宅療養管理指導の費用の目安（「その他の地域」（単価10円）、利用者負担1割で計算）
〔基本利用料〕

内　容		算定要件※2	介護サービス	
			費用	利用者負担
イ．医師が訪問・指導（月2回を限度）	（1）居宅療養管理指導費（Ⅰ）	(A)	5,070円/回	507円/回
		(B)	4,830円/回	483円/回
		(C)	4,420円/回	442円/回
	（2）居宅療養管理指導費（Ⅱ）※1	(A)	2,940円/回	294円/回
		(B)	2,840円/回	284円/回
		(C)	2,600円/回	260円/回
ロ．歯科医師が訪問・指導（月2回を限度）		(A)	5,070円/回	507円/回
		(B)	4,830円/回	483円/回
		(C)	4,420円/回	442円/回
ハ．薬剤師が訪問・指導	（1）病院・診療所の薬剤師が訪問・指導（月2回を限度）	(A)	5,580円/回	558円/回
		(B)	4,140円/回	414円/回
		(C)	3,780円/回	378円/回
	（2）薬局の薬剤師が訪問・指導※3（月4回を限度）	(A)	5,070円/回	507円/回
		(B)	3,760円/回	376円/回
		(C)	3,440円/回	344円/回
ニ．管理栄養士が訪問・指導（月2回を限度）		(A)	5,370円/回	537円/回
		(B)	4,830円/回	483円/回
		(C)	4,420円/回	442円/回
ホ．歯科衛生士が訪問・指導（月4回を限度）		(A)	3,550円/回	355円/回
		(B)	3,230円/回	323円/回
		(C)	2,950円/回	295円/回
ヘ．保健師・看護師が訪問・指導※4（ケアプラン作成・変更以降6か月内に2回を限度）		(D)	4,020円/回	402円/回
		(E)	3,620円/回	362円/回

※1．居宅療養管理指導費（2）：在宅時医学総合管理料または特定施設入居時等医学総合管理料を算定する場合に適用されます。

※2．(A)：単一建物居住者1人に対して行う場合

　　(B)：単一建物居住者2人以上9人以下に対して行う場合

　　(C)：(A)(B)以外の場合

　　(D)：同一建物居住者以外の利用者に対して行う場合

　　(E)：同一建物居住者に対して行う場合（同一日の訪問）

※3．ハ（2）(A)(B)(C)でがん末期の患者及び中心静脈栄養患者については、週2回かつ月8回算定できます。

※4．ヘ(D)(E)の算定有効期限は2018年4月1日〜9月30日までです。

第6章　サービスの種類と内容を知ろう

6 居宅サービス⑥（自宅から通って利用するサービス）〔介護サービス〕
通所介護

> ▶在宅の高齢者に通所介護施設に通っていただき、日常生活上の支援や機能訓練などを日帰りで提供するサービスです。

〔サービスの内容〕

　「通所介護」は、自宅で過ごす利用者の孤立感の解消や心身機能の維持、家族の介護の負担軽減などを目的として実施され、**デイサービス**とも呼ばれています。利用者に自宅からの送迎によりデイサービスセンターなど通所施設に通っていただき、食事や入浴などの日常生活上の支援や、機能訓練、口腔機能向上サービスなどを日帰りで提供します。2018（平成30）年4月より、基本報酬のサービス提供時間が従来の2時間毎から1時間ごとに見直されています。

〔サービス提供体制〕

　通所介護のサービス提供主体は、特別養護老人ホームや老人福祉センターなどに併設されているものと、単独で運営している事業所とがあります。地域によっては、公共施設や民間施設を利用しているケースも見受けられます。介護報酬上は、前年度の1月あたりの平均延利用者数を基準に、以下の3タイプの事業所に分類されています。

事業所規模別	1か月の平均利用延人数	1日の利用者（目安）
① 通常規模型	301人〜750人	15人〜37.5人
② 大規模別Ⅰ	751人〜900人	37.5人〜45人
③ 大規模別Ⅱ	901人〜	45人以上

　なお、2016（平成28）年3月まで通所介護サービスとして提供されていた小規模型通所介護（1日の利用者が平均18人以下）は、2016年4月より地域密着型サービスに移行し各市区町村でサービス提供されています（☞第6章19）。また、介護予防通所介護については、2014年改正により介護予防訪問介護とともに全ての市区町村で**総合事業**に移行されています（☞第3章3〜6）。

　さらに、2018（平成30）年4月より、障害者福祉制度（生活介護、自立訓練、児童発達支援、放課後等デイサービス）の指定を受けた事業所であれば、基本的に介護保険による**共生型通所介護**の指定が受けられることとなっています（☞第1章5）。

〔利用対象者〕

　要介護認定を受けている在宅の要介護者が利用可能です。

〔サービス利用の手続き〕

　市区町村の窓口、居宅介護支援事業者、地域包括支援センター等にご相談ください。

6 〔介護サービス〕通所介護

■通所介護の費用の目安　（「その他の地域」（単価10円）、利用者負担１割で計算）

〔基本利用料〕※１

	要介護度・費用		3時間以上 4時間未満	4時間以上 5時間未満	5時間以上 6時間未満	6時間以上 7時間未満	7時間以上 8時間未満	8時間以上 9時間未満
通常規模型	要介護1	費用（1回）	3,620円	3,800円	5,580円	5,720円	6,450円	6,560円
		利用者負担	362円	380円	558円	572円	645円	656円
	要介護2	費用（1回）	4,150円	4,360円	6,600円	6,760円	7,610円	7,750円
		利用者負担	415円	436円	660円	676円	761円	775円
	要介護3	費用（1回）	4,700円	4,930円	7,610円	7,800円	8,830円	8,980円
		利用者負担	470円	493円	761円	780円	883円	898円
	要介護4	費用（1回）	5,220円	5,480円	8,630円	8,840円	10,030円	10,210円
		利用者負担	522円	548円	863円	884円	1,003円	1,021円
	要介護5	費用（1回）	5,760円	6,050円	9,640円	9,880円	11,240円	11,440円
		利用者負担	576円	605円	964円	988円	1,124円	1,144円
大規模型Ⅰ	要介護1	費用（1回）	3,500円	3,680円	5,330円	5,520円	6,170円	6,340円
		利用者負担	350円	368円	533円	552円	617円	634円
	要介護2	費用（1回）	4,010円	4,220円	6,310円	6,540円	7,290円	7,490円
		利用者負担	401円	422円	631円	654円	729円	749円
	要介護3	費用（1回）	4,530円	4,770円	7,280円	7,540円	8,440円	8,680円
		利用者負担	453円	477円	728円	754円	844円	868円
	要介護4	費用（1回）	5,040円	5,300円	8,240円	8,540円	9,600円	9,870円
		利用者負担	504円	530円	824円	854円	960円	987円
	要介護5	費用（1回）	5,560円	5,850円	9,210円	9,540円	10,760円	11,060円
		利用者負担	556円	585円	921円	954円	1,076円	1,106円
大規模型Ⅱ	要介護1	費用（1回）	3,380円	3,540円	5,140円	5,320円	5,950円	6,110円
		利用者負担	338円	354円	514円	532円	595円	611円
	要介護2	費用（1回）	3,870円	4,060円	6,080円	6,290円	7,030円	7,220円
		利用者負担	387円	406円	608円	629円	703円	722円
	要介護3	費用（1回）	4,380円	4,590円	7,020円	7,250円	8,140円	8,350円
		利用者負担	438円	459円	702円	725円	814円	835円
	要介護4	費用（1回）	4,860円	5,100円	7,960円	8,230円	9,260円	9,500円
		利用者負担	486円	510円	796円	823円	926円	950円
	要介護5	費用（1回）	5,370円	5,630円	8,900円	9,200円	10,380円	10,650円
		利用者負担	537円	563円	890円	920円	1,038円	1,065円

※１．送迎・入浴は料金に含みます（食事代・おむつ代は別途必要になります）。

〔おもな加算料〕　利用するメニューにより別途加算されます。

内容	加算料	利用者負担
入浴介助	500円/日	50円/日
中重度者ケア体制加算	450円/日	45円/日
ADL維持等加算（Ⅰ）	30円/月	3円/月
ADL維持等加算（Ⅱ）	60円/月	6円/月

第6章　サービスの種類と内容を知ろう

7 居宅サービス⑦（自宅から通って利用するサービス）〔介護サービス／介護予防サービス〕通所リハビリテーション

▶在宅の高齢者に通所リハビリテーションの施設に通っていただき、必要なリハビリテーションを提供する日帰りのサービスです。

〔サービスの内容〕

「**通所リハビリテーション**」は、利用者が可能な限り自宅で自立した日常生活を送れるよう自宅からの送迎により通所リハビリテーションの施設に通っていただき、食事や入浴などの日常生活上の支援、機能訓練、口腔機能向上サービスなどを日帰りで提供するサービスで、**デイケア**とも呼ばれています。

〔サービス提供体制〕

通所リハビリテーションのサービス提供主体は、病院または診療所、介護老人保健施設、そして2018（平成30）年４月より加わった介護医療院になります（☞巻末資料（１）か行）。同じ通所系でも通所介護より医療ニーズが高く、事業者の約半数が病院や診療所で占められています。

事務所は、前年度の１月あたりの平均延利用者数を基準に以下の３タイプに分類されます。

事業所規模別	1か月の平均利用延人数	1日の利用者（目安）
① 通常規模型	301人～750人	15人～37.5人未満
② 大規模別Ⅰ	751人～900人	37.5人～45人未満
③ 大規模別Ⅱ	901人～	45人以上

各事業所には医師（兼務可）のほか理学療法士・作業療法士・言語聴覚士のうち１人以上が必ず配置されています。

なお、2018（平成30）年４月より介護サービスのサービス提供時間および基本報酬が１時間単位に細分化されています（☞次ページ）。また、医療との連携をより強化すべく、リハビリテーション計画書について、医療―介護間での互換性が図れるよう様式が見直されています。

〔利用対象者〕

病状が安定期にあり、かつ介護老人保健施設や病院・診療所の主治医により医学的管理下でのリハビリテーションが必要と認められた在宅の高齢者（要介護・要支援者）が対象です。

〔サービス利用の手続き〕

市区町村の窓口、居宅介護支援事業者、地域包括支援センター等にご相談ください。

7 〔介護サービス／介護予防サービス〕通所リハビリテーション

■通所リハビリテーションの費用の目安　（「その他の地域」（単価10円）、利用者負担１割で計算）

〔基本利用料〕　1回につき

通常規模の事業所　（病院または診療所／介護老人保健施設／介護医療院）								
要介護度	費用／利用者負担	1時間以上2時間未満	2時間以上3時間未満	3時間以上4時間未満	4時間以上5時間未満	5時間以上6時間未満	6時間以上7時間未満	7時間以上8時間未満
要介護1	費用（1回）	3,290円	3,430円	4,440円	5,080円	5,760円	6,670円	7,120円
要介護1	利用者負担	329円	343円	444円	508円	576円	667円	712円
要介護2	費用（1回）	3,580円	3,980円	5,200円	5,950円	6,880円	7,970円	8,490円
要介護2	利用者負担	358円	398円	520円	595円	688円	797円	849円
要介護3	費用（1回）	3,880円	4,550円	5,960円	6,810円	7,990円	9,240円	9,880円
要介護3	利用者負担	388円	455円	596円	681円	799円	924円	988円
要介護4	費用（1回）	4,170円	5,100円	6,930円	7,910円	9,300円	10,760円	11,510円
要介護4	利用者負担	417円	510円	693円	791円	930円	1,076円	1,151円
要介護5	費用（1回）	4,480円	5,660円	7,890円	9,000円	10,600円	12,250円	13,100円
要介護5	利用者負担	448円	566円	789円	900円	1,060円	1,225円	1,310円

※送迎・入浴は料金に含みます（食事代・おむつ代は別途必要になります）。

大規模の事業所Ⅰ　（病院または診療所／介護老人保健施設／介護医療院）								
要介護度	費用／利用者負担	1時間以上2時間未満	2時間以上3時間未満	3時間以上4時間未満	4時間以上5時間未満	5時間以上6時間未満	6時間以上7時間未満	7時間以上8時間未満
要介護1	費用（1回）	3,230円	3,370円	4,370円	4,980円	5,560円	6,500円	6,880円
要介護1	利用者負担	323円	337円	437円	498円	556円	650円	688円
要介護2	費用（1回）	3,540円	3,920円	5,120円	5,830円	6,650円	7,770円	8,200円
要介護2	利用者負担	354円	392円	512円	583円	665円	777円	820円
要介護3	費用（1回）	3,820円	4,480円	5,870円	6,670円	7,720円	9,020円	9,550円
要介護3	利用者負担	382円	448円	587円	667円	772円	902円	955円
要介護4	費用（1回）	4,110円	5,020円	6,820円	7,740円	8,990円	10,490円	11,110円
要介護4	利用者負担	411円	502円	682円	774円	899円	1,049円	1,111円
要介護5	費用（1回）	4,410円	5,580円	7,770円	8,820円	10,240円	11,950円	12,670円
要介護5	利用者負担	441円	558円	777円	882円	1,024円	1,195円	1,267円

※送迎・入浴は料金に含みます（食事代・おむつ代は別途必要になります）。

第6章　サービスの種類と内容を知ろう

大規模の事業所Ⅱ　（病院または診療所／介護老人保健施設／介護医療院）								
要介護度	費用／利用者負担	1時間以上2時間未満	2時間以上3時間未満	3時間以上4時間未満	4時間以上5時間未満	5時間以上6時間未満	6時間以上7時間未満	7時間以上8時間未満
要介護1	費用（1回）	3,160円	3,300円	4,260円	4,800円	5,370円	6,260円	6,640円
	利用者負担	316円	330円	426円	480円	537円	626円	664円
要介護2	費用（1回）	3,460円	3,840円	5,000円	5,630円	6,430円	7,500円	7,930円
	利用者負担	346円	384円	500円	563円	643円	750円	793円
要介護3	費用（1回）	3,730円	4,370円	5,730円	6,450円	7,460円	8,700円	9,220円
	利用者負担	373円	437円	573円	645円	746円	870円	922円
要介護4	費用（1回）	4,020円	4,910円	6,660円	7,490円	8,700円	10,140円	10,750円
	利用者負担	402円	491円	666円	749円	870円	1,014円	1,075円
要介護5	費用（1回）	4,300円	5,440円	7,590円	8,530円	9,910円	11,550円	12,250円
	利用者負担	430円	544円	759円	853円	991円	1,155円	1,225円

※送迎・入浴は料金に含みます（食事代・おむつ代は別途必要になります）。

〔おもな加算料〕　利用するメニューにより別途加算されます。　　　（利用者負担1割で計算）

内　　　容		加算料	利用者負担
リハビリテーションマネジメント加算（Ⅰ）		3,300円/月	330円/月
リハビリテーションマネジメント加算（Ⅱ）	6か月以内	8,500円/月	850円/月
	6か月以降	5,300円/月	530円/月
リハビリテーションマネジメント加算（Ⅲ）（3月に1回を限度）	6か月以内	11,200円/月	1,120円/月
	6か月以降	8,000円/月	800円/月
リハビリテーションマネジメント加算（Ⅳ）（3月に1回を限度）	6か月以内	12,200円/月	1,220円/月
	6か月以降	9,000円/月	900円/月
短期集中個別リハビリテーション実施加算		1,100円/日	110円/日
認知症短期集中リハビリテーション実施加算（Ⅰ）（週2日を限度）		2,400円/日	240円/日
認知症短期集中リハビリテーション実施加算（Ⅱ）		19,200円/月	1,920円/月
生活行為向上リハビリテーション実施加算	3か月以内	20,000円/月	2,000円/月
	3〜6か月	10,000円/月	1,000円/月
栄養改善加算	月2回を限度	1,500円/回	150円/回
栄養スクリーニング加算	6月に1回を限度	50円/回	5円/回
口腔機能向上加算	月2回を限度	1,500円/回	150円/回

7 〔介護サービス／介護予防サービス〕通所リハビリテーション

■介護予防通所リハビリテーションの費用の目安　（「その他の地域」（単価10円）、利用者負担1割で計算）

〔基本利用料〕　サービス提供主体、事業所の規模による費用の差はありません。

サービス内容		費用	利用者負担
介護予防通所リハビリテーション費	要支援1	17,120円/月	1,712円/月
	要支援2	36,150円/月	3,615円/月

※送迎・入浴は料金に含みます（食事代・おむつ代は別途必要になります）。

〔おもな加算料〕　利用するメニューにより別途加算されます。

内　　容		加算料	利用者負担
運動器機能向上加算		2,250円/月	225円/月
栄養改善加算		1,500円/月	150円/月
栄養スクリーニング加算	6月に1回を限度	50円/回	5円/回
口腔機能向上加算	月2回を限度	1,500円/回	150円/回
選択的サービス複数実施加算（Ⅰ）	運動器機能向上及び栄養改善	4,800円/月	480円/月
	運動器機能向上及び口腔機能向上	4,800円/月	480円/月
	栄養改善及び口腔機能向上	4,800円/月	480円/月
選択的サービス複数実施加算（Ⅱ）	運動器機能向上、栄養改善及び口腔機能向上	7,000円/月	700円/月
事業所評価加算		1,200円/月	120円/月
リハビリテーションマネジメント加算		3,300円/月	330円/月
生活行為向上リハビリテーション実施加算	3か月以内	9,000円/月	900円/月
	3〜6か月	4,500円/月	450円/月
若年性認知症利用者受入加算		2,400円/月	240円/月

第6章 サービスの種類と内容を知ろう

8 居宅サービス⑧（施設に入所して利用するサービス）
〔介護サービス／介護予防サービス〕
短期入所生活介護

▶**対象となる福祉施設や病院に短期間入所してもらい、介護や機能訓練が受けられるサービスです。**

〔サービスの内容〕

「**短期入所生活介護**」とは、介護が必要な在宅の高齢者に福祉施設や病院に短期間入所してもらい、日常生活上の支援や機能訓練などを行うサービスで、ショートステイとも呼ばれます。滞在日数の上限は**連続30日**まで、利用日数全体としては要介護認定有効期間のおおむね半数を超えないことが目安とされています。

入所中に受けられる具体的なサービス内容は、**食事の提供・介助、入浴の介助、排泄の介助、機能訓練、自立支援、健康チェック**などです。

冠婚葬祭で急な用事が生じた場合など、一時的に在宅介護が困難な時に助かるサービスです。また、家族にとっても介護負担の軽減をはかりリフレッシュする機会が得られます。

〔サービス提供主体〕

主に以下の施設で実施されています。2018年（平成30）4月より、障害者福祉制度の短期入所（併設型・空室利用型）の指定を受けたサービス提供事業所であれば、「共生型短期入所生活介護」として原則的に介護保険サービスの指定が受けられることになりました。

① 特別養護老人ホーム、養護老人ホーム	⑤ 単独型施設
② 病院	⑥ 個室ユニットケアを提供する宅老所
③ 介護老人保健施設	⑦ 障害者福祉制度の短期入所（併設型・空室利用型）の指定を受けた事業所
④ 有料老人ホームに併設されている施設	

〔利用対象者〕

体調の変化により介護が困難になった場合や、家族の病気、冠婚葬祭、仕事の事情、あるいは家族の身体的・精神的な負担の軽減等を図るため、一時的に在宅での日常生活に支障がある要介護者、要支援者が対象となります。

〔サービス提供の手続き〕

居宅介護支援事業者（要支援の方は地域包括支援センターなど）に相談してください。

8 〔介護サービス／介護予防サービス〕短期入所生活介護

■（介護予防）短期入所生活介護の費用の目安 （「その他の地域」（単価10円）、利用者負担1割で計算）

〔基本利用料〕 1日につき

種類・料金		介護予防サービス		介護サービス				
利用タイプ	費用／利用者負担	要支援1	要支援2	要介護1	要介護2	要介護3	要介護4	要介護5
単独型の従来型個室・多床室	費用（1日）	4,650円	5,770円	6,250円	6,930円	7,630円	8,310円	8,970円
	利用者負担	465円	577円	625円	693円	763円	831円	897円
併設型の従来型個室・多床室	費用（1日）	4,370円	5,430円	5,840円	6,520円	7,220円	7,900円	8,560円
	利用者負担	437円	543円	584円	652円	722円	790円	856円
単独型ユニット型の個室・個室的多床室	費用（1日）	5,430円	6,600円	7,230円	7,900円	8,630円	9,300円	9,970円
	利用者負担	543円	660円	723円	790円	863円	930円	997円
併設型ユニット型の個室・個室的多床室	費用（1日）	5,120円	6,360円	6,820円	7,490円	8,220円	8,890円	9,560円
	利用者負担	512円	636円	682円	749円	822円	889円	956円

※1．食費・滞在費（部屋代・光熱費など）、送迎費用は別途必要になります。

※2．従来型個室：リビング（共同生活室）を備えていない個室。

※3．多床室：定員2名以上の個室でない居室。

※4．ユニット型個室：リビングを備えていない個室。

※5．ユニット型個室的多床室：従来のユニット型準個室。

〔おもな加算料〕 利用するメニューにより別途加算されます。

予防給付	介護給付	加算内容		加算料	利用者負担
○	○	個別機能訓練加算		560円/日	56円/日
○	○	生活機能向上連携加算※1		2,000円/月	200円/月
―	○	緊急短期入所受入加算（7日間を限度）		900円/日	90円/日
―	○	医療連携強化加算		580円/日	58円/日
―	○	看護体制加算（Ⅰ）		40円/日	4円/日
―	○	看護体制加算（Ⅱ）		80円/日	8円/日
―	○	看護体制加算（Ⅲ）	利用定員29人以下	120円/日	12円/日
			利用定員30人以上50人以下	60円/日	6円/日
―	○	看護体制加算（Ⅳ）	利用定員29人以下	230円/日	23円/日
			利用定員30人以上50人以下	130円/日	13円/日
―	○	在宅中重度者受入加算※2	（1）	4,210円/日	421円/日
―	○		（2）	4,170円/日	417円/日
―	○		（3）	4,130円/日	413円/日
―	○		（4）	4,250円/日	425円/日
○	○	認知症専門ケア加算（Ⅰ）		30円/日	3円/日
○	○	認知症専門ケア加算（Ⅱ）		40円/日	4円/日
○	○	利用者に送迎を行う場合		1,840円/片道	184円/片道

※1．ただし、個別機能訓練算を算定している場合は、1月につき＋100単位。

※2．（1）看護体制加算（Ⅰ）または（Ⅲ）を算定している場合。

　　（2）看護体制加算（Ⅱ）または（Ⅳ）を算定している場合。

　　（3）（1）（2）いずれの看護体制加算も算定している場合。

　　（4）看護体制加算を算定していない場合。

第6章　サービスの種類と内容を知ろう

9 居宅サービス⑨（施設に入所して利用するサービス）
〔介護サービス／介護予防サービス〕
短期入所療養介護

▶対象となる福祉施設や病院に短期間入所してもらい、医療や機能訓練、日常生活上の支援などが受けられるサービスです。

〔サービスの内容〕

「**短期入所療養介護**」とは、利用者が可能な限り自宅で自立した日常生活を送ることができるよう、日常生活上の介護や自立支援等短期入所生活介護で提供されるサービスに加え、医療、看護、機能訓練が受けられるサービスでこちらも短期入所生活介護と同様にショートステイと呼ばれています。滞在日数の上限は原則として**連続30日**まで、利用日数全体としては要介護認定有効期間のおおむね半数を超えないことが目安とされています。

入所中に受けられる具体的なサービス内容は、**食事の提供・介助、入浴の介助、排泄の介助、自立支援、健康チェック、医療、介護、機能訓練**などです。

短期入所生活介護同様、利用者の体調変化により在宅での介護が厳しくなった、あるいは介護者に用事ができ留守にしなければならない等、一時的に在宅介護が困難な時に便利なサービスです。一方で、時期や施設によっては希望日に予約が取りにくいこともあります。

サービス費用は施設の形態、居室の種類、職員の配置などによって異なります。食費や滞在費、理美容代などは別途負担となります。また、先住の機能訓練指導員を配置している、看護体制を手厚くしている等、体制の充実度によって料金に変動が生じます。

〔サービス提供主体〕

サービス提供は主に以下の施設で実施されています。

① 介護老人保健施設	④ 老人性認知症疾患療養病棟を持つ病院
② 療養型病床群を持つ病院	⑤ 介護医療院（2018年4月〜）
③ 診療所	

〔利用対象者〕

要介護・要支援の認定を受けている在宅の高齢者で、かつ① 医療的に問題を抱えている、② 特別な医学的処置や集中的なリハビリを要する、③ 家族の負担軽減や急な用事等により一時的に施設入所を要する、④ 認知症の治療・改善を要する方が対象です。

〔サービス提供の手続き〕

居宅介護支援事業者（要支援の方は地域包括支援センターなど）に相談してください。

■（介護予防）短期入所療養介護の費用の目安　（「その他の地域」（単価10円）、利用者負担１割で計算）

〔基本利用料〕　イ　介護老人保健施設

種類・料金 / 利用タイプ			費用／利用者負担	介護予防サービス 要支援1	要支援2	介護サービス 要介護1	要介護2	要介護3	要介護4	要介護5
（1）介護老人保健施設	（Ⅰ）介護老人保健施設	従来型個室【基本型】	費用（1日）	5,780円	7,190円	7,530円	7,980円	8,590円	9,110円	9,620円
			利用者負担	578円	719円	753円	798円	859円	911円	962円
		従来型個室【在宅強化型】	費用（1日）	6,190円	7,590円	7,940円	8,650円	9,270円	9,830円	10,380円
			利用者負担	619円	759円	794円	865円	927円	983円	1,038円
		多床室【基本型】	費用（1日）	6,110円	7,650円	8,260円	8,740円	9,350円	9,860円	10,390円
			利用者負担	611円	765円	826円	874円	935円	986円	1,039円
		多床室【在宅強化型】	費用（1日）	6,580円	8,130円	8,730円	9,470円	10,090円	10,650円	11,200円
			利用者負担	658円	813円	873円	947円	1,009円	1,065円	1,120円
	（Ⅱ）療養型老健：看護職員を配置	従来型個室【療養型】	費用（1日）	5,820円	7,230円	7,780円	8,590円	9,720円	10,480円	11,220円
			利用者負担	582円	723円	778円	859円	972円	1,048円	1,122円
		多床室【療養型】	費用（1日）	6,190円	7,740円	8,550円	9,370円	10,510円	11,260円	12,000円
			利用者負担	619円	774円	855円	937円	1,051円	1,126円	1,200円
	（Ⅲ）療養型老健：看護オンコール体制	従来型個室【療養型】	費用（1日）	5,820円	7,230円	7,780円	8,530円	9,460円	10,210円	10,950円
			利用者負担	582円	723円	778円	853円	946円	1,021円	1,095円
		多床室【療養型】	費用（1日）	6,190円	7,740円	8,550円	9,310円	10,240円	10,980円	11,730円
			利用者負担	619円	774円	855円	931円	1,024円	1,098円	1,173円
	（Ⅳ）特別介護老人保健施設	従来型個室	費用（1日）	5,660円	7,050円	7,390円	7,830円	8,430円	8,940円	9,440円
			利用者負担	566円	705円	739円	783円	843円	894円	944円
		多床室	費用（1日）	5,990円	7,500円	8,110円	8,580円	9,170円	9,670円	10,190円
			利用者負担	599円	750円	811円	858円	917円	967円	1,019円
（2）ユニット型介護老人保健施設	（Ⅰ）ユニット型老健	ユニット型個室・ユニット型個室的多床室【基本型】	費用（1日）	6,210円	7,780円	8,320円	8,770円	9,390円	9,920円	10,430円
			利用者負担	621円	778円	832円	877円	939円	992円	1,043円
		ユニット型個室・ユニット型個室的多床室【在宅強化型】	費用（1日）	6,660円	8,230円	8,770円	9,510円	10,130円	10,690円	11,240円
			利用者負担	666円	823円	877円	951円	1,013円	1,069円	1,124円
	（Ⅱ）療養型老健：看護職員を配置	ユニット型個室・ユニット型個室的多床室【療養型】	費用（1日）	6,490円	8,060円	9,400円	10,210円	11,340円	12,100円	12,840円
			利用者負担	649円	806円	940円	1,021円	1,134円	1,210円	1,284円
	（Ⅲ）療養型老健：看護オンコール体制	ユニット型個室・ユニット型個室的多床室【療養型】	費用（1日）	6,490円	8,060円	9,400円	10,150円	11,080円	11,830円	12,570円
			利用者負担	649円	806円	940円	1,015円	1,108円	1,183円	1,257円
	（Ⅳ）ユニット型特別介護老人保健施設	ユニット型個室・ユニット型個室的多床室	費用（1日）	6,090円	7,620円	8,160円	8,610円	9,210円	9,730円	10,230円
			利用者負担	609円	762円	816円	861円	921円	973円	1,023円
（3）特定介護老人保健施設短期入所療養介護費	3時間以上4時間未満		費用（1日）	—	—	6,540円				
			利用者負担	—	—	654円				
	4時間以上6時間未満		費用（1日）	—	—	9,050円				
			利用者負担	—	—	905円				
	6時間以上8時間未満		費用（1日）	—	—	12,570円				
			利用者負担	—	—	1,257円				

※１．食費・滞在費（部屋代・光熱費など）、送迎費用は別途必要になります。
※２．［従来型個室］リビング（共同生活室）を備えていない個室。　［多床室］定員２名以上の個室でない居室。
　　　［ユニット型個室］リビングを備えていない個室。　［ユニット型個室的多床室］従来のユニット型準個室。

〔おもな加算料〕　イ　介護老人保健施設

予防給付	介護給付	加算内容	加算料	利用者負担
○	○	個別リハビリテーション実施加算[※1]	2,400円/日	240円/日
○	○	認知症行動・心理症状緊急対応加算（7日間を限度）[※2]	2,000円/日	200円/日
○	○	若年性認知症利用者受入加算[※3]	1,200円/日	120円/日
○	○	認知症専門ケア加算（Ⅰ）　※二を除く	30円/日	3円/日
○	○	認知症専門ケア加算（Ⅱ）　※二を除く	40円/日	4円/日
○	○	利用者に送迎を行う場合	1,840円/片道	184円/片道

※１．（1）（Ⅳ）特別介護老人保健施設、（2）（Ⅳ）ユニット型特別介護老人保健施設を除く。
※２．（3）特定介護老人保健施設は加算対象外。
※３．（3）特定介護老人保健施設の加算料は上記の1/2（＋60単位/日）。

第6章　サービスの種類と内容を知ろう

■（介護予防）短期入所療養介護の費用の目安 （「その他の地域」（単価10円）、利用者負担１割で計算）

〔基本利用料〕 ロ 療養病床を有する病院

<table>
<tr><td colspan="3" rowspan="2">種類・料金</td><td rowspan="2">費用／
利用者負担</td><td colspan="2">介護予防サービス</td><td colspan="5">介護サービス</td></tr>
<tr><td colspan="3">利用タイプ</td><td>要支援1</td><td>要支援2</td><td>要介護1</td><td>要介護2</td><td>要介護3</td><td>要介護4</td><td>要介護5</td></tr>
<tr><td rowspan="22">（1）病院療養病床</td><td rowspan="12">（Ⅰ）看護〈6:1〉
介護〈4:1〉</td><td rowspan="2">従来型個室</td><td>費用（1日）</td><td>5,230円</td><td>6,570円</td><td>6,910円</td><td>7,940円</td><td>10,170円</td><td>11,120円</td><td>11,970円</td></tr>
<tr><td>利用者負担</td><td>523円</td><td>657円</td><td>691円</td><td>794円</td><td>1,017円</td><td>1,112円</td><td>1,197円</td></tr>
<tr><td rowspan="2">従来型個室
【療養機能強化型A】</td><td>費用（1日）</td><td>5,510円</td><td>6,850円</td><td>7,190円</td><td>8,270円</td><td>10,600円</td><td>11,590円</td><td>12,480円</td></tr>
<tr><td>利用者負担</td><td>551円</td><td>685円</td><td>719円</td><td>827円</td><td>1,060円</td><td>1,159円</td><td>1,248円</td></tr>
<tr><td rowspan="2">従来型個室
【療養機能強化型B】</td><td>費用（1日）</td><td>5,410円</td><td>6,750円</td><td>7,090円</td><td>8,150円</td><td>10,450円</td><td>11,420円</td><td>12,300円</td></tr>
<tr><td>利用者負担</td><td>541円</td><td>675円</td><td>709円</td><td>815円</td><td>1,045円</td><td>1,142円</td><td>1,230円</td></tr>
<tr><td rowspan="2">多床室</td><td>費用（1日）</td><td>5,790円</td><td>7,340円</td><td>7,950円</td><td>8,980円</td><td>11,210円</td><td>12,160円</td><td>13,010円</td></tr>
<tr><td>利用者負担</td><td>579円</td><td>734円</td><td>795円</td><td>898円</td><td>1,121円</td><td>1,216円</td><td>1,301円</td></tr>
<tr><td rowspan="2">多床室
【療養機能強化型A】</td><td>費用（1日）</td><td>6,120円</td><td>7,670円</td><td>8,280円</td><td>9,360円</td><td>11,690円</td><td>12,680円</td><td>13,570円</td></tr>
<tr><td>利用者負担</td><td>612円</td><td>767円</td><td>828円</td><td>936円</td><td>1,169円</td><td>1,268円</td><td>1,357円</td></tr>
<tr><td rowspan="2">多床室
【療養機能強化型B】</td><td>費用（1日）</td><td>6,000円</td><td>7,550円</td><td>8,160円</td><td>9,230円</td><td>11,520円</td><td>12,490円</td><td>13,370円</td></tr>
<tr><td>利用者負担</td><td>600円</td><td>755円</td><td>816円</td><td>923円</td><td>1,152円</td><td>1,249円</td><td>1,337円</td></tr>
<tr><td rowspan="8">（Ⅱ）看護〈6:1〉
介護〈5:1〉</td><td rowspan="2">従来型個室</td><td>費用（1日）</td><td>4,920円</td><td>6,170円</td><td>6,360円</td><td>7,390円</td><td>8,910円</td><td>10,370円</td><td>10,770円</td></tr>
<tr><td>利用者負担</td><td>492円</td><td>617円</td><td>636円</td><td>739円</td><td>891円</td><td>1,037円</td><td>1,077円</td></tr>
<tr><td rowspan="2">従来型個室
【療養機能強化型】</td><td>費用（1日）</td><td>5,070円</td><td>6,320円</td><td>6,510円</td><td>7,570円</td><td>9,120円</td><td>10,620円</td><td>11,030円</td></tr>
<tr><td>利用者負担</td><td>507円</td><td>632円</td><td>651円</td><td>757円</td><td>912円</td><td>1,062円</td><td>1,103円</td></tr>
<tr><td rowspan="2">多床室</td><td>費用（1日）</td><td>5,500円</td><td>6,960円</td><td>7,410円</td><td>8,440円</td><td>9,950円</td><td>11,420円</td><td>11,810円</td></tr>
<tr><td>利用者負担</td><td>550円</td><td>696円</td><td>741円</td><td>844円</td><td>995円</td><td>1,142円</td><td>1,181円</td></tr>
<tr><td rowspan="2">多床室
【療養機能強化型】</td><td>費用（1日）</td><td>5,680円</td><td>7,140円</td><td>7,590円</td><td>8,640円</td><td>10,190円</td><td>11,690円</td><td>12,090円</td></tr>
<tr><td>利用者負担</td><td>568円</td><td>714円</td><td>759円</td><td>864円</td><td>1,019円</td><td>1,169円</td><td>1,209円</td></tr>
<tr><td rowspan="4">（Ⅲ）看護〈6:1〉
介護〈6:1〉</td><td rowspan="2">従来型個室</td><td>費用（1日）</td><td>4,760円</td><td>5,940円</td><td>6,140円</td><td>7,200円</td><td>8,630円</td><td>10,120円</td><td>10,510円</td></tr>
<tr><td>利用者負担</td><td>476円</td><td>594円</td><td>614円</td><td>720円</td><td>863円</td><td>1,012円</td><td>1,051円</td></tr>
<tr><td rowspan="2">多床室</td><td>費用（1日）</td><td>5,340円</td><td>6,740円</td><td>7,200円</td><td>8,250円</td><td>9,690円</td><td>11,180円</td><td>11,570円</td></tr>
<tr><td>利用者負担</td><td>534円</td><td>674円</td><td>720円</td><td>825円</td><td>969円</td><td>1,118円</td><td>1,157円</td></tr>
<tr><td rowspan="8">（2）病院療養病床経過型</td><td rowspan="4">（Ⅰ）看護〈6:1〉
介護〈4:1〉</td><td rowspan="2">従来型個室</td><td>費用（1日）</td><td>5,320円</td><td>6,660円</td><td>7,000円</td><td>8,040円</td><td>9,470円</td><td>10,330円</td><td>11,200円</td></tr>
<tr><td>利用者負担</td><td>532円</td><td>666円</td><td>700円</td><td>804円</td><td>947円</td><td>1,033円</td><td>1,120円</td></tr>
<tr><td rowspan="2">多床室</td><td>費用（1日）</td><td>5,890円</td><td>7,440円</td><td>8,050円</td><td>9,100円</td><td>10,520円</td><td>11,390円</td><td>12,250円</td></tr>
<tr><td>利用者負担</td><td>589円</td><td>744円</td><td>805円</td><td>910円</td><td>1,052円</td><td>1,139円</td><td>1,225円</td></tr>
<tr><td rowspan="4">（Ⅱ）看護〈8:1〉
介護〈4:1〉</td><td rowspan="2">従来型個室</td><td>費用（1日）</td><td>5,320円</td><td>6,660円</td><td>7,000円</td><td>8,040円</td><td>9,070円</td><td>9,940円</td><td>10,800円</td></tr>
<tr><td>利用者負担</td><td>532円</td><td>666円</td><td>700円</td><td>804円</td><td>907円</td><td>994円</td><td>1,080円</td></tr>
<tr><td rowspan="2">多床室</td><td>費用（1日）</td><td>5,890円</td><td>7,440円</td><td>8,050円</td><td>9,100円</td><td>10,120円</td><td>10,980円</td><td>11,860円</td></tr>
<tr><td>利用者負担</td><td>589円</td><td>744円</td><td>805円</td><td>910円</td><td>1,012円</td><td>1,098円</td><td>1,186円</td></tr>
<tr><td rowspan="6">（3）ユニット型病院療養病床</td><td colspan="2" rowspan="2">ユニット型個室・
ユニット型個室的多床室</td><td>費用（1日）</td><td>6,050円</td><td>7,620円</td><td>8,170円</td><td>9,200円</td><td>11,430円</td><td>12,380円</td><td>13,230円</td></tr>
<tr><td>利用者負担</td><td>605円</td><td>762円</td><td>817円</td><td>920円</td><td>1,143円</td><td>1,238円</td><td>1,323円</td></tr>
<tr><td colspan="2" rowspan="2">ユニット型個室・ユニット型個室
的多床室【療養機能強化型A】</td><td>費用（1日）</td><td>6,330円</td><td>7,900円</td><td>8,450円</td><td>9,530円</td><td>11,860円</td><td>12,850円</td><td>13,740円</td></tr>
<tr><td>利用者負担</td><td>633円</td><td>790円</td><td>845円</td><td>953円</td><td>1,186円</td><td>1,285円</td><td>1,374円</td></tr>
<tr><td colspan="2" rowspan="2">ユニット型個室・ユニット型個室
的多床室【療養機能強化型B】</td><td>費用（1日）</td><td>6,230円</td><td>7,800円</td><td>8,350円</td><td>9,410円</td><td>11,710円</td><td>12,680円</td><td>13,560円</td></tr>
<tr><td>利用者負担</td><td>623円</td><td>780円</td><td>835円</td><td>941円</td><td>1,171円</td><td>1,268円</td><td>1,356円</td></tr>
<tr><td rowspan="2">（4）ユニット型病院療養病床　経過型</td><td colspan="2" rowspan="2">ユニット型個室・
ユニット型個室的多床室</td><td>費用（1日）</td><td>6,050円</td><td>7,620円</td><td>8,170円</td><td>9,200円</td><td>10,560円</td><td>11,410円</td><td>12,260円</td></tr>
<tr><td>利用者負担</td><td>605円</td><td>762円</td><td>817円</td><td>920円</td><td>1,056円</td><td>1,141円</td><td>1,226円</td></tr>
<tr><td rowspan="6">（5）特定病院療養病床短期入所療養介護費</td><td colspan="2" rowspan="2">3時間以上4時間未満</td><td>費用（1日）</td><td>—</td><td>—</td><td colspan="5">6,540円</td></tr>
<tr><td>利用者負担</td><td>—</td><td>—</td><td colspan="5">654円</td></tr>
<tr><td colspan="2" rowspan="2">4時間以上6時間未満</td><td>費用（1日）</td><td>—</td><td>—</td><td colspan="5">9,050円</td></tr>
<tr><td>利用者負担</td><td>—</td><td>—</td><td colspan="5">905円</td></tr>
<tr><td colspan="2" rowspan="2">6時間以上8時間未満</td><td>費用（1日）</td><td>—</td><td>—</td><td colspan="5">12,570円</td></tr>
<tr><td>利用者負担</td><td>—</td><td>—</td><td colspan="5">1,257円</td></tr>
</table>

〔おもな加算料〕 ロ 療養病床を有する病院

予防給付	介護給付	加算内容	加算料	利用者負担
○	○	認知症行動・心理症状緊急対応加算（7日間を限度）※1	2,000円/日	200円/日
○	○	若年性認知症利用者受入加算※2	1,200円/日	120円/日
○	○	認知症専門ケア加算（Ⅰ）	30円/日	3円/日
○	○	認知症専門ケア加算（Ⅱ）	40円/日	4円/日
○	○	利用者に送迎を行う場合	1,840円/片道	184円/片道

※1．（5）特定病院療養病床は加算対象外。
※2．（5）特定病院療養病床の加算料は上記の1/2（＋60単位/日）。

9 〔介護サービス／介護予防サービス〕短期入所療養介護

■（介護予防）短期入所療養介護の費用の目安（「その他の地域」（単価10円）、利用者負担１割で計算）

〔基本利用料〕　ハ　診療所

<table>
<tr><td colspan="3" align="center">種類・料金</td><td></td><td colspan="2" align="center">介護予防サービス</td><td colspan="5" align="center">介護サービス</td></tr>
<tr><td colspan="3" align="center">利用タイプ</td><td>費用／
利用者負担</td><td>要支援1</td><td>要支援2</td><td>要介護1</td><td>要介護2</td><td>要介護3</td><td>要介護4</td><td>要介護5</td></tr>
<tr><td rowspan="16">（1）診療所</td><td rowspan="12">（Ⅰ）診療所
看護〈6:1〉
介護〈6:1〉</td><td rowspan="2">従来型個室</td><td>費用（1日）</td><td>5,070円</td><td>6,370円</td><td>6,730円</td><td>7,220円</td><td>7,700円</td><td>8,180円</td><td>8,670円</td></tr>
<tr><td>利用者負担</td><td>507円</td><td>637円</td><td>673円</td><td>722円</td><td>770円</td><td>818円</td><td>867円</td></tr>
<tr><td rowspan="2">従来型個室
【療養機能強化型A】</td><td>費用（1日）</td><td>5,340円</td><td>6,640円</td><td>7,000円</td><td>7,520円</td><td>8,020円</td><td>8,520円</td><td>9,030円</td></tr>
<tr><td>利用者負担</td><td>534円</td><td>664円</td><td>700円</td><td>752円</td><td>802円</td><td>852円</td><td>903円</td></tr>
<tr><td rowspan="2">従来型個室
【療養機能強化型B】</td><td>費用（1日）</td><td>5,250円</td><td>6,550円</td><td>6,910円</td><td>7,410円</td><td>7,910円</td><td>8,400円</td><td>8,900円</td></tr>
<tr><td>利用者負担</td><td>525円</td><td>655円</td><td>691円</td><td>741円</td><td>791円</td><td>840円</td><td>890円</td></tr>
<tr><td rowspan="2">多床室</td><td>費用（1日）</td><td>5,640円</td><td>7,150円</td><td>7,770円</td><td>8,250円</td><td>8,750円</td><td>9,220円</td><td>9,710円</td></tr>
<tr><td>利用者負担</td><td>564円</td><td>715円</td><td>777円</td><td>825円</td><td>875円</td><td>922円</td><td>971円</td></tr>
<tr><td rowspan="2">従来型個室
【療養機能強化型A】</td><td>費用（1日）</td><td>5,960円</td><td>7,470円</td><td>8,090円</td><td>8,600円</td><td>9,110円</td><td>9,610円</td><td>10,120円</td></tr>
<tr><td>利用者負担</td><td>596円</td><td>747円</td><td>809円</td><td>860円</td><td>911円</td><td>961円</td><td>1,012円</td></tr>
<tr><td rowspan="2">従来型個室
【療養機能強化型B】</td><td>費用（1日）</td><td>5,850円</td><td>7,360円</td><td>7,980円</td><td>8,480円</td><td>8,980円</td><td>9,470円</td><td>9,980円</td></tr>
<tr><td>利用者負担</td><td>585円</td><td>736円</td><td>798円</td><td>848円</td><td>898円</td><td>947円</td><td>998円</td></tr>
<tr><td rowspan="4">（Ⅱ）診療所
看護・介護〈3:1〉</td><td rowspan="2">従来型個室</td><td>費用（1日）</td><td>4,510円</td><td>5,630円</td><td>5,960円</td><td>6,400円</td><td>6,830円</td><td>7,280円</td><td>7,710円</td></tr>
<tr><td>利用者負担</td><td>451円</td><td>563円</td><td>596円</td><td>640円</td><td>683円</td><td>728円</td><td>771円</td></tr>
<tr><td rowspan="2">多床室</td><td>費用（1日）</td><td>5,140円</td><td>6,490円</td><td>7,020円</td><td>7,450円</td><td>7,890円</td><td>8,320円</td><td>8,760円</td></tr>
<tr><td>利用者負担</td><td>514円</td><td>649円</td><td>702円</td><td>745円</td><td>789円</td><td>832円</td><td>876円</td></tr>
<tr><td colspan="2" rowspan="6">（2）ユニット型診療所
短期入所療養介護費</td><td rowspan="2">ユニット型個室・ユニット型個室的多床室</td><td>費用（1日）</td><td>5,890円</td><td>7,420円</td><td>7,980円</td><td>8,470円</td><td>8,950円</td><td>9,430円</td><td>9,920円</td></tr>
<tr><td>利用者負担</td><td>589円</td><td>742円</td><td>798円</td><td>847円</td><td>895円</td><td>943円</td><td>992円</td></tr>
<tr><td rowspan="2">ユニット型個室・ユニット型個室的多床室
【療養機能強化型A】</td><td>費用（1日）</td><td>6,160円</td><td>7,690円</td><td>8,250円</td><td>8,770円</td><td>9,270円</td><td>9,770円</td><td>10,280円</td></tr>
<tr><td>利用者負担</td><td>616円</td><td>769円</td><td>825円</td><td>877円</td><td>927円</td><td>977円</td><td>1,028円</td></tr>
<tr><td rowspan="2">ユニット型個室・ユニット型個室的多床室
【療養機能強化型B】</td><td>費用（1日）</td><td>6,070円</td><td>7,600円</td><td>8,160円</td><td>8,660円</td><td>9,160円</td><td>9,650円</td><td>10,150円</td></tr>
<tr><td>利用者負担</td><td>607円</td><td>760円</td><td>816円</td><td>866円</td><td>916円</td><td>965円</td><td>1,015円</td></tr>
<tr><td colspan="2" rowspan="6">（3）特定診療所
短期入所療養介護費</td><td rowspan="2">3時間以上4時間未満</td><td>費用（1日）</td><td>—</td><td>—</td><td colspan="5" align="center">6,540円</td></tr>
<tr><td>利用者負担</td><td>—</td><td>—</td><td colspan="5" align="center">654円</td></tr>
<tr><td rowspan="2">4時間以上6時間未満</td><td>費用（1日）</td><td>—</td><td>—</td><td colspan="5" align="center">9,050円</td></tr>
<tr><td>利用者負担</td><td>—</td><td>—</td><td colspan="5" align="center">905円</td></tr>
<tr><td rowspan="2">6時間以上8時間未満</td><td>費用（1日）</td><td>—</td><td>—</td><td colspan="5" align="center">12,570円</td></tr>
<tr><td>利用者負担</td><td>—</td><td>—</td><td colspan="5" align="center">1,257円</td></tr>
</table>

〔おもな加算料〕　ハ　診療所

予防給付	介護給付	加算内容	加算料	利用者負担
○	○	認知症行動・心理症状緊急対応加算（7日間を限度）[※1]	2,000円/日	200円/日
○	○	若年性認知症利用者受入加算[※2]	1,200円/日	120円/日
○	○	認知症専門ケア加算（Ⅰ）	30円/日	3円/日
○	○	認知症専門ケア加算（Ⅱ）	40円/日	4円/日
○	○	利用者に送迎を行う場合	1,840円/片道	184円/片道

※1．（3）特定診療所は加算対象外。
※2．（3）特定診療所の加算料は上記の1/2（＋60単位/日）。

第6章　サービスの種類と内容を知ろう

■（介護予防）短期入所療養介護の費用の目安（「その他の地域」（単価10円）、利用者負担1割で計算）

〔基本利用料〕　二　老人性認知症疾患療養病棟を有する病院

種類・料金 利用タイプ			費用／利用者負担	介護予防サービス 要支援1	要支援2	介護サービス 要介護1	要介護2	要介護3	要介護4	要介護5
（1）認知症疾患型短期入所療養介護費	（Ⅰ）大学病院 看護〈3:1〉介護〈6:1〉	従来型個室	費用（1日）	8,130円	9,740円	10,170円	10,810円	11,450円	12,090円	12,730円
			利用者負担	813円	974円	1,017円	1,081円	1,145円	1,209円	1,273円
		多床室	費用（1日）	9,190円	10,740円	11,220円	11,870円	12,500円	13,150円	13,780円
			利用者負担	919円	1,074円	1,122円	1,187円	1,250円	1,315円	1,378円
	（Ⅱ）一般病棟 看護〈4:1〉介護〈4:1〉	従来型個室	費用（1日）	7,500円	9,190円	9,620円	10,290円	10,970円	11,640円	12,300円
			利用者負担	750円	919円	962円	1,029円	1,097円	1,164円	1,230円
		多床室	費用（1日）	8,080円	9,980円	10,680円	11,350円	12,010円	12,700円	13,360円
			利用者負担	808円	998円	1,068円	1,135円	1,201円	1,270円	1,336円
	（Ⅲ）一般病棟 看護〈4:1〉介護〈5:1〉	従来型個室	費用（1日）	7,280円	8,920円	9,340円	10,000円	10,650円	11,300円	11,950円
			利用者負担	728円	892円	934円	1,000円	1,065円	1,130円	1,195円
		多床室	費用（1日）	7,860円	9,710円	10,400円	11,050円	11,710円	12,360円	13,000円
			利用者負担	786円	971円	1,040円	1,105円	1,171円	1,236円	1,300円
	（Ⅳ）一般病棟 看護〈4:1〉介護〈6:1〉	従来型個室	費用（1日）	7,160円	8,760円	9,190円	9,830円	10,470円	11,110円	11,750円
			利用者負担	716円	876円	919円	983円	1,047円	1,111円	1,175円
		多床室	費用（1日）	7,730円	9,550円	10,240円	10,890円	11,520円	12,170円	12,800円
			利用者負担	773円	955円	1,024円	1,089円	1,152円	1,217円	1,280円
	（Ⅴ）一般病棟 経過措置型	従来型個室	費用（1日）	6,560円	8,170円	8,600円	9,240円	9,880円	10,520円	11,160円
			利用者負担	656円	817円	860円	924円	988円	1,052円	1,116円
		多床室	費用（1日）	7,630円	9,180円	9,660円	10,290円	10,940円	11,580円	12,210円
			利用者負担	763円	918円	966円	1,029円	1,094円	1,158円	1,221円
（2）認知症疾患型経過型短期入所療養介護費		従来型個室	費用（1日）	5,640円	7,250円	7,670円	8,300円	8,950円	9,590円	10,230円
			利用者負担	564円	725円	767円	830円	895円	959円	1,023円
		多床室	費用（1日）	6,220円	8,040円	8,730円	9,360円	10,000円	10,650円	11,280円
			利用者負担	622円	804円	873円	936円	1,000円	1,065円	1,128円
（3）ユニット型認知症疾患型	（Ⅰ）大学病院　ユニット型個室・ユニット型個室的多床室		費用（1日）	9,390円	10,950円	11,430円	12,070円	12,710円	13,350円	13,990円
			利用者負担	939円	1,095円	1,143円	1,207円	1,271円	1,335円	1,399円
	（Ⅱ）一般病棟　ユニット型個室・ユニット型個室的多床室		費用（1日）	8,320円	10,240円	10,880円	11,550円	12,230円	12,900円	13,560円
			利用者負担	832円	1,024円	1,088円	1,155円	1,223円	1,290円	1,356円
（4）特定認知症疾患型短期入所療養介護費	3時間以上4時間未満		費用（1日）	—	—	6,540円				
			利用者負担	—	—	654円				
	4時間以上6時間未満		費用（1日）	—	—	9,050円				
			利用者負担	—	—	905円				
	6時間以上8時間未満		費用（1日）	—	—	12,570円				
			利用者負担	—	—	1,257円				

〔おもな加算料〕　二　老人性認知症疾患療養病棟を有する病院

予防給付	介護給付	加算内容	加算料	利用者負担
○	○	緊急短期入所受入加算（7日間を限度）※1	900円/日	90円/日
○	○	利用者に送迎を行う場合	1,840円/片道	184円/片道

※1．介護予防は算定対象外。

9 〔介護サービス／介護予防サービス〕短期入所療養介護

■（介護予防）短期入所療養介護の費用の目安

〔基本利用料〕 ホ 介護医療院

種類・料金	利用タイプ	費用／利用者負担	介護予防サービス 要支援1	要支援2	介護サービス 要介護1	要介護2	要介護3	要介護4	要介護5
(1) I型介護医療院 （I）	従来型個室	費用（1日）	5,760円	7,100円	7,440円	8,520円	10,850円	11,840円	12,730円
		利用者負担	576円	710円	744円	852円	1,085円	1,184円	1,273円
	多床室	費用（1日）	6,370円	7,920円	8,530円	9,610円	11,940円	12,930円	13,820円
		利用者負担	637円	792円	853円	961円	1,194円	1,293円	1,382円
（II）	従来型個室	費用（1日）	5,660円	7,000円	7,340円	8,400円	10,700円	11,670円	12,550円
		利用者負担	566円	700円	734円	840円	1,070円	1,167円	1,255円
	多床室	費用（1日）	6,250円	7,800円	8,410円	9,480円	11,770円	12,740円	13,620円
		利用者負担	625円	780円	841円	948円	1,177円	1,274円	1,362円
（III）	従来型個室	費用（1日）	5,500円	6,840円	7,180円	8,240円	10,540円	11,510円	12,390円
		利用者負担	550円	684円	718円	824円	1,054円	1,151円	1,239円
	多床室	費用（1日）	6,090円	7,640円	8,250円	9,320円	11,610円	12,580円	13,460円
		利用者負担	609円	764円	825円	932円	1,161円	1,258円	1,346円
(2) II型介護医療院 （I）	従来型個室	費用（1日）	5,490円	6,720円	6,990円	7,930円	9,970円	10,840円	11,620円
		利用者負担	549円	672円	699円	793円	997円	1,084円	1,162円
	多床室	費用（1日）	6,100円	7,540円	8,080円	9,020円	11,060円	11,930円	12,710円
		利用者負担	610円	754円	808円	902円	1,106円	1,193円	1,271円
（II）	従来型個室	費用（1日）	5,330円	6,560円	6,830円	7,770円	9,810円	10,680円	11,460円
		利用者負担	533円	656円	683円	777円	981円	1,068円	1,146円
	多床室	費用（1日）	5,940円	7,380円	7,920円	8,860円	10,900円	11,770円	12,550円
		利用者負担	594円	738円	792円	886円	1,090円	1,177円	1,255円
（III）	従来型個室	費用（1日）	5,220円	6,450円	6,720円	7,660円	9,700円	10,570円	11,350円
		利用者負担	522円	645円	672円	766円	970円	1,057円	1,135円
	多床室	費用（1日）	5,830円	7,270円	7,810円	8,750円	10,790円	11,660円	12,440円
		利用者負担	583円	727円	781円	875円	1,079円	1,166円	1,244円
(3) 特別介護医療院 I型特別介護医療院	従来型個室	費用（1日）	5,230円	6,500円	6,850円	7,850円	10,040円	10,960円	11,800円
		利用者負担	523円	650円	685円	785円	1,004円	1,096円	1,180円
	多床室	費用（1日）	5,790円	7,260円	7,860円	8,880円	11,050円	11,980円	12,810円
		利用者負担	579円	726円	786円	888円	1,105円	1,198円	1,281円
II型特別介護医療院	従来型個室	費用（1日）	4,980円	6,150円	6,400円	7,300円	9,240円	10,070円	10,810円
		利用者負担	498円	615円	640円	730円	924円	1,007円	1,081円
	多床室	費用（1日）	5,560円	6,930円	7,440円	8,340円	10,280円	11,100円	11,840円
		利用者負担	556円	693円	744円	834円	1,028円	1,110円	1,184円
(4)ユニット型I型介護医療院（I）	ユニット型個室・ユニット型個室的多床室	費用（1日）	6,580円	8,150円	8,700円	9,780円	12,110円	13,100円	13,990円
		利用者負担	658円	815円	870円	978円	1,211円	1,310円	1,399円
(4)ユニット型I型介護医療院（II）	ユニット型個室・ユニット型個室的多床室	費用（1日）	6,480円	8,050円	8,600円	9,660円	11,960円	12,930円	13,810円
		利用者負担	648円	805円	860円	966円	1,196円	1,293円	1,381円
(5)ユニット型II型介護医療院	ユニット型個室・ユニット型個室的多床室	費用（1日）	6,720円	8,180円	8,690円	9,690円	11,850円	12,770円	13,600円
		利用者負担	672円	818円	869円	969円	1,185円	1,277円	1,360円
(5)ユニット型I型特別介護医療院	ユニット型個室・ユニット型個室的多床室	費用（1日）	6,160円	7,650円	8,200円	9,200円	11,390円	12,310円	13,140円
		利用者負担	616円	765円	820円	920円	1,139円	1,231円	1,314円
(6)ユニット型II型特別介護医療院	ユニット型個室・ユニット型個室的多床室	費用（1日）	6,410円	7,790円	8,280円	9,230円	11,280円	12,160円	12,940円
		利用者負担	641円	779円	828円	923円	1,128円	1,216円	1,294円
(7)特定介護医療院短期入所療養介護費	3時間以上4時間未満	費用（1日）	—	—	6,540円				
		利用者負担	—	—	654円				
	4時間以上6時間未満	費用（1日）	—	—	9,050円				
		利用者負担	—	—	905円				
	6時間以上8時間未満	費用（1日）	—	—	12,570円				
		利用者負担	—	—	1,257円				

〔おもな加算料〕 ホ 介護医療院

予防給付	介護給付	加算内容	加算料	利用者負担
○	○	認知症行動・心理症状緊急対応加算（7日間を限度）※1	2,000円/日	200円/日
○	○	若年性認知症利用者受入加算※2	1,200円/日	120円/日
○	○	緊急時施設診療費　緊急時治療管理（1月に1回3日を限度）	5,110円/日	511円/日
○	○	認知症専門ケア加算（I）	30円/日	3円/日
○	○	認知症専門ケア加算（II）	40円/日	4円/日
○	○	利用者に送迎を行う場合※3	1,840円/片道	184円/片道

※1．（7）特定介護医療院は加算対象外。
※2．（7）特定介護医療院の加算料は上記の1/2（＋60単位/日）。
※3．介護予防は134単位/片道。

第6章　サービスの種類と内容を知ろう

10 居宅サービス⑩（施設に入居して利用するサービス）
〔介護サービス／介護予防サービス〕
特定施設入居者生活介護

▶対象となる有料老人ホームや軽費老人ホーム等に入居してもらい、食事や入浴などの日常生活上の支援や、機能訓練などが受けられるサービスです。

〔サービスの内容〕

「**特定施設入居者生活介護**」とは、利用者が可能な限り自立した日常生活を送ることができるよう、必要な介護や機能訓練が受けられるサービスです。

施設入居中に受けられる具体的なサービス内容は、**食事の提供・介助、入浴の介助、排泄の介助等日常生活上の支援や機能訓練**などです。

サービスの提供方法は①**一般型**（施設でひと通りの介護サービスを提供する）、②**外部サービス利用型**（ケアプラン作成など基本部分は施設が契約する外部の事業者が介護サービスを行う）の2タイプがあります。外部サービス利用型では、通常の居宅サービスよりも費用が割安に設定されていたり、福祉用具の貸与も受けられます。介護予防サービスにおけるサービス内容も同様です。

食費や滞在費、理美容代などは別途自己負担となります。また、施設によっては介護保険適用外のサービスを提供している場合があります。そのようなサービスが上乗せされないよう、事前にサービスメニューや料金の確認をしておくと安心です。

〔サービス提供主体〕

サービス提供は介護保険法における「特定施設」の指定を受けている以下の施設等で実施されています。

① 有料老人ホーム	③ 軽費老人ホーム（ケアハウス）
② 養護老人ホーム	④ サービス付き高齢者向け施設

〔利用対象者〕

日常生活は自立して行えるものの、自宅での一人暮らしが困難な要介護・要支援の方が対象です。

〔サービス提供の手続き〕

有料老人ホームなど「特定施設」の指定を受けている施設、最寄りの地域包括支援センターに相談してください。

10 〔介護サービス／介護予防サービス〕特定施設入居者生活介護

■（介護予防）特定施設入居者生活介護の費用の目安 （「その他の地域」（単価10円）、利用者負担1割で計算）

〔基本利用料〕

種類・料金		介護予防サービス		介護サービス				
利用タイプ	費用／利用者負担	要支援1	要支援2	要介護1	要介護2	要介護3	要介護4	要介護5
特定施設入居者	費用（1日）	1,800円	3,090円	5,340円	5,990円	6,680円	7,320円	8,000円
生活介護	利用者負担	180円	309円	534円	599円	668円	732円	800円
外部サービスを	費用（1日）	550円		820円				
利用する場合※1	利用者負担	55円		82円				
短期利用特定施設	費用（1日）	―	―	5,340円	5,990円	6,680円	7,320円	8,000円
入居者生活介護	利用者負担	―	―	534円	599円	668円	732円	800円

※1．外部サービスを利用する場合は、以下に記すサービス利用料金がプラスされます。

〔外部サービスを利用する場合の居宅介護サービス基本料金〕
○委託先の指定居宅サービス事業者が提供します。

加算内容			加算料	自己負担（1割）
訪問介護	身体介護 ※2時間以上は所要時間15分毎に36単位（加算料で360円）加算。	15分未満	950円	95円
		15分～30分未満	1,910円	191円
		30分～45分未満	2,600円	260円
		45分～1時間未満	3,460円	346円
		1～1時間15分未満	4,320円	432円
		1時間15分～1時間30分未満	5,180円	518円
		1時間30分～1時間45分未満	5,570円	557円
		1時間45分～2時間未満	5,930円	593円
	生活援助	15分未満	480円	48円
		15分～30分未満	950円	95円
		30分～45分未満	1,430円	143円
		45分～1時間未満	1,910円	191円
		1時間～1時間15分未満	2,170円	217円
		1時間15分以上	2,600円	260円
通院等乗降介助		1回（片道）	860円	86円
他の訪問系及び通所系サービス			90/100	
福祉用具貸与			通常の福祉用具貸与と同様	

※1．介護予防サービスについては、通常の各サービスの基本部分の90/100となります。

※2．上記サービスにかかる支給限度額は以下の通りです。

要介護度	要支援1	要支援2	要介護1	要介護2	要介護3	要介護4	要介護5
支給限度額	5,003単位	10,473単位	16,203単位	18,149単位	20,246単位	22,192単位	24,259単位

〔おもな加算料〕 利用するメニューにより加算されます。

特定施設入居者生活介護	短期利用特定施設入居者生活介護	加算内容	加算料	利用者負担
―	―	入居継続支援加算※1	360円/日	36円/日
―	―	生活機能向上連携加算※2	2,000円/月	200円/月
―	―	個別機能訓練加算	120円/日	12円/日
○	○	夜間看護体制加算※1	100円/日	10円/日
○	○	若年性認知症入居者受入加算	1,200円/日	120円/日
―	―	医療機関連携加算	800円/月	80円/月
―	―	口腔衛生管理体制加算	300円/月	30円/月
―	―	栄養スクリーニング加算（6月に1回を限度）	50円/回	5円/回

※1．介護予防サービスは加算対象外。

※2．個別機能訓練加算を算定している場合は100単位/月（加算料で1,000円/月）。

153

第6章　サービスの種類と内容を知ろう

11 居宅サービス⑪（在宅の生活を支えるサービス）
〔介護サービス／介護予防サービス〕
福祉用具貸与

▶**介護サービスでは車いす、介護ベッド、歩行器など計13種、介護予防サービスでは４種の福祉用具がレンタル可能です。**

〔サービスの内容〕

　介護保険サービスでは、要介護者・要支援者が自宅で自立した日常生活を送れるよう、レンタルサービスを実施している事業所より福祉用具を借りることが可能です。

　レンタルの対象となる福祉用具は、以下の13種類です。原則として、**要支援１・２、および要介護１の方は⑦〜⑩のみ利用**できます。また、**⑬は要介護４・５の方のみ利用**できます。

① 車いす	⑦ 手すり（取付け工事不要なもの）
② 車いす付属品（クッション、電動補助装置等）	⑧ スロープ（取付け工事不要なもの）
③ 特殊寝台	⑨ 歩行器
④ 特殊寝台付属品（マットレス、サイドレール、入浴用でない介助用ベルト等）	⑩ 歩行補助つえ（松葉、多点つえ等）
⑤ 床ずれ防止用具	⑪ 認知症高齢者徘徊感知機器
⑥ 体位変換器（起き上がり補助装置を含む）	⑫ 移動用リフト（吊り具を除く）
	⑬ 自動排泄処理装置（交換可能部品を除く）

　レンタルの際の福祉用具の搬入・搬出は貸与する事業者が行います。また、事業者には感染症の予防等を目的に利用後の福祉用具を消毒することが義務づけられています。貸与を希望する場合は、サービス担当者会議を経てケアマネジャーにケアプランを作成してもらう必要がありますので、まずはケアマネジャーに相談するのがベストです。必要な用具を選ぶにあたっては、福祉用具相談員や理学療法士など専門家にアドバイスを受けるとよいでしょう。

　利用額は、要介護度に応じた区分支給限度額まではレンタル料の１割または２割（2018年８月より高額所得者は３割）で利用できます。レンタル料金は自由価格のため同じ用具でも事業所によりある程度幅が生じます。そのため、果たしてレンタルした商品が適正価格なのか利用者には判断しづらく、是正を求める声も上がっていました。このことを踏まえ、2018年10月より、商品ごとの全国平均価格の公表や貸与価格の上限設定が実施されます。

〔利用対象者〕

　心身の機能が低下し、日常生活に支障のある要介護者、要支援者が対象です。

〔サービス提供の手続き〕

　最寄りの地域包括支援センター、居宅介護支援事業所にご相談ください。

12 居宅サービス⑫（在宅の生活を支えるサービス）〔介護サービス／介護予防サービス〕福祉用具購入費支給

▶腰掛便座、自動排泄処理装置など、再利用になじまない福祉用具について、購入費の9割または8割が支給されます。

〔サービスの内容〕

　排泄や入浴用等、衛生上再利用ができなかったり、使用により品質や形態が変化してしまう福祉用具は、福祉用具購入費の支給対象となります。原則として、1品目につき1回の購入に限り介護保険が適用されます。対象となる福祉用具は、以下の5種類です。

① 腰掛便座
② 自動排泄処理装置の交換可能部品（尿や便の経路となり、利用者本人や介護者が容易に交換できるもの）
③ 入浴補助用具（入浴用腰掛、浴槽用手すり、入浴用介助ベルトなど）
④ 簡易浴槽（空気式、折りたたみ式など移動が容易で取水・排水工事を伴わないもの）
⑤ 移動用リフトの吊り具部分

　利用者の負担は、商品代金の1割または2割（2018年8月より高額所得者は3割）です。利用に際しては、利用者が一旦代金を支払い、購入後市区町村窓口に支給申請することで費用の9割〜7割が支給される**償還払い**が主流です。一方で、受領委託払い（事前申請により自己負担額のみを支払うしくみ）を採用する市区町村も増加しています。購入費の上限は、要介護度に応じた区分支給限度額とは別枠で年間10万円（4月〜翌年3月）となります。

福祉用具購入費支給までの流れ

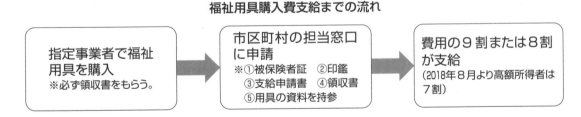

〔利用対象者〕

　心身の機能が低下し、日常生活に支障のある要介護者・要支援者が対象です。

〔サービス提供の手続き〕

　地域包括支援センター、市区町村の担当窓口、居宅介護支援事業所等にご相談ください。

第6章　サービスの種類と内容を知ろう

13 居宅サービス⑬（在宅の生活を支えるサービス）
〔介護サービス／介護予防サービス〕
住宅改修費の支給

▶バリアフリーを目的とした小規模な改修について、要介護度のレベルにかかわらず最高累計20万円まで支給を受けられます。

〔**サービスの内容**〕

　たとえ住み慣れた家でも、高齢になり心体機能が衰えてくると、階段の歩行やトイレの利用などに支障をきたすケースが多くなります。また、車いすなど福祉用具を購入しても、廊下に少しでも段差があれば事故の原因となるリスクが高まります。介護保険サービスでは、体の弱った高齢者が引き続き在宅で安全・快適な生活が送れるよう、小規模な住宅改修について、申請により改修した費用の一部を軽減してくれます。

　支給対象となる住宅改修の内容は、以下のとおりです。

① 手すりの取り付け	浴室、廊下、階段等への設置
② 段差・傾斜の解消	居室、トイレ、浴室など。付帯工事として転落防止柵の設置
③ 床または通路面の材料等の変更	滑り止め加工等
④ 扉の取り替え	開き戸 ➡ 引き戸へ
⑤ 便器の取り替え	和式 ➡ 洋式へ

※上記住宅改修にかかる付帯工事も給付対象となります。
※屋外部分の改修工事も給付対象となる場合があります。

　実際に住宅改修を行う場合は、福祉用具専門相談員や理学療法士、作業療法士など専門家と相談しながら改修内容を決定するのが無難です。

　利用者負担は住宅改修費用の1割または2割（2018（平成30）年8月より高額所得者は3割）です。尚、支給方法については、以下の2種類から選択する方式となっています。

受領委任払い （市区町村➡事業所に支給）	利用者は保険給付分の受領を事業所に委任し、利用者は費用の利用者負担割合分（1割～3割）を事業所に支払う。
償還払い （市区町村➡利用者に支給）	改修費用を利用者が事業所に支払い、支給申請後保険給付分（9割～7割）が市区町村から支給される。

　改修時の支給限度基準額は同一住宅で累計18万円（改修費用で累計20万円）です。

〔**利用対象者**〕

　在宅の要介護者・要支援者が必要な住宅改修を行う際に適用されます。

〔サービス利用の流れ（償還払いの場合）〕

　改修工事を行うにあたり介護保険の適用を受けるには、市区町村への支給申請が必要となります。以下に一般的な利用手続きの流れを示します。

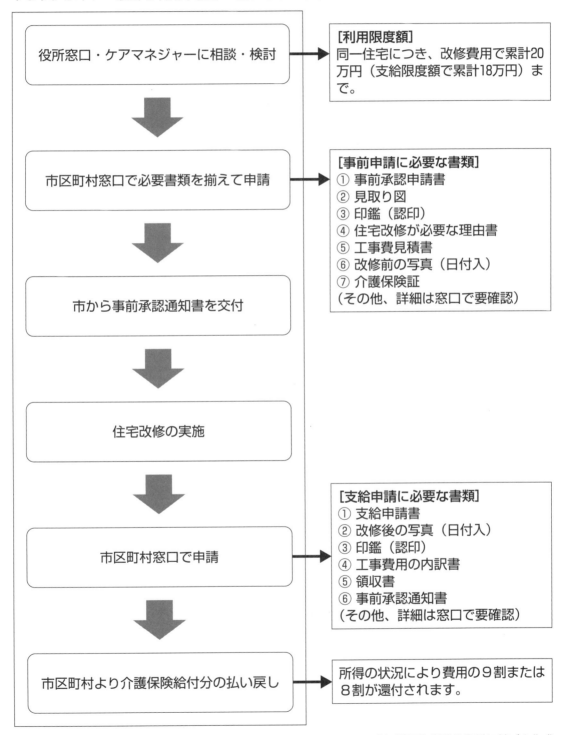

[出典]厚生労働省資料に基づき作成

第6章　サービスの種類と内容を知ろう

14 施設サービス①（施設に入所して利用するサービス）

〔介護サービス〕
介護老人福祉施設（特別養護老人ホーム）

▶常に介護が必要で、自宅での介護が困難な人を対象に、介護や日常生活上の支援を行う生活重視型の介護施設です。

〔サービスの内容〕

「**介護老人福祉施設**」では、介護や日常生活の支援など、〈生活〉に重点を置いた施設形態で、一般には**特別養護老人ホーム**と呼ばれます。3種類ある介護保険の施設サービスの中でも最も施設数・利用者数が多く、入所までに数年待ちといった施設も少なくありません。また、施設としての機能も、看取りニーズの対応に重点を置くなど、「終の住処」としての役割がいちだんと強化されています。

2005年度の法改正では**地域密着型サービス**が創設され、地域に根ざしたサテライト型の特別養護老人ホームなど小規模な介護老人福祉施設が各地で開設されました。これにより、利用者は住み慣れた地域の近くにある施設に入ることが可能となりました。さらに、入所者の重度化・高齢化に伴い高まる医療ニーズへの対応を踏まえ、夜間の看護体制や、他職種協働のチームによる**ターミナルケア（終末期医療）**体制が強化されています。

また、2015（平成27）年4月以降は**原則要介護3以上の方に入所が限定**されることとなりました（やむを得ない事情がある場合は、要介護1・2の人であっても特例的に入所は可能です）。

設置主体は自治体と社会福祉法人に限定され、新設・増床する場合は原則ユニット型施設のみとされています。利用者の傾向としては、多床室からプライバシーを重視した個室へのニーズが高まっています。

〔利用対象者〕

身体上、あるいは精神上著しい障害があるため常時介護を必要とし、かつ在宅での介護が困難な要介護者が対象です（要支援者は利用できません）。

〔配置される人員〕

医師（非常勤可）、看護師、介護職員、栄養士、機能訓練指導員、ケアマネジャー等

〔基本設備〕

居室（各居室の定員は原則4人以下）、食堂および機能訓練室、静養室、浴室、洗面所、トイレ、医務室など

14 〔介護サービス〕介護老人福祉施設（特別養護老人ホーム）

〔利用者の負担〕

　サービス費用の１割または２割（基本利用料、各種加算）、理美容代等を支払います。また、食費及び居住費も別途利用者負担となります。

〔サービス利用の手続き〕

　サービスの利用を希望される場合は、まず最寄りの地域包括支援センター等で情報を得るとよいでしょう。もちろん、入所を検討している介護老人福祉施設に直接問い合わせても構いません。入所先を決定したら、施設と契約し入所準備に入ります。

■介護老人福祉施設の費用の目安　　（「その他の地域」（単価10円）、利用者負担１割で計算）

〔基本利用料〕

基本部分			要介護１	要介護２	要介護３	要介護４	要介護５
介護福祉施設	従来型個室・多床室	費用（１日）	5,570円	6,250円	6,950円	7,630円	8,290円
		利用者負担	557円	625円	695円	763円	829円
経過的小規模介護福祉施設	従来型個室・多床室	費用（１日）	6,590円	7,240円	7,940円	8,590円	9,230円
		利用者負担	659円	724円	794円	859円	923円
ユニット型介護福祉施設	ユニット型個室・ユニット型個室的多床室※3	費用（１日）	6,360円	7,030円	7,760円	8,430円	9,100円
		利用者負担	636円	703円	776円	843円	910円
ユニット型経過的小規模介護福祉施設	ユニット型個室・ユニット型個室的多床室※3	費用（１日）	7,300円	7,950円	8,660円	9,310円	9,950円
		利用者負担	730円	795円	866円	931円	995円

※１．上記利用者負担額に居住費、食費、日常生活費（理美容費など）、その他必要に応じ利用したサービス加算をプラスした金額が実質の負担額となります。この他人員配置体制や施設の種類などによっても異なります。

※２．低所得の方には減額制度もあります（市区町村の介護保険窓口にご相談ください）。

※３．「ユニット型準個室」は「ユニット型個室的多床室」に名称が変更となりました（2018年４月〜）。

〔おもな加算料〕　利用するメニューにより別途加算されます。

加算内容			加算料	利用者負担
生活機能向上連携加算※１		１月	2,000円	200円
個別機能訓練加算		１日	120円	12円
配置医師緊急時対応加算	(1) 早朝・夜間の場合	１回	6,500円	650円
	(2) 深夜の場合	１回	13,000円	1,300円
褥瘡マネジメント加算（３月に１回を限度）		１月	100円	10円
排せつ支援加算		１月	1,000円	100円

※１．個別機能訓練加算を算定している場合は、＋100単位/月。

159

第6章　サービスの種類と内容を知ろう

15 施設サービス②（施設に入所して利用するサービス）〔介護サービス〕
介護老人保健施設

▶病状が安定期にある人が施設に入所し、在宅への復帰を目標に医学的管理のもとで介護・機能訓練が受けられるサービスです。

〔サービスの内容〕

「**介護老人保健施設**」とは、急性期の治療を終え病状が安定した高齢者が自宅に戻る準備段階として利用する等、医療と在宅との橋渡しを目的とするサービスを提供する施設の総称です。要介護者に対し、施設サービス計画に基づき、看護や医学的管理下での介護、機能訓練等の必要な医療、日常生活の支援を行います。

介護老人福祉施設、介護療養型医療施設が重度者の終の住処として機能を高めているのに対し、介護老人保健施設は「**在宅復帰支援機能**」を強化した施設であるといえます。

各施設には理学療法士、作業療法士、言語聴覚士といったリハビリ専門のスタッフが常駐し、短期・集中型のリハビリテーションを行うことで利用者の在宅復帰や在宅支援を目指しています。施設類型は通常型のほか、在宅復帰機能をより強化した「在宅強化型」、介護療養型医療施設（次項）からの移行の受け皿としても機能が見込まれる「療養型」「医療強化型」等があります。

設置主体は自治体、社会福祉法人、医療法人等で、定員は通常30人以上ですが、30人未満の小規模な介護老人保健施設も近年増加傾向にあります。

〔利用対象者〕

身体上、あるいは精神上著しい障害があるため常時介護を必要とし、かつ在宅での介護が困難な要介護者が対象です（要支援者は利用できません）。

〔配置される人員〕

・医師（常勤）　　・看護師　　　　・薬剤師　　　　・介護職員　　　　・栄養士
・理学療法士、作業療法士、言語聴覚士（いずれか１名以上）　　・ケアマネジャー　等

〔サービス利用の手続き〕

まず最寄りの地域包括支援センター等で情報を得るとよいでしょう。入所を検討している施設に直接問い合わせても構いません。入所先決定後、契約・入所準備に入ります。

160

15 〔介護サービス〕介護老人保健施設

■介護老人保健施設の費用の目安　（「その他の地域」（単価10円）、利用者負担１割で計算）

〔基本利用料〕

基本部分				要介護１	要介護２	要介護３	要介護４	要介護５
介護老人保健施設	(1)介護保健施設	〈従来型個室〉【基本型】★¹	費用（1日）	6,980円	7,430円	8,040円	8,560円	9,070円
			利用者負担	698円	743円	804円	856円	907円
		〈従来型個室〉【在宅強化型】★²	費用（1日）	7,390円	8,100円	8,720円	9,280円	9,830円
			利用者負担	739円	810円	872円	928円	983円
		〈多床室〉【基本型】★¹	費用（1日）	7,710円	8,190円	8,800円	9,310円	9,840円
			利用者負担	771円	819円	880円	931円	984円
		〈多床室〉【在宅強化型】★²	費用（1日）	8,180円	8,920円	9,540円	10,100円	10,650円
			利用者負担	818円	892円	954円	1,010円	1,065円
	(2)療養型老健（看護職員を配置）	〈従来型個室〉【療養型】	費用（1日）	7,230円	8,040円	9,170円	9,930円	10,670円
			利用者負担	723円	804円	917円	993円	1,067円
		〈多床室〉【療養型】	費用（1日）	8,000円	8,820円	9,960円	10,710円	11,450円
			利用者負担	800円	882円	996円	1,071円	1,145円
	(3)療養型老健（看護オンコール体制）	〈従来型個室〉【療養型】	費用（1日）	7,230円	7,980円	8,910円	9,660円	10,400円
			利用者負担	723円	798円	891円	966円	1,040円
		〈多床室〉【療養型】	費用（1日）	8,000円	8,760円	9,690円	10,430円	11,180円
			利用者負担	800円	876円	969円	1,043円	1,118円
	(4)特別介護保健施設	〈従来型個室〉★³	費用（1日）	6,840円	7,280円	7,880円	8,390円	8,890円
			利用者負担	684円	728円	788円	839円	889円
		〈多床室〉★³	費用（1日）	7,560円	8,030円	8,620円	9,120円	9,640円
			利用者負担	756円	803円	862円	912円	964円
ユニット型老健	(1)ユニット型老健	ユニット型個室・ユニット型個室的多床室【基本型】★¹	費用（1日）	7,770円	8,220円	8,840円	9,370円	9,880円
			利用者負担	777円	822円	884円	937円	988円
		ユニット型個室・ユニット型個室的多床室【在宅強化型】★²	費用（1日）	8,220円	8,960円	9,580円	10,140円	10,690円
			利用者負担	822円	896円	958円	1,014円	1,069円
	(2)〈療養型老健：看護職員を配置〉	ユニット型個室・ユニット型個室的多床室【療養型】	費用（1日）	8,850円	9,660円	10,790円	11,550円	12,290円
			利用者負担	885円	966円	1,079円	1,155円	1,229円
	(3)〈療養型老健：看護オンコール体制〉	ユニット型個室・ユニット型個室的多床室【療養型】	費用（1日）	8,850円	9,600円	10,530円	11,280円	12,020円
			利用者負担	885円	960円	1,053円	1,128円	1,202円
	(4)養老型特別介護保健施設	ユニット型個室・ユニット型個室的多床室★³	費用（1日）	7,610円	8,060円	8,660円	9,180円	9,680円
			利用者負担	761円	806円	866円	918円	968円

※１．★１は在宅復帰・在宅療養支援機能加算（Ⅰ）、★２は在宅復帰・在宅療養支援機能加算（Ⅱ）の加算が可能です。
※２．★３は短期集中リハビリテーション実施加算の加算対象外。
※３．食費・居住費（部屋代・光熱費など）、日常生活費（理美容代など）は別途必要になります。
※４．低所得の方には減額制度もあり（市区町村の介護保険窓口に申請してください）。

〔おもな加算料〕　利用するメニューにより別途加算されます。

加算内容		加算料	利用者負担
夜勤職員配置加算	1日	240円	24円
短期集中リハビリテーション実施加算（週３日を限度）	1日	120円	12円
若年性認知症入所者受入加算	1日	1,200円	120円
在宅復帰・在宅療養支援機能加算（Ⅰ）★¹	1日	340円	34円
在宅復帰・在宅療養支援機能加算（Ⅱ）★²	1日	460円	46円

161

第6章　サービスの種類と内容を知ろう

16 施設サービス③（施設に入所して利用するサービス）
〔介護サービス〕
介護療養型医療施設（療養病床等）

▶病状が安定期にある長期療養を必要とする人が施設に入所し、医学的管理のもとで介護や看護、機能訓練が受けられるサービスです。

〔サービスの内容〕

　「**介護療養型医療施設**」とは、長期にわたり療養を必要とする要介護者を対象に、療養病床等を有する病院や診療所で、ケアプランに基づき療養上の管理や看護、医学的管理下での介護等の世話や必要な医療を行う施設です。

　利用できるサービスは、①医療及び医学的管理、②日常生活上の世話、③リハビリテーション、④認知症の方への対応、⑤ターミナルケア（終末期医療）等です。これに本人や家族の希望を踏まえながら、施設のケアマネジャーがケアプランを作成し、サービスを提供します。

　介護療養型医療施設には、大きく以下の３種類があります。

①療養病床を有する病院	リハビリや食堂、お風呂など介護に必要な設備の充実度が高い。プランは施設内のケアマネジャーが担当。
②療養病床を有する診療所	療養病床を有する病院とほぼ同様だが、お風呂がない等病院に比べ設備が十分とはいえない診療所も。
③老人性認知症疾患療養病棟	重度の認知症を患い、介護老人福祉施設などでは対応しきれない方に医学的管理や介護を行う療養病床。

　このうち、①療養病床を有する病院・診療所について、医療と介護の機能分担を明確にする等の理由から2018年３月末に廃止されることとなる予定でした。しかしながら、介護保険施設等受け皿となる施設への転換がはかどらず、さらに６年間延長となっています。

〔利用対象者〕

　病状が安定している長期療養患者のうち、カテーテルを装着している等常に医療管理が必要な要介護者が対象です（要支援者は利用できません）。

〔配置される人員〕

・医師　　　　　・薬剤師　　　　・看護師　　　　　・介護職員　　　　・理学療法士
・作業療法士　・栄養士　　　　・ケアマネジャー　等

〔サービス利用の手続き〕

　サービスの利用を希望される場合は、まず主治医や最寄りの地域包括支援センター等に相談してみましょう。入所先を決定したら、病院や診療所と契約し、入所準備に入ります。

162

16 〔介護サービス〕介護療養型医療施設（療養病床等）

■介護療養型医療施設の費用の目安　（「その他の地域」（単価10円）、利用者負担１割で計算）

〔基本利用料〕　イ 療養病床を有する病院における介護療養施設サービス

種類・料金			費用／利用者負担	介護サービス				
利用タイプ				要介護1	要介護2	要介護3	要介護4	要介護5
（1）療養型	（Ⅰ）看護〈6:1〉介護〈4:1〉	従来型個室	費用（1日）	6,410円	7,440円	9,670円	10,620円	11,470円
			利用者負担	641円	744円	967円	1,062円	1,147円
		従来型個室【療養機能強化型A】	費用（1日）	6,690円	7,770円	10,100円	11,090円	11,980円
			利用者負担	669円	777円	1,010円	1,109円	1,198円
		多床室【療養機能強化型B】	費用（1日）	6,590円	7,650円	9,950円	10,920円	11,800円
			利用者負担	659円	765円	995円	1,092円	1,180円
		多床室	費用（1日）	7,450円	8,480円	10,710円	11,660円	12,510円
			利用者負担	745円	848円	1,071円	1,166円	1,251円
		多床室【療養機能強化型A】	費用（1日）	7,780円	8,860円	11,190円	12,180円	13,070円
			利用者負担	778円	886円	1,119円	1,218円	1,307円
		多床室【療養機能強化型B】	費用（1日）	7,660円	8,730円	11,020円	11,990円	12,870円
			利用者負担	766円	873円	1,102円	1,199円	1,287円
	（Ⅱ）看護〈6:1〉介護〈5:1〉	従来型個室	費用（1日）	5,860円	6,890円	8,410円	9,870円	10,270円
			利用者負担	586円	689円	841円	987円	1,027円
		従来型個室【療養機能強化型】	費用（1日）	6,010円	7,070円	8,620円	10,120円	10,530円
			利用者負担	601円	707円	862円	1,012円	1,053円
		多床室	費用（1日）	6,910円	7,940円	9,450円	10,920円	11,310円
			利用者負担	691円	794円	945円	1,092円	1,131円
		多床室【療養機能強化型】	費用（1日）	7,090円	8,140円	9,690円	11,190円	11,590円
			利用者負担	709円	814円	969円	1,119円	1,159円
	（Ⅲ）看護〈6:1〉介護〈6:1〉	従来型個室	費用（1日）	5,640円	6,700円	8,130円	9,620円	10,010円
			利用者負担	564円	670円	813円	962円	1,001円
		多床室	費用（1日）	6,700円	7,750円	9,190円	10,680円	11,070円
			利用者負担	670円	775円	919円	1,068円	1,107円
（2）療養型経過型	（Ⅰ）看護〈6:1〉介護〈4:1〉	従来型個室	費用（1日）	6,500円	7,540円	8,970円	9,830円	10,700円
			利用者負担	650円	754円	897円	983円	1,070円
		多床室	費用（1日）	7,550円	8,600円	10,020円	10,890円	11,750円
			利用者負担	755円	860円	1,002円	1,089円	1,175円
	（Ⅱ）看護〈8:1〉介護〈4:1〉	従来型個室	費用（1日）	6,500円	7,540円	8,570円	9,440円	10,300円
			利用者負担	650円	754円	857円	944円	1,030円
		多床室	費用（1日）	7,550円	8,600円	9,620円	10,480円	11,360円
			利用者負担	755円	860円	962円	1,048円	1,136円
（3）ユニット型療養型		ユニット型個室・ユニット型個室的多床室	費用（1日）	7,670円	8,700円	10,930円	11,880円	12,730円
			利用者負担	767円	870円	1,093円	1,188円	1,273円
		ユニット型個室・ユニット型個室的多床室【療養機能強化型A】	費用（1日）	7,950円	9,030円	11,360円	12,350円	13,240円
			利用者負担	795円	903円	1,136円	1,235円	1,324円
		ユニット型個室・ユニット型個室的多床室【療養機能強化型B】	費用（1日）	7,850円	8,910円	11,210円	12,180円	13,060円
			利用者負担	785円	891円	1,121円	1,218円	1,306円
（4）ユニット型療養型経過型		ユニット型個室・ユニット型個室的多床室	費用（1日）	7,670円	8,700円	10,060円	10,910円	11,760円
			利用者負担	767円	870円	1,006円	1,091円	1,176円

※1. 食費・居住費（部屋代・光熱費など）、日常生活費（理美容代など）は別途必要になります。

〔おもな加算料〕　利用するメニューにより別途加算されます。

加算内容		加算料	利用者負担
低栄養リスク改善加算※1	1月	3,000円	300円
経口移行加算※2	1日	280円	28円
排せつ支援加算	1月	1,000円	100円

※1. 栄養マネジメント加算を算定していない場合及び経口移行加算・経口維持加算を算定している場合は適用されません。
※2. 栄養マネジメント加算を算定していない場合は算定不可。

163

第6章　サービスの種類と内容を知ろう

■介護療養型医療施設の費用の目安　（「その他の地域」（単価10円）、利用者負担１割で計算）

〔基本利用料〕　ロ 療養病床を有する診療所における介護療養施設サービス

種類・料金			費用／利用者負担	介護サービス				
利用タイプ				要介護１	要介護２	要介護３	要介護４	要介護５
（1）診療所型	（Ⅰ）看護〈6:1〉介護〈4:1〉	従来型個室	費用（1日）	6,230円	6,720円	7,200円	7,680円	8,170円
			利用者負担	623円	672円	720円	768円	817円
		従来型個室【療養機能強化型A】	費用（1日）	6,500円	7,020円	7,520円	8,020円	8,530円
			利用者負担	650円	702円	752円	802円	853円
		従来型個室【療養機能強化型B】	費用（1日）	6,410円	6,910円	7,410円	7,900円	8,400円
			利用者負担	641円	691円	741円	790円	840円
		多床室	費用（1日）	7,270円	7,750円	8,250円	8,720円	9,210円
			利用者負担	727円	775円	825円	872円	921円
		多床室【療養機能強化型A】	費用（1日）	7,590円	8,100円	8,610円	9,110円	9,620円
			利用者負担	759円	810円	861円	911円	962円
		多床室【療養機能強化型B】	費用（1日）	7,480円	7,980円	8,480円	8,970円	9,480円
			利用者負担	748円	798円	848円	897円	948円
	（Ⅱ）看護・介護〈3:1〉	従来型個室	費用（1日）	5,460円	5,900円	6,330円	6,780円	7,210円
			利用者負担	546円	590円	633円	678円	721円
		従来型個室【療養機能強化型】	費用（1日）	6,520円	6,950円	7,390円	7,820円	8,260円
			利用者負担	652円	695円	739円	782円	826円
（2）ユニット型診療所型		ユニット型個室・ユニット型個室的多床室	費用（1日）	7,480円	7,970円	8,450円	8,930円	9,420円
			利用者負担	748円	797円	845円	893円	942円
		ユニット型個室・ユニット型個室的多床室【療養機能強化型A】	費用（1日）	7,750円	8,270円	8,770円	9,270円	9,780円
			利用者負担	775円	827円	877円	927円	978円
		ユニット型個室・ユニット型個室的多床室【療養機能強化型B】	費用（1日）	7,660円	8,160円	8,660円	9,150円	9,650円
			利用者負担	766円	816円	866円	915円	965円

※1．食費・居住費（部屋代・光熱費など）、日常生活費（理美容代など）は別途必要になります。

〔おもな加算料〕　利用するメニューにより別途加算されます。

加算内容			加算料	利用者負担
退院時指導等加算[※1]	退院前訪問指導加算（入院中１回（又は２回）を限度	1回	4,600円	460円
	退院後訪問指導加算（退院後１回を限度）	1回	4,600円	460円
	退院時指導加算	1回	4,000円	400円
	退院時情報提供加算	1回	5,000円	500円
	退院前連携加算	1回	5,000円	500円
低栄養リスク改善加算[※1][※2]		1月	3,000円	300円
経口移行加算[※1][※3]		1日	280円	28円
経口維持加算（Ⅰ）[※1][※3]		1月	4,000円	400円
経口維持加算（Ⅱ）[※2][※4]		1月	1,000円	100円
排せつ支援加算[※1]		1月	1,000円	100円
口腔衛生管理体制加算[※3][※5]		1月	300円	30円
口腔衛生管理加算[※4][※6]		1月	900円	90円

※1．一定の要件を満たす入院患者の数が規準に満たない場合には、※1は適用されません。
※2．栄養マネジメント加算を算定していない場合及び経口移行加算・経口維持加算を算定している場合は適用されません。
※3．栄養マネジメント加算を算定していない場合は算定不可。
※4．経口維持加算（Ⅰ）を算定していない場合には算定不可。
※5．［算定要件］歯科医師又は歯科医師の指示を受けた歯科衛生士が、介護職員に対する口腔ケアに係る技術的助言及び指導を月１回以上行っている場合。
※6．［算定要件］歯科医師の指示を受けた歯科衛生士が入所者に対し口腔ケアを月２回以上行い、当該入所者に係る口腔ケアについて、介護職員に対し具体的な技術的助言及び指導を行った場合。口腔衛生管理体制加算を算定していない場合は算定不可。

16 〔介護サービス〕介護療養型医療施設（療養病床等）

■介護療養型医療施設の費用の目安　（「その他の地域」（単価10円）、利用者負担１割で計算）

〔基本利用料〕　ハ 老人性認知症疾患療養病棟を有する病院における介護療養施設サービス

種類・料金 利用タイプ			費用／ 利用者負担	介護サービス 要介護1	要介護2	要介護3	要介護4	要介護5
（1）認知症疾患型医療施設	（Ⅰ）大学病院 看護〈3:1〉 介護〈6:1〉	従来型個室	費用（1日）	9,670円	10,310円	10,950円	11,590円	12,230円
			利用者負担	967円	1,031円	1,095円	1,159円	1,223円
		多床室	費用（1日）	10,720円	11,370円	12,000円	12,650円	13,280円
			利用者負担	1,072円	1,137円	1,200円	1,265円	1,328円
	（Ⅱ）一般病院 看護〈4:1〉 介護〈4:1〉	従来型個室	費用（1日）	9,120円	9,790円	10,470円	11,140円	11,800円
			利用者負担	912円	979円	1,047円	1,114円	1,180円
		多床室	費用（1日）	10,180円	10,850円	11,510円	12,200円	12,860円
			利用者負担	1,018円	1,085円	1,151円	1,220円	1,286円
	（Ⅲ）一般病院 看護〈4:1〉 介護〈5:1〉	従来型個室	費用（1日）	8,840円	9,500円	10,150円	10,800円	11,450円
			利用者負担	884円	950円	1,015円	1,080円	1,145円
		多床室	費用（1日）	9,900円	10,550円	11,210円	11,860円	12,500円
			利用者負担	990円	1,055円	1,121円	1,186円	1,250円
	（Ⅳ）一般病院 看護〈4:1〉 介護〈6:1〉	従来型個室	費用（1日）	8,690円	9,330円	9,970円	10,610円	11,250円
			利用者負担	869円	933円	997円	1,061円	1,125円
		多床室	費用（1日）	9,740円	10,390円	11,020円	11,670円	12,300円
			利用者負担	974円	1,039円	1,102円	1,167円	1,230円
	（Ⅴ）一般病院経過 措置型	従来型個室	費用（1日）	8,100円	8,740円	9,380円	10,020円	10,660円
			利用者負担	810円	874円	938円	1,002円	1,066円
		多床室	費用（1日）	9,160円	9,790円	10,440円	11,080円	11,710円
			利用者負担	916円	979円	1,044円	1,108円	1,171円
（2）認知症疾患型経過型 介護療養施設		従来型個室	費用（1日）	7,170円	7,800円	8,450円	9,090円	9,730円
			利用者負担	717円	780円	845円	909円	973円
		多床室	費用（1日）	8,230円	8,860円	9,500円	10,150円	10,780円
			利用者負担	823円	886円	950円	1,015円	1,078円
（3）ユニット型認知症疾 患型介護療養施設	（Ⅰ）大学病院 ユニット型個室・ユニット型個室的多床室		費用（1日）	10,930円	11,570円	12,210円	12,850円	13,490円
			利用者負担	1,093円	1,157円	1,221円	1,285円	1,349円
	（Ⅱ）一般病棟 ユニット型個室・ユニット型個室的多床室		費用（1日）	10,380円	11,050円	11,730円	12,400円	13,060円
			利用者負担	1,038円	1,105円	1,173円	1,240円	1,306円

※1．食費・居住費（部屋代・光熱費など）、日常生活費（理美容代など）は別途必要になります。

〔おもな加算料〕　利用するメニューにより別途加算されます。

加算内容		加算料	利用者負担
低栄養リスク改善加算※1※2	1月	3,000円	300円
経口移行加算※1※3	1日	280円	28円
経口維持加算（Ⅰ）※1※3	1月	4,000円	400円
経口維持加算（Ⅱ）※2※4	1月	1,000円	100円
排せつ支援加算※1	1月	1,000円	100円
口腔衛生管理体制加算※3※5	1月	300円	30円
口腔衛生管理加算※4※6	1月	900円	90円

※1．一定の要件を満たす入院患者の数が規準に満たない場合には、※1は適用されません。
※2．栄養マネジメント加算を算定していない場合及び経口移行加算・経口維持加算を算定している場合は適用されません。
※3．栄養マネジメント加算を算定していない場合は算定不可。
※4．経口維持加算（Ⅰ）を算定していない場合には算定不可。
※5．［算定要件］歯科医師又は歯科医師の指示を受けた歯科衛生士が、介護職員に対する口腔ケアに係る技術的助言及び指導を月１回以上行っている場合。
※6．［算定要件］歯科医師の指示を受けた歯科衛生士が入所者に対し口腔ケアを月２回以上行い、当該入所者に係る口腔ケアについて、介護職員に対し具体的な技術的助言及び指導を行った場合。口腔衛生管理体制加算を算定していない場合は算定不可。

第6章　サービスの種類と内容を知ろう

17 施設サービス④（施設に入所して利用するサービス）
〔介護サービス〕
介護医療院

▶医療と介護の複合的ニーズに対応するため新たに創設された施設で、従来の「療養機能強化型」と「転換老健」に相当する２つの類型を備えています。

〔サービスの内容〕

　『介護医療院』は、利用者の日常的な医療管理等の医療ニーズに対応するため、「長期療養のための医療」、「日常生活上の世話（介護）」を一体的に提供する介護保険施設として2018（平成30）年４月より新たに創設されました（介護保険法上は介護保険施設、医療法上は医療提供施設として法的に位置づけられています）。従来の医療療養病床と同等の医療機能、何度も廃止が検討されながら今回も６年（2023年度末まで）延長になった介護療養型医療施設（介護療養病床）の新たな受け皿として、今後期待が高まる施設です。

　サービス類型には、介護療養病床（療養機能強化型）相当のサービス（Ⅰ型）と、介護老人保健施設相当以上のサービス（Ⅱ型）の２つのサービスが提供されるよう、設備や運営基準が設定されています。また、医療機関と併設する場合宿直医師の兼任を可能とするなど、人員基準や設備共用にも医療と介護の連携が図られています。

〔利用対象者〕

　重篤な身体疾患や身体合併症を有する認知症高齢者、および病状が安定している長期医療患者が対象です。

〔サービス利用の手続き〕

　市区町村の窓口、居宅介護支援事業者、地域包括支援センター等にご相談ください。

介護医療院のイメージ

＜介護医療院の基本的な性格・設置基準等について＞

	（Ⅰ）	（Ⅱ）
基本的性格	要介護高齢者の長期療養・生活施設	
設置根拠（法律）	介護保険法 ※生活施設としての機能重視を明確化。 ※医療は提供するため、医療法の医療提供施設にする。	
主な利用者像	重篤な身体疾患を有する者及び身体合併症を有する認知症高齢者等（療養機能強化型A・B相当）	左記と比べて、容体は比較的安定した者
施設基準（最低基準）	介護療養病床相当 （参考：現行の介護療養病床の基準） 医師　48対1（3人以上） 看護　6対1 介護　6対1　～	老健施設相当以上 （参考：現行の老健施設の基準） 医師　100対1（1人以上） 看護　3対1 介護　※うち看護2/7程度
面積	老健施設相当（8.0㎡/床） ※多床室の場合でも、家具やパーテーション等による間仕切りの設置など、プライバシーに配慮した療養環境の整備を検討。	
低所得者への配慮（法律）	補足給付の対象	

［出典］第5回療養病床の在り方等に関する特別部会資料（一部改変）

17 〔介護サービス〕介護医療院

■介護医療院の費用の目安　　（「その他の地域」（単価10円）、利用者負担１割で計算）

〔基本利用料〕

種類・料金			費用／ 利用者負担	介護サービス				
利用タイプ				要介護1	要介護2	要介護3	要介護4	要介護5
（1）Ⅰ型介護医療院	（Ⅰ）	従来型個室	費用（1日）	6,940円	8,020円	10,350円	11,340円	12,230円
			利用者負担	694円	802円	1,035円	1,134円	1,223円
		多床室	費用（1日）	8,030円	9,110円	11,440円	12,430円	13,320円
			利用者負担	803円	911円	1,144円	1,243円	1,332円
	（Ⅱ）	従来型個室	費用（1日）	6,840円	7,900円	10,200円	11,170円	12,050円
			利用者負担	684円	790円	1,020円	1,117円	1,205円
		多床室	費用（1日）	7,910円	8,980円	11,270円	12,240円	13,120円
			利用者負担	791円	898円	1,127円	1,224円	1,312円
	（Ⅲ）	従来型個室	費用（1日）	6,680円	7,740円	10,040円	11,010円	11,890円
			利用者負担	668円	774円	1,004円	1,101円	1,189円
		多床室	費用（1日）	7,750円	8,820円	11,110円	12,080円	12,960円
			利用者負担	775円	882円	1,111円	1,208円	1,296円
（2）Ⅱ型介護医療院	（Ⅰ）	従来型個室	費用（1日）	6,490円	7,430円	9,470円	10,340円	11,120円
			利用者負担	649円	743円	947円	1,034円	1,112円
		多床室	費用（1日）	7,580円	8,520円	10,560円	11,430円	12,210円
			利用者負担	758円	852円	1,056円	1,143円	1,221円
	（Ⅱ）	従来型個室	費用（1日）	6,330円	7,270円	9,310円	10,180円	10,960円
			利用者負担	633円	727円	931円	1,018円	1,096円
		多床室	費用（1日）	7,420円	8,360円	10,400円	11,270円	12,050円
			利用者負担	742円	836円	1,040円	1,127円	1,205円
	（Ⅲ）	従来型個室	費用（1日）	6,220円	7,160円	9,200円	10,070円	10,850円
			利用者負担	622円	716円	920円	1,007円	1,085円
		多床室	費用（1日）	7,310円	8,250円	10,290円	11,660円	11,940円
			利用者負担	731円	825円	1,029円	1,166円	1,194円
（3）特別介護医療院	Ⅰ型特別介護医療院	従来型個室	費用（1日）	6,350円	7,350円	9,540円	10,460円	11,300円
			利用者負担	635円	735円	954円	1,046円	1,130円
		多床室	費用（1日）	7,360円	8,380円	10,550円	11,480円	12,310円
			利用者負担	736円	838円	1,055円	1,148円	1,231円
	Ⅱ型特別介護医療院	従来型個室	費用（1日）	5,900円	6,800円	8,740円	9,570円	10,310円
			利用者負担	590円	680円	874円	957円	1,031円
		多床室	費用（1日）	6,940円	7,840円	9,780円	10,600円	11,340円
			利用者負担	694円	784円	978円	1,060円	1,134円
（4）ユニット型Ⅰ型介護医療院	（1）ユニット型個室・ ユニット型個室的多床室		費用（1日）	8,200円	9,280円	11,610円	12,600円	13,490円
			利用者負担	820円	928円	1,161円	1,260円	1,349円
	（2）ユニット型個室・ ユニット型個室的多床室		費用（1日）	8,100円	9,160円	11,460円	12,430円	13,310円
			利用者負担	810円	916円	1,146円	1,243円	1,331円
（5）ユニット型Ⅱ型介護医療院	ユニット型個室・ ユニット型個室的多床室		費用（1日）	8,190円	9,190円	11,350円	12,270円	13,100円
			利用者負担	819円	919円	1,135円	1,227円	1,310円
（6）ユニット型Ⅰ型特別介護医療院	ユニット型個室・ ユニット型個室的多床室		費用（1日）	7,700円	8,700円	10,890円	11,810円	12,640円
			利用者負担	770円	870円	1,089円	1,181円	1,264円
（7）ユニット型Ⅱ型特別介護医療院	ユニット型個室・ ユニット型個室的多床室		費用（1日）	7,780円	8,730円	10,780円	11,660円	12,440円
			利用者負担	778円	873円	1,078円	1,166円	1,244円

※1. 食費・居住費（部屋代・光熱費など）、日常生活費（理美容代など）は別途必要になります。

〔おもな加算料〕　利用するメニューにより別途加算されます。

加算内容			加算料	利用者負担
試行的退所サービス費（1月に6日を限度）		1日	8,000円	800円
他科受診時費用（1月に4日を限度）		1日	3,620円	362円
認知症行動・心理症状緊急対応加算（入所後7日以内）		1日	2,000円	200円
重度認知症疾患療養体制加算	（Ⅰ）要介護1・2	1日	1,400円	140円
	（Ⅰ）要介護3・4・5	1日	400円	40円
	（Ⅱ）要介護1・2	1日	2,000円	200円
	（Ⅱ）要介護3・4・5	1日	1,000円	100円

167

第6章　サービスの種類と内容を知ろう

18 地域密着型サービス①（在宅で利用するサービス）
〔介護サービス〕
定期巡回・随時対応型訪問介護看護

▶主に中重度の居宅要介護者に対し、介護スタッフが24時間体制で定期巡回訪問を行い、必要に応じ随時対応を行うサービスです。

〔サービスの内容〕

日中・夜間を通じて実施される24時間体制の訪問サービスで、訪問介護と訪問看護を密接に連携させながら、短時間の定期巡回型訪問と随時の対応を行います。

サービスの提供体制は、同一の事業所から一体的に介護・看護サービスが提供される「一体型」と、訪問介護と看護が別々の事業所より連携して提供される「連携型」の2種類があります。サービス内容は、以下の4種類です。

①定期巡回サービス	訪問スタッフが定期的に利用者宅を訪問し短時間の介護や看護サービスを行う
②随時対応サービス	通報を受けたオペレーターが利用者宅にスタッフ派遣の要否等を判断する
③随時訪問サービス	オペレーターの要請でスタッフが随時利用者宅を訪問、介護・看護サービスを行う
④訪問看護サービス	主治医の指示に基づき看護師等が利用者宅にて看護サービスを提供する

〔利用対象者〕

当該市区町村にお住まいの要介護者が対象です。

〔サービス利用の手続き〕

各市区町村の介護保険担当窓口、地域包括支援センター等にご相談ください。

■定期巡回・随時対応型訪問介護看護の費用の目安（「その他の地域」（単価10円）、利用者負担1割で計算）
〔基本利用料〕

基本部分			要介護1	要介護2	要介護3	要介護4	要介護5
一体型	（A）訪問看護を行わない場合	費用（1月）※1	56,660円	101,140円	167,930円	212,420円	256,900円
		利用者負担	5,666円	10,114円	16,793円	21,242円	25,690円
	（B）訪問看護を行う場合	費用（1月）※1	82,670円	129,150円	197,140円	243,020円	294,410円
		利用者負担	8,267円	12,915円	19,714円	24,302円	29,441円
（C）連携型		費用（1月）※1	56,660円	101,140円	167,930円	212,420円	256,900円
		利用者負担	5,666円	10,114円	16,793円	21,242円	25,690円

※1．准看護師によりサービス提供される場合は基本部分×98/100。

〔おもな加算料〕　利用するメニューにより別途加算されます。　　　（利用者負担1割で計算）

加算内容		加算料	利用者負担
総合マネジメント体制強化加算	1月	10,000円	1,000円
緊急時訪問看護加算	1月	3,150円	315円
特別管理加算	1月	3,000円	300円
ターミナルケア加算※1	1月	2,000円	200円

※1．死亡日及び死亡日前14日以内に2日以上ターミナルケアを行った場合に算定。

168

19 〔介護サービス〕夜間対応型訪問介護

19 地域密着型サービス② （在宅で利用するサービス）
〔介護サービス〕
夜間対応型訪問介護

▶在宅の要介護者を対象に、夜間の定期巡回や通報により夜間専門の訪問介護が受けられるサービスです。

〔サービスの内容〕

予めケアプランで定めた夜間の定期巡回や利用者の呼び出し等により介護福祉士などが利用者宅を訪問し、入浴・排泄・食事の世話など日常生活上の介護を行います。

〔利用対象者〕

世帯状況を問わず、夜間の介護に不安を抱える要介護者が対象です。

〔サービス利用の手続き〕

各市区町村の介護保険担当窓口、地域包括支援センター等にご相談ください。

サービスの主な内容は、以下のとおりです。

①定期巡回サービス	訪問スタッフが定期的に利用者宅を巡回訪問し短時間の介護を行う
②オペレーションサービス	通報を受けたオペレーターが利用者宅にスタッフ派遣の要否等を判断する
③随時訪問サービス	オペレーターの要請でスタッフが夜間時間帯に利用者宅を訪問し介護を行う

■夜間対応型訪問介護の費用の目安　　（「その他の地域」（単価10円）、利用者負担1割で計算）

〔基本利用料〕

サービス内容			費用	利用者負担
夜間対応型訪問介護費Ⅰ（オペレーター訪問あり）	基本夜間対応型訪問介護費	要介護1～5	10,090円/月	1,009円/月
	定期巡回サービス費		3,780円/回	378円/回
	随時訪問サービス費Ⅰ※1		5,760円/回	576円/回
	随時訪問サービス費Ⅱ※2		7,750円/回	775円/回
夜間対応型訪問介護費Ⅱ（オペレーター訪問なし）			27,420円/月	2,742円/月

※1．訪問介護員が1名で随時訪問した場合。

※2．必要があって同時に2名の訪問介護員が随時訪問した場合。

〔おもな加算料〕　利用するメニューにより別途加算されます。　　（利用者負担1割で計算）

加算内容		加算料	利用者負担
24時間通報対応加算	1月	6,100円	610円

169

第6章　サービスの種類と内容を知ろう

20 地域密着型サービス③（自宅から通って利用するサービス）〔介護サービス〕
地域密着型通所介護

▶在宅高齢者に生活圏域にある小規模の通所介護施設に通っていただき、日常生活上の支援や機能訓練などを日帰りで行うサービスです。

〔サービスの内容〕

『地域密着型通所介護』は、利用者の心身機能の維持向上と、利用者の家族負担の軽減を図ることを目的としたサービスで、利用定員18人以下の老人デイサービスセンターなどに通っていただき、食事、入浴、排泄の管理等必要な日常生活上の支援や生活機能訓練、レクリエーションなどを日帰りで提供します。

〔サービス提供体制〕

2016（平成28）年3月までは通所介護の「小規模型」として提供されていましたが、少人数で生活圏域に密着下サービスであることから、医療体制を強化した『療養型通所介護』と合わせ、同年4月以降は市区町村が指定・監督する地域密着型サービスに移行しています。

提供体制としては、おもに通所介護と同様特別養護老人ホームなどが主体となる施設併設型や単独運営の事業所でサービス提供されています。

事業所規模	1か月の平均利用延人数	1日の利用者(目安)
小規模型	～300人	18人以下

療養通所介護サービスとは？

医療ニーズの高い在宅中重度者等のニーズに対応するため、医療機関や訪問看護など外部との連携を図り、療養体制を強化した地域密着型の通所介護サービスです。

利用できるのは看護師による観察を必要とする難病、認知症、脳血管疾患後遺症等の重度要介護者またはがん末期患者です。（要支援者は利用できません）

〔利用対象者〕

当該市区町村に居住する在宅高齢者（要介護1以上）が利用可能です。

〔サービス利用の手続き〕

市区町村の窓口、居宅介護支援事業者、地域包括支援センター等にご相談ください。

20 〔介護サービス〕地域密着型通所介護

《地域密着型通所介護の費用の目安》

〔基本利用料〕 （「その他の地域」（単価10円）、利用者負担1割で計算）

サービス内容	サービス提供時間	費用／利用者負担	要介護1	要介護2	要介護3	要介護4	要介護5
地域密着型通所介護費	3時間以上4時間未満	費用（1回）	4,070円	4,660円	5,270円	5,860円	6,470円
		利用者負担	407円	466円	527円	586円	647円
	4時間以上5時間未満	費用（1回）	4,260円	4,880円	5,520円	6,140円	6,780円
		利用者負担	426円	488円	552円	614円	678円
	5時間以上6時間未満	費用（1回）	6,410円	7,570円	8,740円	9,900円	11,070円
		利用者負担	641円	757円	874円	990円	1,107円
	6時間以上7時間未満	費用（1回）	6,620円	7,820円	9,030円	10,230円	11,440円
		利用者負担	662円	782円	903円	1,023円	1,144円
	7時間以上8時間未満	費用（1回）	7,350円	8,680円	10,060円	11,440円	12,810円
		利用者負担	735円	868円	1,006円	1,144円	1,281円
	8時間以上9時間未満	費用（1回）	7,640円	9,030円	10,460円	11,900円	13,320円
		利用者負担	764円	903円	1,046円	1,190円	1,332円
療養通所介護費	3時間以上6時間未満	費用（1回）	10,070円				
		利用者負担	1,007円				
	6時間以上8時間未満	費用（1回）	15,110円				
		利用者負担	1,511円				

〔おもな加算料〕　利用するメニューにより別途加算されます。　（利用者負担1割で計算）

加算内容		加算料	利用者負担
生活機能向上連携加算※1※2	1月につき	2,000円	200円
個別機能訓練加算（Ⅰ）※2	1日につき	460円	46円
個別機能訓練加算（Ⅱ）※2	1日につき	560円	56円
栄養改善加算※2	1回につき（月2回を限度）	1,500円	150円
口腔機能向上加算※2	1回につき（月2回を限度）	1,500円	150円

※1．個別機能訓練加算を算定している場合は100単位/月。

※2．療養通所介護サービスは加算対象外。

第6章　サービスの種類と内容を知ろう

21 地域密着型サービス④（自宅から通って利用するサービス）
〔介護サービス／介護予防サービス〕
認知症対応型通所介護

▶在宅の認知症要介護者・要支援者を対象に、介護職員等が介護・生活相談、日常生活上の支援や機能訓練等を提供する日帰りのサービスです。

〔サービスの内容〕

　認知症により自宅に引きこもりがちな要介護者・要支援者に特化したデイサービスで、居宅からの送迎を始め簡単な健康チェック、食事、排泄、入浴など日帰りで日常生活上の介護を行います。基本的に特に定まった日課はありませんが、散歩や会話、レクリエーションなど利用者の希望や状態を見ながら随時必要なサービスが提供されています。施設によっては、簡単な機能訓練なども利用が可能です。

　サービス提供施設には、以下の3類型があります。

旧単独型	社会福祉施設等に併設されていない事業所（民家等を利用）
旧併設型	介護老人福祉施設、介護老人保健施設等に併設されている事業所
共用型	居間、食堂等をグループホーム等の利用者と共用する事業所

〔利用対象者〕

　当該市区町村に居住する認知症要介護者または要支援者が対象です。

〔サービス利用の手続き〕

　各市区町村の介護保険担当窓口、地域包括支援センター等にご相談ください。

21 〔介護サービス／介護予防サービス〕認知症対応型通所介護

■（介護予防）認知症対応型通所介護の費用の目安 （「その他の地域」（単価10円）、利用者負担1割で計算）

〔基本利用料〕

種類・料金		費用／利用者負担	介護予防サービス		介護サービス				
利用タイプ			要支援1	要支援2	要介護1	要介護2	要介護3	要介護4	要介護5
認知症対応型通所介護費（Ⅰ）（ⅰ）（旧単独型）	3時間以上4時間未満	費用（1日）	4,710円	5,210円	5,380円	5,920円	6,470円	7,020円	7,560円
		利用者負担	471円	521円	538円	592円	647円	702円	756円
	4時間以上5時間未満	費用（1日）	4,930円	5,460円	5,640円	6,200円	6,780円	7,350円	7,920円
		利用者負担	493円	546円	564円	620円	678円	735円	792円
	5時間以上6時間未満	費用（1日）	7,350円	8,210円	8,490円	9,410円	10,310円	11,220円	12,140円
		利用者負担	735円	821円	849円	941円	1,031円	1,122円	1,214円
	6時間以上7時間未満	費用（1日）	7,540円	8,420円	8,710円	9,650円	10,570円	11,510円	12,450円
		利用者負担	754円	842円	871円	965円	1,057円	1,151円	1,245円
	7時間以上8時間未満	費用（1日）	8,520円	9,520円	9,850円	10,920円	11,990円	13,070円	14,140円
		利用者負担	852円	952円	985円	1,092円	1,199円	1,307円	1,414円
	8時間以上9時間未満	費用（1日）	8,790円	9,820円	10,170円	11,270円	12,370円	13,490円	14,590円
		利用者負担	879円	982円	1,017円	1,127円	1,237円	1,349円	1,459円
認知症対応型通所介護費（Ⅰ）（ⅱ）（旧併設型）	3時間以上4時間未満	費用（1日）	4,250円	4,720円	4,870円	5,360円	5,840円	6,330円	6,820円
		利用者負担	425円	472円	487円	536円	584円	633円	682円
	4時間以上5時間未満	費用（1日）	4,450円	4,940円	5,100円	5,610円	6,120円	6,630円	7,140円
		利用者負担	445円	494円	510円	561円	612円	663円	714円
	5時間以上6時間未満	費用（1日）	6,610円	7,370円	7,640円	8,450円	9,270円	10,070円	10,890円
		利用者負担	661円	737円	764円	845円	927円	1,007円	1,089円
	6時間以上7時間未満	費用（1日）	6,780円	7,560円	7,830円	8,670円	9,510円	10,330円	11,170円
		利用者負担	678円	756円	783円	867円	951円	1,033円	1,117円
	7時間以上8時間未満	費用（1日）	7,660円	8,550円	8,850円	9,800円	10,760円	11,720円	12,670円
		利用者負担	766円	855円	885円	980円	1,076円	1,172円	1,267円
	8時間以上9時間未満	費用（1日）	7,910円	8,820円	9,130円	10,110円	11,100円	12,100円	13,080円
		利用者負担	791円	882円	913円	1,011円	1,110円	1,210円	1,308円
認知症対応型通所介護費（Ⅱ）	3時間以上4時間未満	費用（1日）	2,450円	2,590円	2,640円	2,740円	2,830円	2,920円	3,020円
		利用者負担	245円	259円	264円	274円	283円	292円	302円
	4時間以上5時間未満	費用（1日）	2,570円	2,710円	2,760円	2,870円	2,960円	3,060円	3,160円
		利用者負担	257円	271円	276円	287円	296円	306円	316円
	5時間以上6時間未満	費用（1日）	4,090円	4,320円	4,410円	4,560円	4,730円	4,890円	5,050円
		利用者負担	409円	432円	441円	456円	473円	489円	505円
	6時間以上7時間未満	費用（1日）	4,200円	4,430円	4,530円	4,680円	4,850円	5,010円	5,170円
		利用者負担	420円	443円	453円	468円	485円	501円	517円
	7時間以上8時間未満	費用（1日）	4,800円	5,080円	5,180円	5,370円	5,550円	5,730円	5,930円
		利用者負担	480円	508円	518円	537円	555円	573円	593円
	8時間以上9時間未満	費用（1日）	4,960円	5,240円	5,350円	5,540円	5,730円	5,920円	6,120円
		利用者負担	496円	524円	535円	554円	573円	592円	612円

※1．食費・滞在費（部屋代・光熱費など）、送迎費用は別途必要になります。

〔おもな加算料〕 利用するメニューにより別途加算されます。　（利用者負担1割で計算）

介護予防給付	介護給付	加算内容	加算料	利用者負担
○	○	入浴介助	500円/日	50円/日
○	○	個別機能訓練加算	270円/日	27円/日
○	○	生活機能向上連携加算※1	2,000円/月	200円/月
○	○	若年性認知症利用者受入加算	600円/日	60円/日
○	○	栄養改善加算（月2回を限度）	1,500円/回	150円/回
○	○	栄養スクリーニング加算（6月に1回を限度）	50円/回	5円/回
○	○	口腔機能向上加算（月2回を限度）	1,500円/回	150円/回
○	○	利用者に送迎を行わない場合	▲470円/片道	▲47円/片道

※1．※ただし、個別機能訓練算を算定している場合は、100単位/月。

173

第6章　サービスの種類と内容を知ろう

22 地域密着型サービス⑤（組み合わせて利用するサービス）
〔介護サービス／介護予防サービス〕
小規模多機能型居宅介護

▶在宅の要介護者・要支援者を対象に、サービス拠点への「通い」を中心に、「訪問」「宿泊」を組み合わせて提供する介護サービスです。

〔サービスの内容〕

　住み慣れた自宅や地域において、入浴や食事その他の日常生活に必要なお世話を行う「通い」のサービスのほか、利用者の状態や希望に応じ、随時「訪問」や「宿泊」のサービスを組み合わせて提供します。認知症など、環境の変化に敏感な高齢者には嬉しいサービスです。

〔利用対象者〕

　当該市区町村にお住まいの要介護者または要支援者が対象です。

〔利用にあたっての注意点〕

　小規模多機能型居宅介護を利用している間、以下のサービスは利用できません。

訪問入浴介護	短期入所療養介護	夜間対応型訪問介護
通所リハビリテーション	特定施設入居者生活介護	認知症対応型通所介護
短期入所生活介護	居宅介護支援	認知症対応型共同生活介護

〔サービス利用の手続き〕

　各市区町村の介護保険担当窓口、または地域包括支援センターにご相談ください。

■（介護予防）小規模多機能型居宅介護の費用の目安 （「その他の地域」（単価10円）、利用者負担1割で計算）
〔基本利用料〕

種類・料金		介護予防サービス		介護サービス				
利用タイプ	費用／利用者負担	要支援1	要支援2	要介護1	要介護2	要介護3	要介護4	要介護5
（1）サービス事業者と利用者の居宅が異なる建物の場合	費用（1月）	34,030円	68,770円	103,200円	151,670円	220,620円	243,500円	268,490円
	利用者負担	3,403円	6,877円	10,320円	15,167円	22,062円	24,350円	26,849円
（2）サービス事業者と利用者の居宅が同一の場合	費用（1月）	30,660円	61,960円	92,980円	136,650円	198,780円	219,390円	241,910円
	利用者負担	3,066円	6,196円	9,298円	13,665円	19,878円	21,939円	24,191円
短期利用居宅介護費	費用（1日）	4,190円	5,240円	5,650円	6,320円	7,000円	7,670円	8,320円
	利用者負担	419円	524円	565円	632円	700円	767円	832円

※1. 食費・滞在費（部屋代・光熱費など）、送迎費用は別途必要になります。

174

23 地域密着型サービス⑥（施設に入居して利用するサービス）
〔介護サービス／介護予防サービス〕
認知症対応型共同生活介護

▶認知症の高齢者が家庭的な環境と地域住民との交流のもと、食事や入浴、排泄などの介護や機能訓練が受けられるサービスです。

〔サービスの内容〕

認知症対応型共同生活介護（グループホーム）の利用者は、1ユニット5〜9人のグループが、それぞれ共同で生活します。介護の世話をする人は、利用者3人に対し1人の割合で配置されます。サービス内容は、食事の用意や排泄時の介助、リハビリテーションなど日常生活の中でのさまざまな介護で、本人の状態に沿ったケアプランに基づいて提供されます。

利用タイプは通常型の他、30日以内の利用が可能な短期利用タイプがあります。居住費、食費、日常生活費（理美容費など）は別途実費負担になります。

〔利用対象者〕

介護給付サービスは、要介護者の中でも食事や歩行など日常生活で自立している、おもに中程度までの認知症高齢者が対象となります。

介護予防サービスは、要支援2の認定を受けている認知症高齢者が対象です。

〔サービス利用の手続き〕

サービスは原則として各施設の介護サービス計画をもとに提供されます。利用の際は、市区町村窓口や最寄りの地域包括支援センターに相談してください。

■（介護予防）認知症対応型共同生活介護の費用の目安（「その他の地域」（単価10円）、利用者負担1割で計算）
〔基本利用料〕

種類・料金			介護予防サービス		介護サービス				
利用タイプ		費用／利用者負担	要支援1	要支援2	要介護1	要介護2	要介護3	要介護4	要介護5
（介護予防）認知症対応型共同生活介護費	（Ⅰ）1ユニットの施設	費用（1日）	—	7,550円	7,590円	7,950円	8,180円	8,350円	8,520円
		利用者負担	—	755円	759円	795円	818円	835円	852円
	（Ⅱ）2ユニット以上の施設	費用（1日）	—	7,430円	7,470円	7,820円	8,060円	8,220円	8,380円
		利用者負担	—	743円	747円	782円	806円	822円	838円
（介護予防）短期利用認知症対応型共同生活介護費	（Ⅰ）1ユニットの施設	費用（1日）	—	7,830円	7,870円	8,230円	8,470円	8,630円	8,800円
		利用者負担	—	783円	787円	823円	847円	863円	880円
	（Ⅱ）2ユニット以上の施設	費用（1日）	—	7,710円	7,750円	8,110円	8,350円	8,510円	8,670円
		利用者負担	—	771円	775円	811円	835円	851円	867円

※1．食費・滞在費（部屋代・光熱費など）、送迎費用は別途必要になります。
※2．短期利用認知症対応型生活介護費は、区分支給限度基準額に含まれます。

第6章　サービスの種類と内容を知ろう

24 地域密着型サービス⑦（施設に入居して利用するサービス）
〔介護サービス〕
地域密着型特定施設入居者生活介護

▶定員が29人以下の介護付き有料老人ホーム等で、介護や日常生活上の支援、機能訓練、療養上の世話などが受けられるサービスです。

　地域密着型特定施設入居者生活介護サービスでは、定員が29名以下の小規模な有料老人ホーム、養護老人ホーム、軽費老人ホーム等において、入居している利用者に入浴・排せつ・食事等の介護、機能訓練、その他必要な日常生活上の支援を行います。

　なお、特定施設入居者生活介護では要介護者・要支援者とも利用できますが、地域密着型では介護予防サービスは設定されていませんので、利用を検討する際は注意してください。

　本体施設の他、**サテライト型**（本体施設の近隣に建てられた施設でケアスタッフは本体施設との兼務が可能）の施設もあります。施設により個別機能訓練体制、ターミナルケア体制が整っていない場合もありますので、ニーズに応じ事前の確認が必要です。

〔サービス提供事業所〕

　入居定員29名以下の介護専用型特定施設

有料老人ホーム	軽費老人ホーム（ケアハウス）	養護老人ホーム

〔利用対象者〕

　当該市区町村に居住する要介護者（要支援者は利用不可）

〔サービス利用の手続き〕

　各市区町村の介護保険担当窓口、もしくは地域包括支援センターにご相談ください。

■地域密着型特定施設入居者生活介護の費用の目安　（「その他の地域」（単価10円）、利用者負担1割で計算）

〔基本利用料〕

種類・料金		介護サービス				
利用タイプ	費用／ 利用者負担	要介護1	要介護2	要介護3	要介護4	要介護5
地域密着型特定施設入居者 生活介護費	費用（1日）	5,340円	5,990円	6,680円	7,320円	8,000円
	利用者負担	534円	599円	668円	732円	800円
短期利用地域密着型特定施設 入居者生活介護費※2	費用（1日）	5,340円	5,990円	6,680円	7,320円	8,000円
	利用者負担	534円	599円	668円	732円	800円

※1．食費・滞在費（部屋代・光熱費など）、送迎費用は別途必要になります。

※2．短期利用特定施設入居者生活介護費は、区分支給限度基準額に含まれます。

25 〔介護サービス〕地域密着型介護老人福祉施設入所者生活介護

25 地域密着型サービス⑧（施設に入所して利用するサービス）
〔介護サービス〕
地域密着型介護老人福祉施設入所者生活介護

▶定員が29人以下の特別養護老人ホームで、常時介護が必要な要介護者が施設に入所し介護や機能訓練、療養上の世話などが受けられるサービスです。

　地域密着型介護老人福祉施設入所者生活介護サービスでは、定員が29名以下の小規模な介護老人福祉施設（特別養護老人ホーム）において、入居している利用者に入浴、排泄、食事等の介護、機能訓練、療養上の世話、その他必要な日常生活上の支援を行います。

　本体施設の他、**サテライト型**（本体施設の近隣に建てられた施設でケアスタッフは本体施設との兼務が可能）の施設もあります。

〔サービス提供事業所〕

　入居定員29名以下の小規模特別養護老人ホーム

〔利用対象者〕

　当該市区町村に居住する要介護者（要支援者は利用不可）

〔サービス利用の手続き〕

　各市区町村の介護保険担当窓口、もしくは地域包括支援センターにご相談ください。

■地域密着型介護老人福祉施設入所者生活介護の費用の目安

（「その他の地域」（単価10円）、利用者負担１割で計算）

〔基本利用料〕

利用タイプ		費用／利用者負担	要介護1	要介護2	要介護3	要介護4	要介護5
地域密着型介護老人福祉施設入所者生活介護費	従来型個室・多床室	費用（1日）	5,650円	6,340円	7,040円	7,740円	8,410円
		利用者負担	565円	634円	704円	774円	841円
ユニット型地域密着型介護老人福祉施設入所者生活介護費	ユニット型個室・ユニット型個室的多床室	費用（1日）	6,440円	7,120円	7,850円	8,540円	9,220円
		利用者負担	644円	712円	785円	854円	922円
経過的地域密着型介護老人福祉施設入所者生活介護費	従来型個室・多床室	費用（1日）	6,590円	7,240円	7,940円	8,590円	9,230円
		利用者負担	659円	724円	794円	859円	923円
ユニット型経過的地域密着型介護老人福祉施設入所者生活介護費	ユニット型個室・ユニット型個室的多床室	費用（1日）	7,300円	7,950円	8,660円	9,310円	9,950円
		利用者負担	730円	795円	866円	931円	995円

※1．食費・滞在費（部屋代・光熱費など）、送迎費用は別途必要になります。

177

第6章 サービスの種類と内容を知ろう

26 地域密着型サービス⑨（組み合わせて利用するサービス）
〔介護サービス〕
看護小規模多機能型居宅介護（複合型サービス）

> ▶小規模多機能型居宅介護と訪問看護を組み合わせ、自宅や事業所への通所・短期間宿泊で、介護や医療、看護が受けられるサービスです。

　看護小規模多機能型居宅介護とは、「訪問看護」と「小規模多機能型居宅介護」を組み合わせて提供するサービスをさし、2012年度の介護報酬改定で創設されています。当初は複合型サービスと呼ばれていましたが、提供するサービスの内容がイメージしにくいとの指摘が多く寄せられたことから、2015年度の改定において名称を変更しました。

　本サービスは、以下のような状態にある利用者のニーズに対応しています。

○退院直後の在宅生活へのスムーズな移行
○がん末期等の看取り期、病状不安定期における在宅生活の継続
○家族に対するレスパイトケア、相談対応による負担軽減

　従来は医療ニーズへの対応が必要な利用者に対して、小規模多機能型居宅介護事業所では対応できませんでしたが、本サービスの導入により、主治医と看護小規模多機能型居宅介護事業所とが密接な連携をとり、利用者に対し「訪問」「通い」「泊まり」、そして「看護」と医療行為も含めた多様なサービスを24時間365日体制で提供できるようになっています。

　なお、2018（平成30）年４月の改正により、登録定員18名以下のサテライト型事業所の開設も可能となり、より利用者に身近なサービスとして期待が高まっているところです。

〔利用対象者〕

　当該市区町村にお住まいの要介護者（要支援者は利用できません）

〔サービス利用の手続き〕

　各市区町村の介護保険担当窓口、もしくは居宅介護支援事業者にご相談ください。

■看護小規模多機能型居宅介護（複合型サービス）の費用の目安　（「その他の地域」（単価10円）、利用者負担１割で計算）

〔基本利用料〕

利用タイプ		費用／利用者負担	要介護１	要介護２	要介護３	要介護４	要介護５
看護小規模多機能型居宅介護費	（1）サービス事業者と利用者の居宅が異なる建物の場合	費用（1月）	123,410円	172,680円	242,740円	275,310円	311,410円
		利用者負担	12,341円	17,268円	24,274円	27,531円	31,141円
	（2）サービス事業者と利用者の居宅が同一建物の場合	費用（1月）	111,190円	155,580円	218,710円	248,050円	280,580円
		利用者負担	11,119円	15,558円	21,871円	24,805円	28,058円
短期利用居宅介護費		費用（1日）	5,650円	6,320円	7,000円	7,670円	8,320円
		利用者負担	565円	632円	700円	767円	832円

※１．上記の他に、必要に応じ利用したサービスが加算されます。

178

27 サービス付き高齢者向け住宅とは？

▶国土交通省・厚生労働省が所管する「高齢者住まい法」に基づく、高齢者単身・夫婦世帯が安心して居住できる賃貸等の住まいです。

バリアフリー構造の住居と介護・医療サービスを一体的に提供

　「サービス付き高齢者向け住宅（サ高住）」とは、単身の高齢者や夫婦世帯が住み慣れた環境で必要なサービスを受けながら暮らし続けることができるよう、バリアフリー構造の住居と介護・医療サービスを一体的に提供する高齢者専用の住宅を指します。もともとは国土交通省が高齢者賃貸住宅を、厚生労働省が有料老人ホームをそれぞれの法律のもとで管轄していましたが、高齢化が急速に進むなか独居や夫婦のみの高齢者世帯の増加に対応すべく、2011（平成23）年**高齢者住まい法**を改正、「**サービス付き高齢者向け住宅**」が創設されるに至りました。

　サービス付き高齢者向け住宅では、「安否確認」と「生活相談」の提供が必須とされています。一方、訪問看護やデイサービスといった介護保険サービスは、住宅の運営主体や外部の事業者と別に契約を結ぶことで提供される任意のサービスとなっています。後者を受けられる住宅の場合は、同じサ高住でも住宅型有料老人ホームの老人福祉法の指導監督対象となります。

　費用は、食費、サービス利用料、家賃、共益費、水光熱費等が毎月発生します。事業者の登録・指導・管理は都道府県・政令都市・中核市が実施します。サービスを提供する事業者の登録基準は、以下のように定められています。

住　　宅	床面積（原則25㎡以上）、便所・洗面設備等の設置、バリアフリー
サービス	サービスを提供すること（少なくとも安否確認・生活相談サービスを提供）
契　　約	高齢者の居住の安定が図られた契約であること
	前払家賃等の返還ルール及び保全措置が講じられていること

〔サービス利用の手続き〕

　都道府県・政令都市・中核市の担当窓口で登録簿を閲覧できます。また、インターネットでは「サービス付き高齢者向け住宅情報提供システム」で希望物件を検索することが可能です。
　（〔URL〕https://www.satsuki-jutaku.jp/）

サービス付き高齢者向け住宅のイメージ

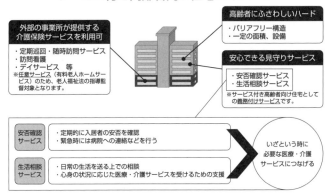

[出典]厚生労働省資料に基づき編集部作成

■利用者の終の住処に特化していく特養ホーム　●コラム●介護保険Plus　6

　高齢化が加速度的に進む中、慢性的に待機入所者が多いことが問題となっている特別養護老人ホーム（介護老人福祉施設。略称「特養」）では、重度の要介護認定者が多く入所し、入所者の最後を看取るケースが増えています。病院での延命治療よりも「自然死」「平穏死」を選択される高齢者が増えていることもその一因となっており、「終の住処」として特養のターミナルケア機能は、制度改正の度に強化されています。

　2015（平成27）年度には、新規入所する者を、原則要介護3〜5の者に限ることとする制度改正が実施されました。一部の軽度者にも入所の可能性はあるものの（特例入所の要件は以下参照）、24時間の見守りが必要な中重度者に特化した機能性はますます高くなると想定されます。

特例入所の要件
ア）認知症を患い、日常生活に支障を来す症状や行動が頻繁に見られる。 イ）知的障害・精神障害等を伴い、日常生活に支障を来す症状・行動が頻繁に見られる。 ウ）家族等による深刻な虐待が疑われ、心身の安全・安心の確保が困難な状態である。 エ）単身または同居家族が高齢・病弱等により、生活支援の供給が不十分である。

特養申込から入所まで（イメージ）

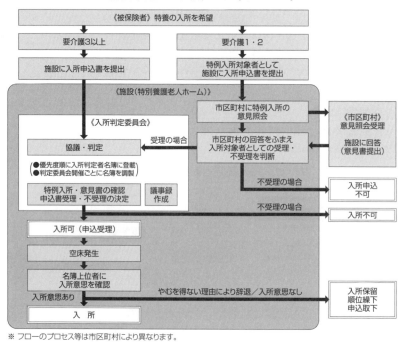

※ フローのプロセス等は市区町村により異なります。

巻末資料・付録（1）　介護・福祉関連用語解説

巻末資料・付録（1）　介護・福祉関連用語解説

※第１章〜第６章で詳しく触れている用語については、引用ページをご参照ください。

あ

[IADL]
「Instrumental Activity of Daily Living」の略。食事、排泄、衣類の着脱、入浴など、日常生活を送るために必要な基本動作である日常生活動作（ADL）を基本にした複雑な機能を必要とする日常の動作のことをいう。具体的には、掃除や洗濯などの家事、買い物、金銭の管理、車の運転、趣味など、さまざまな活動がある。

[アセスメント]
ケアマネジャーが介護保険サービス利用者のケアプランを作成するにあたり、アセスメントツールという専用のプログラムを使用して利用者本人の心身の状態を把握し、課題を導き出すこと。

[インテーク]
利用者の依頼などに対し相談支援専門員等が担当する内容（ケアマネジメントの対象者）かどうかを確認、ケアマネジメントのプロセスを通じて生活機能におけるニーズや課題等を整理した上で、生活の目標を明確化し、両者の間で認識を共有すること。
インテークでは、次のことを確認しておくことが求められる。
【インテーク時に確認すべき事項】
（１）依頼内容の趣旨を確認。　（２）守秘義務の確認　（３）ケアマネジメントの目的と内容の確認
（４）相談支援専門員等と利用者それぞれの役割と責任の確認　（５）納得と同意に基づく進め方であるかどうかの確認

[インフォームド・コンセント]
説明と同意のこと。介護サービスを受ける利用者が、自分の受けるサービスとその目的、内容について十分な説明を受け、理解した上で、最終的に示された介護サービスを受けるかどうか自分で決めることをいう。医療の分野ではよく聞かれる言葉だが、最近では介護の現場でもその必要性が高まっている。

[上乗せサービス]
介護保険で保険給付の対象となっているサービスを、介護保険法が定めた支給限度額を超えて利用できるように、市区町村がそれぞれの自治体独自の判断で、利用できる時間や回数を増やした部分のサービスのこと。１回当たりの訪問時間の延長なども上乗せサービスにあたる。

181

巻末資料・付録（1）　介護・福祉関連用語解説

[ADL]

「Activities of Daily Living」の略。食事、排泄、着替え、入浴、整容、移動など、日常生活上必要な基本動作すべてを指す。この他、精神活動やコミュニケーション能力も含まれる。高齢者の身体活動能力や障害の程度を図るための重要な指標であり、医療・介護の現場では、リハビリテーションや運動療法を進める上で不可欠な情報となる。

[援助目標]

居宅サービス計画（ケアプラン）作成の過程において、利用者が達成すべき心身状態を定め、それに対しどのような援助を行うか具体的な方法を示したもの。最終的な到達目標や結果を長期目標、一定期間内に到達することを目指す目標や結果を短期目標という。

[オレンジプラン]

2012（平成24）年9月に厚生労働省が発表した『認知症施策推進5ヵ年計画』の通称。2013（平成25）年度から2017（平成29）年度までの5年の計画としてスタート。名前の由来は認知症のサポーターが着用しているオレンジリングに由来する。

その後、2015（平成27）年1月27日に認知症対策を協議する関係閣僚会議で、省庁横断で取り組む新総合戦略「認知症施策推進総合戦略（新オレンジプラン）」を定めている。

オレンジプランで定めている7つの目標は以下のとおり。

1．標準的な認知症ケアパスの作成・普及
2．早期診断・早期対応
3．地域での生活を支える医療サービスの構築
4．地域での生活を支える介護サービスの構築
5．地域での日常生活・家族の支援の強化
6．若年性認知症施策の強化
7．医療・介護サービスを担う人材の育成

[音楽療法]

高齢者や心身に障害のある人たちを対象に、「歌う」「聞く」「演奏する」などといった音楽活動を通して、心身の障害や機能の回復・改善を図り、生活の質の向上を目指す治療法。これらの活動を行うことで、感情が発散されることにより心理的安定が促進され、失われた情緒を活性化する効果があるといわれている。

か

[介護移住]

居住地域による介護サービスの格差に対し、よりよいサービスを求めて介護サービスの充実した市区町村に転居すること。

[介護医療院]（☞第6章17）

今後増加が見込まれる慢性期の医療・介護ニーズへの対応のため、「日常的な医学管理が必要な重介護者の受入れ」や「看取り・ターミナル」等従来の介護療養病床の医療機能を維持し、生活施設としての機能を備えた施設として、2018（平成30）年4月より創設。介護保険法上の介護保険施設

であるが、医療法上は医療提供施設として法的に位置づけられている。開設主体は地方公共団体、医療法人、社会福祉法人などの非営利法人等。

[介護給付]（☞第2章7）
身体上または精神上の障害により常時介護を要する要介護者に対する給付のこと。居宅介護サービス費、居宅介護福祉用具購入費をはじめ、介護の必要に応じて介護サービスが実施され、その費用は介護保険から給付される。

[介護サービス計画（ケアプラン）]（☞第5章3）

[介護サービス情報公表システム]（☞第3章10）

[介護支援専門員（ケアマネジャー）]（☞第5章1）

[介護認定審査会]（☞第4章6）

[介護福祉士]
社会福祉士、精神保健福祉士と並ぶ福祉の国家資格の一つで、介護に対して専門的な知識と技術を持つ専門職。認知症高齢者や知的障害者など心身の障害により日常生活を営むのに支障がある人に入浴や食事、排泄等必要な介護を行うほか、その家族についても介護の相談に応じたり、指導を行う。

[介護扶助]
生活保護法により生活保護を受けている要介護認定者が介護サービスを利用した場合に負担を補う制度で、介護保険制度施行に合わせて新設された。生活保護を受けている介護保険被保険者の自己負担分（1割）、ならびに介護保険の被保険者以外（40歳以上65歳未満）で生活保護受給者の介護サービス費用（10割）が、介護扶助として給付される。給付は居宅介護や福祉用具購入、住宅改修、施設介護などのサービスに適用される。

[介護保険施設]（☞第6章14〜17）
疾患により身体的に障害を負ったり、認知症などで精神的に障害を負ったお年寄りに対し、多職種共働によりリハビリテーションや入浴、食事など日常的な介護サービスを提供する施設。介護老人福祉施設（特別養護老人ホーム）、介護老人保健施設、介護療養型医療施設（療養型病床群等）の3種類の施設がある。これらの施設には前提として要介護認定で要介護1以上の認定を受けていなければ入所できない（要支援者は利用不可）。
なお、2014（平成26）年の介護保険法の改正により、介護老人福祉施設（特別養護老人ホーム）の「新規」入所者は原則要介護度3以上の者となっている。また、法改正により2018（平成30）年4月より、新たな介護保険施策として、介護医療院が創設されている。

[介護保険審査会]（☞第4章10）
介護保険料の徴収や給付の決定等について不服があった場合に、被保険者が審査請求を行う機関の名称。介護保険法において各都道府県に設置が義務付けられており、被保険者代表委員、市区町村

代表委員、公益代表委員で構成される。

[介護予防運動指導員]

2006（平成18）年の介護保険法改正にともない、老人総合研究所の研究成果を踏まえ東京都高齢者研究・福祉振興財団が認めた資格で、介護予防のための運動指導等の能力を有する者に与えられる。対象者は医師、歯科医師、保健師、助産師、看護師、臨床検査技師、理学療法士、作業療法士、言語聴覚士、介護福祉士、柔道整復師、栄養士、ケアマネジャー、実務経験３年以上の訪問介護員（２級以上）等で、地方独立行政法人東京都健康長寿医療センター研究所が示す事業者要件に該当する事業者の方の推薦があること。

[介護予防主任運動指導員]

2006（平成18）年の介護保険法改正にともない新設された、介護予防運動指導員を養成する講師資格。東京都老人総合研究所が有する各種介護予防プログラム理論や高齢者筋力向上トレーニングなどのノウハウを習熟し、指導者にふさわしい見識者に与えられる。医師、看護師、理学療法士、作業療法士、柔道整復師、栄養士、介護支援専門員、介護福祉士、実務経験３年以上のホームヘルパー（２級以上）等が対象。

[課題分析票]

居宅サービス計画（ケアプラン）作成の際に、要介護者の生活全般の解決すべき課題を把握するための調査ツール。アセスメントツールともいう。課題分析票の内容は、日常生活動作（ADL）、身体的環境、精神的健康、社会関係、経済状況、住生活環境、ケア提供者の状況の７項目に分かれる。

[機能回復訓練]

高齢や障害などによって失われた身体機能を回復させる訓練。一般的にはリハビリテーションと呼ばれる。運動リハビリ機器などを使用した運動療法をはじめ、身体機能の回復、改善、維持を目的に理学療法士や作業療法士によって行われる。

[基本チェックリスト]（☞第３章７）

[基本動作能力]

座る、起きる、立ち上がる、歩く、寝返るといった、日常生活を送る上で必要不可欠な動作能力のこと。

[QOL]

「Quality of life」（＝生活の質）の略称。満足感や幸福感を規定しているさまざまな要因の質のことをいい、おおむね、「人が充実感や満足感を持って日常生活を送ることができること」を意味する。医療の分野などでは、患者の日常生活をできるかぎり苦痛の少ないものにすることがQOLの尺度として求められている。

[共生型サービス]（☞第１章５）

巻末資料・付録（1） 介護・福祉関連用語解説

[居宅介護支援事業者]
都道府県知事により指定を受けた在宅介護支援センターやサービス提供事業者などの介護支援サービス事業者で、介護支援専門員（ケアマネジャー）が利用者の意向を踏まえて要介護度に応じた居宅サービス計画（ケアプラン）を作成したり、介護保険の相談や申請手続き等について個々のサービス事業者との調整を行う。

[居宅サービス計画費]
指定居宅介護支援事業者において、介護支援専門員（ケアマネジャー）がケアプランを作成した際にかかる費用のこと。居宅介護サービス計画費（要介護者のケアプラン作成）と居宅支援サービス計画費（要支援者のケアプラン作成）とがあり、費用はともに市区町村から指定居宅介護支援者に対して給付される。ケアプラン作成を依頼した利用者には負担はない。2006（平成18）年4月の法改正により、要支援者のケアプランは地域包括支援センターに所属する保健師が担当している（指定居宅介護支援事業者に委託可能）。

[区分支給限度額]（☞第4章3）

[区分変更申請]（☞第4章9）

[グループホーム]
おもに認知症高齢者が小規模な生活の場で少人数（5〜9人）を単位に共同住居を送る形態を指す。食事の支度や掃除、洗濯などを利用者とスタッフが共同で行い、家庭的で落ち着いた雰囲気の中で生活を送ることで、認知症状の進行を穏やかにし、家庭介護の負担を軽くすることが目的。入居形態や運営方法により、グループ・リビング、コーポラティブハウス、生活ホームなどの施設形態がある。

[ケアハウス]
軽費老人ホームの一種。居住機能と福祉機能を合わせ持つ施設で、低額な料金で食事・入浴・緊急時対応のサービスが受けられる。入居は原則60歳以上で、自炊ができない程度の心身機能低下が認められるか、一人では生活に不安がある人が対象。介護が必要になったら訪問看護等介護サービス利用による自立が要求される。居室はプライバシーや自立生活を尊重した構造で、軽費老人ホーム同様、入所者が直接契約して入所が決められる。

[ケアプラン（介護サービス計画）]（☞第5章3）

[ケアマネジメント]（☞第5章2）

[ケアマネジャー（介護支援専門員）]（☞第5章1）

[軽費老人ホーム]
老人福祉法に規定される老人福祉施設で、低額な料金で、家庭環境や住宅事情等により独居生活に不安がある人を対象に日常生活上必要なサービスを提供する施設。食事サービス付のA型、自炊が原則のB型、便宜性を追求したケアハウスの3種類がある。入居後要介護認定を受けて介護サービ

185

巻末資料・付録（1）　介護・福祉関連用語解説

スを利用できるが、常時介護が必要となった場合は退去を求められる。特別養護老人ホームや養護老人ホームと違い、入所者が直接契約して入所できる。

[言語聴覚士]
脳卒中後の失語症、聴覚障害などにより言語機能や聴覚機能に障害を持つ人に発声などのリハビリを行うことで、機能回復を図る専門職。摂食・嚥下の問題にも対応している。

[現物給付]
介護保険において、原則としてお金ではなく介護サービスそのものが提供（給付）されること。医療保険も現物給付で、被保険者が病気になった場合病院等で診療・治療や投薬など医療サービスが現物給付される。

[広域連合]（☞第2章6）
1995（平成7）年6月の地方自治法改正より施行されている制度で、都道府県、市町村、特別区で設置が可能。多様化する行政ニーズや国からの権限委譲の受け入れに適切かつ迅速に対応することが目的で、広域で処理することが適当であると認められる事務に関し、広域計画を作成し、必要な連絡調整を図り、計画的に行政を推進することができる。

[高額介護サービス費]（☞第5章8）

[更新認定]（☞第4章9）

[国民健康保険]
医療保険の一つであり、被保険者の病気、けがの治癒、出産や死亡に対して必要な保険給付（診療等）を行う。運営は住所地の市町村が行い、被保険者の保険料（税）や国などの補助金によって支えられている。

[個室的多床室]
介護保険施設等において、カーテンで仕切られた多床室を間仕切で仕切り、プライバシー面や機能面を充実させた、個室風の環境を利用者に提供する部屋の呼称。2017年度までは準個室と呼ばれていたが、サービスを提供する関係団体からの要請等を考慮し、現在の呼称となっている。

さ

[サービス付き高齢者向け住宅]（☞第6章27）

[サービス担当者会議]
介護保険施設など介護の現場において、利用者の介護に携わるさまざまな職種の担当者が集まって意見交換を行い、居宅サービス計画（ケアプラン）等を検討する場のことで、ケアカンファレンスとも呼ばれる。会議はおもにケアマネジャーが主導、要介護者等の課題（ニーズ）の情報共有やサービス提供の際の役割分担を相互に理解することも目的とされている。

巻末資料・付録（1）　介護・福祉関連用語解説

[在宅介護支援センター]
在宅介護について高齢者や家族から電話や面接での相談を受け、介護保険や保健福祉サービスの情報提供、利用手続き代行、認知症ケアの情報提供、住宅改修や福祉用具の相談対応等、利用者や家族の立場に立ち行政機関やサービス提供機関、居宅介護支援事業所等と連絡調整を行う。事業主体は地方公共団体、社会福祉法人、医療法人等。センターによっては介護予防プランの作成や転倒予防・介護予防教室の開催などの活動を展開している。なお、2006（平成18）年の介護保険法改正以降は、在宅介護支援センターの相談機能を強化した地域包括支援センターとの統廃合が進められている。

[作業療法士]
作業療法とは、心身に障害を持つ人に対し、その応用的動作能力を回復し社会性を身につけることを目的にレクリエーションや工作等の作業を行わせること。これらの作業を、厚生大臣の許可により医師の指示に従って行う専門職を作業療法士と呼ぶ。一般的にはOT（Occupational Therapist）とも呼ばれる。

[酸素療法]
肺や心臓の病気などで酸素が不足した場合に、高濃度の酸素を充分に吸入し、酸素不足を起こしている細胞の酸素状態を改善すること。その酸素療法を自宅で行う場合は「在宅酸素療法」という。

[施設サービス計画]（☞第5章4）

[指定基準]
介護保険において居宅介護サービス事業者等が事業の目的を果たすために厚生労働大臣が設定した人員や設備、運営に関する全国統一の基準のこと。

[視能訓練士]
視力障害（はっきりとものが見えない）、視野障害（見える範囲が狭い）、複視（二重に見える）など、見る機能（視能）に障害をもつ人に対して、医師の指示のもとで機能回復のために必要な検査や矯正訓練を行う専門職のこと。高齢者に関しては、老化や糖尿病などによる視力低下へのリハビリテーション指導を行うことが多い。

[社会的入院]
要介護状態にある高齢者や精神障害者などが、入院治療の必要がなくなっても住む場所がなかったり、施設等に入れないため病院での入院生活を続けざるを得ない状態のこと。

[社会福祉士]
精神保健福祉士、介護福祉士と並ぶ福祉の国家資格の一つ。認知症高齢者をはじめ身体障害者や知的障害者など心身の障害等により日常生活を営むことに支障がある人に対して、福祉に関する相談に応じ、助言、指導その他の援助を行う専門職。地域包括支援センターや各種社会福祉施設、病院などさまざまな場所に配置され、助言や指導、援助を行う。

187

巻末資料・付録（1）　介護・福祉関連用語解説

[社会保険]
広い意味では、労働者が安心して働いていけるように制度化された公的な保険のことをいい、厚生年金保険、健康保険、労働者災害補償保険（労災）及び雇用保険を指す。また、労働者災害補償保険と雇用保険を「労働保険」と総称するのに対して、厚生年金保険と健康保険を合わせて「社会保険」と呼ぶこともある。

[住所地特例]
ある地域で要介護認定を受けた人が、他の市区町村の介護保険施設に入所するためにその施設に住所を移した場合に、引き続きもともと住んでいた地域の被保険者となること。住所地特例に該当する場合は届け出が必要となる。（☞第3章14）

[住宅改修費]（☞第6章13）

[住民基本台帳法]
住民の居住関係の公証、選挙人名簿の登録など、住民に関する事務の処理の基礎となる住民基本台帳制度の根拠となる法律。台帳により住民を把握し、行政事務、行政サービスを効率化することが目的。1999（平成11）年の改正により、氏名、住所、性別、生年月日の他、10桁の住民票コード等により、全国共通の本人確認を可能とするシステムが進められることとなった。

[主治医意見書]（☞第4章8）

[受領委任払い]
住宅改修を行った際に、利用者が工事全体の金額のうち介護保険給付費分を除いた金額を住宅改修事業者に支払い、後日介護保険給付費分を市区町村から住宅改修事業に直接支払う方式。利用者は一時的に工事費用の全額を負担することなく、費用の1割を支払うだけで住宅改修が行えることがメリット。

[巡回入浴サービス]
長期にわたり入浴のできない64歳以下の重度心身障害者で医師が入浴可能と認めた人の住居に入浴車を派遣し、入浴設備を屋内に運んで入浴させるサービスのこと。

[準個室]（☞個室的多床室）

[障害者手帳]
障害を有する者に対して発行される手帳を指し、身体障害者手帳、療育手帳（知的障害者が対象）、精神障害者保健福祉手帳の総称とされている。このように、あらゆる障害者の手帳を指すこともあれば、精神障害者に対する精神障害者保健福祉手帳のみを指す場合もある。障害者手帳を取得することで、その障害の種類、程度に応じさまざまな福祉サービスを受けることができる。

[償還払い]
利用者がサービスを受けた際に費用の全額をいったんサービス提供事業者に支払い、後日申請により市区町村から費用の9割（利用者の所得状況によっては8割または7割）が払い戻し（還付）さ

巻末資料・付録（1）　介護・福祉関連用語解説

れる制度のこと。福祉用具購入費、住宅改修費、高額介護サービス費の給付を受ける場合、要介護認定の申請前にやむを得ずサービスを利用した場合、ケアプランを作成せずにサービスを利用した場合、ケアプランの内容外のサービスを利用した場合、介護保険被保険者証を提示せずにサービスを利用した場合などは償還払いの対象となる。

[ショートステイ]（☞第6章8、9）

[褥瘡（じょくそう）]
身体の一部分が長時間にわたり圧迫を受けることによって皮膚組織の血液循環障害が起こり、壊死に陥る状態。加齢による皮膚機能の低下、寝たきりによる摩擦やずれ（床ずれ）、脳神経系の疾患、栄養状態の悪化、運動能力や知覚の低下などが原因で発生する。一度できると治りにくいため、定期的に体位変換を行ったり、エアーマット等福祉用具で圧迫を分散させる、皮膚を清潔に保つなど床ずれ予防策を講じることが肝要。

[褥瘡予防用具]
褥瘡を予防する福祉用具。局所にかかる体圧を分散させ、皮膚の血流を阻害させないエアマットレス、ウォーターマットレスなどが対象となる。

[新オレンジプラン]
2015（平成27）年1月27日に認知症対策を協議する関係閣僚会議で決定された新総合戦略で「認知症施策推進総合戦略」ともいう。オレンジプランから引き継ぎ、厚生労働省のみならず関係省庁が共同して策定。認知症の人の意思が尊重され、できる限り住み慣れた地域のよい環境で自分らしく暮らし続けることができる社会の実現を目指す。
具体的には、以下の「7つの柱」に沿って施策を総合的に推進していく。
1．認知症への理解を深めるための普及・啓発の推進
2．認知症の容態に応じた適時・適切な医療・介護等の提供
3．若年性認知症施策の強化
4．認知症の人の介護者への支援
5．認知症の人を含む高齢者にやさしい地域づくりの推進
6．認知症の予防法、診断法、治療法、リハビリテーションモデル、介護モデル等の研究開発及びその成果の普及の推進
7．認知症の人やその家族の視点の重視

[審査請求]（☞第4章10）

[身体拘束]
徘徊、他人への迷惑行為など問題行動を防止するために、車いすやいす、ベッドに拘束し、高齢者の行動の自由そのものを奪うこと。介護保険では、介護保険施設等において「身体拘束その他入所者の行動を制限する行為」を禁止している。

[診療報酬]
医療保険の保険者から医療機関に支払われる治療費のこと。診療行為の他、各種検査や薬剤などす

巻末資料・付録（1）　介護・福祉関連用語解説

べての医療行為について点数が決められている。最近では２年ごとに料金改定されている。料金は
１点10円で計算される（100ポイントの場合は1,000円）が、実際に被保険者が支払う金額は加入す
る医療保険の負担率をかけた額（３割負担の場合は1,000円×30％＝300円の負担）。

[生活援助従事者研修課程]（☞第１章10）

[生活保護]
さまざまな理由により生活を維持できなくなった場合に、国が生活に困った人の困窮の程度に応じ
て、最低限度の生活を保障するとともに、生活を立て直すために必要な支援をしてゆく制度。すべ
ての国民が対象となり、「生活保護法」という法律で定められている要件を満たせば受けることが
できる。

[成年後見制度]
精神上の障害等により判断能力が不十分で意志決定が困難な人について、契約の締結等を代わりに
行う代理人（後見人）などを選任し、本人が誤った判断に基づいて契約を締結した場合にそれを取
り消すことができるようにする等、これらの人の判断能力を補っていく制度。

[総合事業]（☞第３章３～６）

[総報酬割]（☞第１章７）

[ソーシャルワーカー]
一般に社会福祉従事者全般を指し、福祉についての専門知識や技術を持ち、病気や障害、高齢また
は経済的理由などにより社会生活を送ることが難しくなった人たちに対して支援を行う専門職を総
称してソーシャルワーカーと呼ぶ。

[措置制度]
行政がサービスの利用者を特定し、サービス内容を決定する制度。介護保険制度が施行される以前、
介護サービス提供のほとんどは市区町村が行う措置制度で、利用者は自分でサービスを選択するこ
とができなかった。

た

[ターミナルケア]
現代の医療では治癒の見込めない末期がんなどの患者を対象に、痛みの緩和などを中心にコミュニ
ケーションを図り、死への不安を取り除くケアのこと。医療施設やホスピスのほか、特別養護老人
ホームやグループホームでターミナルケアを迎えるケースも増えている。

[第１号被保険者]（☞第２章７）

[第２号被保険者]（☞第２章７）

190

巻末資料・付録（1）　介護・福祉関連用語解説

[第三者行為求償]
第三者の行為により要介護認定者等となった人に対して市区町村が保険給付を行った場合、給付した保険給付額について第三者に対し損害賠償権を持つこと。徴収・収納事務については、市区町村から国保連に委託して行われる。

[滞納処分]
期限内に納付した人と期限を経過しても納付しない人との負担の公平を図るため、納税者が自主的に納付をしない場合にこれを強制的に徴収するための手続き。納付期間が１年を過ぎると、現物給付から償還払いとなる。

[宅老所]
認知症など介護の必要な高齢者を対象に、主として日中の通いや短期宿泊（ショートステイ）サービスなどを提供する小規模施設。グループホームとは異なり居住を前提としていない。少人数による家庭的な介護が特徴。

[地域支援事業]（☞第１章３）

[地域包括ケアシステム]（☞第１章２）

[地域包括支援センター]（☞第１章４）

[地域密着型サービス]（☞第３章９）

[調整交付金]（☞第２章10）

[デイケア]（☞第６章７）

[デイサービス]（☞第６章６）

[特定疾病]（☞第２章７）

[特別徴収]
介護保険における第１号被保険者の保険料の徴収方法。年額18万円以上の老齢基礎年金等を受給している被保険者について、年金から天引きで介護保険料を徴収する。

[特例居宅介護サービス費]
要介護認定の申請前に、緊急その他やむを得ない理由等により指定居宅サービスを受けた場合に、市区町村が要介護者に給付する施設介護サービス費のこと。利用にあたっては、まず全額を事業者に支払い、その後市区町村に申請し、サービス費の９割が戻ってくるという償還払い方式が適用される。

191

巻末資料・付録（1）　介護・福祉関連用語解説

な

［ナーシングホーム］
医療と福祉が一体となり、24時間介護サービスが受けられる施設。特別養護老人ホームなどがそれにあたる。

［認知症］（☞第3章11）

［認定調査］（☞第4章5）

［ノーマライゼーション］
デンマークのバンク・ミケルセンにより提唱され、スウェーデンのベングト・ニリエが世界中に広めた考え方で、「障害者であろうと健常者であろうと、同じ条件で生活を送ることができる成熟した社会に改善していこう」という営みのすべてを指す。

は

［配食サービス］
身体状況等により食事を作ることが困難な高齢者に対し、栄養のバランスのとれた食事を定期的に届けるサービスのこと。健康維持増進、孤立感の解消、安否の確認にも利用される。

［被保険者］（☞第2章7）

［普通徴収］
介護保険における第1号被保険者の保険料の徴収方法で、老齢基礎年金等の年金受給が年額18万円未満の被保険者などから、納付書による納付や口座振替で徴収を行う。

［法廷代理受領］
介護サービスの費用を支払う際、費用の9割は保険者の委託を受けた国保連合会からサービス事業者に支払われる（1割は利用者負担）。つまり、事業者が利用者に代わって費用の支払いを受けることとなる。このしくみを法廷代理受領という。

［訪問調査員］
介護保険を利用申請した人の家庭を訪問し、利用者がどの程度の介護を必要としているかを調べ、認定に必要なデータを作成する人。各市区町村の職員や介護支援専門員等が担当する。

［ホームヘルパー］
訪問介護員ともいう。介護や介助、支援を必要とする在宅高齢者の家を訪問し、ケアプランに基づいて身のまわりの世話をする人。買い物・洗濯・掃除などをする「生活援助」と、食事・入浴・排泄など介助をする「身体介護」が主な仕事だが、利用者やその家族から生活上の相談にのるなど、生活全般をサポートする。
なお、ホームヘルパー2級は2012年度末で廃止となり、13年度からは130時間の講義・演習等から

巻末資料・付録（1）　介護・福祉関連用語解説

なる「介護職員初任者研修課程」に移行されている。また、1級の資格も2012年度で廃止され、「介護福祉士養成のための実務者研修」に統合されている。

[ポータブルトイレ]
ベッドから離れることはできるがトイレまでいけなかったり、トイレまでの移動が不安定な人のために、おもに寝室で使用する便器。介護保険サービスでは、福祉用具購入費支給の対象となっている。使用者の身体状況によって、ベッドから離して使用するタイプとベッドサイドに設置できるタイプがり、使用しやすいように背もたれやアームレストがついているものが多い。

[保険者]（☞第2章6）

[補足給付]（☞第3章12）

ま

[マイナンバー法]（☞コラム介護保険Plus2）

[みなし指定]
通常、介護保険制度における事業を行うには、厚生労働省令で定める指定基準を満たした上で指定申請を行い、介護保険サービス事業者の指定を受けることとなっている。但し、規定により、病院・診療所及び薬局について保険医療機関または保険薬局の指定があったときは、居宅サービスに係る指定があったものとみなす措置がとられている。具体的には、病院・診療所については訪問看護、訪問リハビリテーション、通所リハビリテーション及び居宅療養管理指導の4サービス、薬局は居宅療養管理指導サービスがみなし指定の対象となっている。

[民間介護保険]
生命保険会社、損害保険会社、郵便局などが保険者となり、商品として販売している介護保険。一般に介護に要する費用が契約時に定めた条件に応じて現金給付される。中には、死亡時に保険金が支払われる保険もある。公的な介護保険ではカバーされない金額を上乗せしたり、介護保険対象外のサービスを提供したりという差別化を図っている。

[モニタリング]
ケアプランをもとに実施した介護サービスについて、適正かつ確実にサービスが提供されているかどうか、ケアマネジャーが利用者・サービス提供事業者の双方から情報収集し、状況把握、評価を行う重要な手段。必要な場合はケアプランの見直しを行い、サービス内容を修正したり、サービスの質を高めるための働きかけを行う。

や

[有料老人ホーム]
民間事業者が経営する老人ホームで、法的には「常時1人以上の老人を入所させ、食事の提供その他日常生活上必要な便宜を供与されることを目的とする施設であって、老人福祉施設でないもの」

巻末資料・付録（1）　介護・福祉関連用語解説

と定められている。居住形態は（1）健康型、（2）住宅型、（3）介護付の3タイプがある。（1）健康型は食事付で、自立した日常生活を送れる人が対象。但し常時介護が必要になった場合は退去を求められる。（2）住宅型は食事付で入居時は自立状態であり、介護が必要になったら訪問看護など介護サービス利用による自立が要求される。（3）介護付は介護や食事等のサービス付で、介護が必要になった場合はホーム提供の介護サービスを利用する。居室はほとんどが個室。入居一時金、利用料等費用は施設により異なる。

［ユニットケア］
施設の居室をいくつかのグループ（1ユニット10人以下）に分けて、それぞれのユニットごとに介護者と入所者が生活をともにし、小規模の家庭的な雰囲気の中で提供される介護サービス形態。2003（平成15）年度より、このユニットケアを実施する施設が、小規模生活単位型の介護老人福祉施設として制度化されている。

［要介護度］（☞第4章3）

［養護老人ホーム］
心身の理由または環境上の理由に加え、経済的理由により在宅で充分生活できない人が対象の施設。機能的には特別養護老人ホームとほぼ同じだが2人部屋が一般的で、長期的な介護を提供するのが特徴。対象者は65歳以上で世帯の生計中心者が非課税または均等割のみ。高所得者や常時介護を必要とする人は入所不可。費用は所得等により異なる。

［要支援・要介護認定］（☞第4章4）

［予防給付］（☞第3章2）

［横出しサービス］
要介護者や要支援者に対して法に定める介護給付・予防給付以外の種類のサービス（介護保険法に定められていない種目のサービス）を、市区町村が独自に実施するもの。自宅まで食事を配達してくれる配食サービスや、外出時に付き添ってくれる外出介助、その他送迎サービス、理髪サービス、洗濯サービスなどが該当する。利用できるサービス種目は、各市区町村により異なる。

ら

［理学療法士］
病気やけがなどにより身体障害が生じた人に基本的動作能力の回復を図るため、日常生活動作訓練、筋力増強などの運動療法や、電気刺激、マッサージ等物理療法による治療を行い機能の改善や維持を図るリハビリテーション治療の専門職。一般的にはPT（Physical Therapist）とも呼ばれる。

［療養病床］
おもに長期の治療を必要とする高齢者が入院できる医療機関の病床のこと。介護保険法では「介護療養型医療施設」に分類され、看護師や介護職員を重点的に配置している。厚生労働省では、この介護療養型医療施設について、医療の必要度が低い「社会的入院」が多いとのことで、2012年3月

末までに老人保健施設等の居住系施設や在宅へ転換を促していた。しかし、思うように転換が進んでいないことから、転換支援策を含め2018（平成30）年３月末までの延長措置が講じられた。そして、なおも経過措置期間を延長し、2024年3月31日までの間、その効力を有することとされている。

［レスパイトケア］
乳幼児や障害児、高齢者などを在宅で介護している家族に休息の機会をもってもらうため、一時的にケアを代替し、リフレッシュを図ってもらう家族支援サービス。方法としては、施設への短期入所や自宅への介護人派遣等がある。

［老人デイサービスセンター］
老人福祉法に規定される老人福祉施設の一つで、介護保険法では通所介護事業所として位置づけされている。在宅の要介護者、要支援者に対し、日帰りで入浴や食事、生活指導、日常動作訓練、機能訓練などのサービスを提供する。

［老人福祉法］
老人の福祉に関する原理を明らかにし、老人に対し、その心身の健康の保持と生活の安定のために必要な措置を講じて老人の福祉を図ることを目的とする法律。1963年に制定され、改正を経て現在に至っている。

［老人保健制度］
老人保健法により、75歳以上（一定の障害のある場合は65歳以上）の高齢者が受けられる医療制度。外来、入院の際に医療費が１割または２割負担で医療サービスが受けられる。

［老人保健法］
老後における健康の保持と適切な医療の確保を図ることを目的としてつくられ、老人医療の給付と保健サービスについて定めた法律。1982年に公布、1983年から施行され、その後改正を経て現在に至っている。なお、2008（平成20）年の改正法の施行により、「高齢者の医療の確保に関する法律」に改称されている。

わ

［ワムネット（WAM NET）］
福祉保健医療関連の情報を提供するための、総合的な情報ネットワークシステム。独立行政法人福祉医療機構が運営している。アドレスは、http://www.wam.go.jp/

巻末資料・付録（2）　地域区分の適用地域

地域区分の適用地域（2018〜2020年度）

	1級地	2級地	3級地	4級地	5級地	
上乗せ割合	20%	16%	15%	12%	10%	
地域	東京都 　特別区	東京都 　町田市(3) 　狛江市 　多摩市 神奈川県 　横浜市 　川崎市 大阪府 　大阪市	埼玉県 　さいたま市(4) 千葉県 　千葉市 東京都 　八王子市 　武蔵野市 　三鷹市(5) 　青梅市(5) 　府中市 　調布市 　小金井市 　小平市 　日野市 　国分寺市 　国立市(4) 　稲城市 　西東京市 神奈川県 　鎌倉市 愛知県 　名古屋市 大阪府 　守口市 　大東市 　門真市 　四條畷市 兵庫県 　西宮市 　芦屋市 　宝塚市	茨城県 　牛久市(5) 埼玉県 　朝霞市(5) 千葉県 　船橋市 　成田市(5) 　習志野市(5) 　浦安市 東京都 　立川市 　昭島市 　東村山市 　東大和市 　清瀬市(5) 神奈川県 　相模原市 　藤沢市 　逗子市(5) 　厚木市 大阪府 　豊中市 　池田市 　吹田市 　高槻市 　寝屋川市 　箕面市 兵庫県 　神戸市	茨城県 　水戸市(6) 　日立市(6) 　龍ケ崎市 　取手市 　つくば市 　守谷市 埼玉県 　志木市 　和光市 　新座市 　ふじみ野市(6) 千葉県 　市川市(6) 　松戸市(6) 　佐倉市 　市原市 　八千代市(6) 　四街道市 　印西市(7) 東京都 　東久留米市 　あきる野市 　日の出町 神奈川県 　横須賀市 　平塚市 　小田原市 　茅ヶ崎市 　大和市 　伊勢原市 　海老名市(6) 　座間市 　綾瀬市(6) 　寒川町 　愛川町(6) 愛知県 　刈谷市(6) 　豊田市(6) 滋賀県 　大津市 　草津市 京都府 　京都市 大阪府 　堺市 　枚方市 　茨木市 　八尾市 　松原市 　摂津市 　高石市 　東大阪市 　交野市 兵庫県 　尼崎市 　伊丹市 　川西市 　三田市 広島県 　広島市 　府中町(6) 福岡県 　福岡市	宮城県 　仙台市 茨城県 　土浦市 　古河市 　利根町 栃木県 　宇都宮市 　下野市 　野木町 群馬県 　高崎市 埼玉県 　川越市 　川口市 　行田市 　所沢市 　加須市 　東松山市 　春日部市 　狭山市 　羽生市 　鴻巣市 　上尾市 　草加市 　越谷市 　蕨市 　戸田市 　入間市 　桶川市 　久喜市 　北本市 　八潮市 　富士見市 　三郷市 　蓮田市 　坂戸市 　幸手市 　鶴ヶ島市 　吉川市 　白岡市 　伊奈町 　三芳町 　宮代町 　杉戸町 　松伏町 千葉県 　野田市(7) 　茂原市(7) 　柏市 　流山市(7) 　我孫子市(7) 　鎌ケ谷市(7) 　袖ケ浦市 　白井市(7) 　酒々井町 　栄町 東京都 　福生市 　武蔵村山市 　羽村市 　奥多摩町	
地域数	23(23)	6(5)	24(21)	22(18)	52(47)	

※1　この表に掲げる名称は、平成30年4月1日においてそれらの名称を有する市、町、村又は特別区の同日における区域によっ

※2　（ ）内の数字は2017年3月までの級地（又は地域数）を指す。

巻末資料・付録（2）　地域区分の適用地域

(2017.9.5現在)

6級地		7級地				その他
6%		3%				0%
神奈川県	大阪府	北海道	富山県	愛知県	奈良県	その他の地域
三浦市	岸和田市	札幌市	富山市	豊橋市	天理市	
秦野市	泉大津市	茨城県	石川県	一宮市	橿原市	
葉山町	貝塚市	結城市	金沢市	瀬戸市	桜井市	
大磯町	泉佐野市	下妻市	内灘町(他)	半田市	御所市	
二宮町	富田林市	常総市	福井県	豊川市	香芝市	
清川村	河内長野市	笠間市	福井市	蒲郡市	葛城市	
岐阜県	和泉市	ひたちなか市	山梨県	犬山市	宇陀市	
岐阜市	柏原市	那珂市	甲府市	常滑市	山添村	
静岡県	羽曳野市	筑西市	長野県	江南市	平群町	
静岡市	藤井寺市	坂東市	長野市	小牧市	三郷町	
愛知県	泉南市	稲敷市	松本市	新城市	斑鳩町	
岡崎市	大阪狭山市	つくばみらい市	塩尻市	東海市	安堵町	
春日井市	阪南市	大洗町	岐阜県	大府市	川西町	
津島市	島本町	阿見町	大垣市	知多市	三宅町	
碧南市	豊能町	河内町	多治見市(他)	尾張旭市	田原本町	
安城市	能勢町	八千代町	各務原市(他)	高浜市	曽爾村	
西尾市	忠岡町	五霞町	可児市(他)	岩倉市	明日香村	
稲沢市	熊取町	境町	静岡県	田原市	上牧町	
知立市	田尻町	栃木県	浜松市	清須市	王寺町	
豊明市(7)	岬町(7)	栃木市	沼津市	豊山町	広陵町	
日進市(7)	太子町(7)	鹿沼市	三島市	大口町	河合町	
愛西市	河南町(7)	日光市	富士宮市	扶桑町	岡山県	
北名古屋市	千早赤阪村(7)	小山市	島田市	飛島村	岡山市	
弥富市	兵庫県	真岡市	富士市	阿久比町	広島県	
みよし市	明石市	大田原市	磐田市	東浦町	東広島市	
あま市	猪名川町	さくら市	焼津市	幸田町	廿日市市	
長久手市(7)	奈良県	壬生町	掛川市	設楽町(他)	海田町	
東郷町(7)	奈良市	群馬県	藤枝市	東栄町(他)	坂町	
大治町	大和高田市	前橋市	御殿場市	豊根村(他)	山口県	
蟹江町	大和郡山市	伊勢崎市	袋井市	三重県	周南市	
三重県	生駒市	太田市	裾野市	名張市	徳島県	
津市	和歌山県	渋川市	函南町	いなべ市	徳島市(他)	
四日市市	和歌山市	玉村町	清水町	伊賀市	香川県	
桑名市	橋本市	埼玉県	長泉町	木曽岬町	高松市	
鈴鹿市	福岡県	熊谷市	小山町	東員町	福岡県	
亀山市	春日市	飯能市	川根本町	菰野町(他)	北九州市	
滋賀県	大野城市	深谷市	森町	朝日町	飯塚市	
彦根市	太宰府市	日高市		川越町	筑紫野市	
守山市	福津市	毛呂山町		滋賀県	古賀市	
栗東市	糸島市	越生町		長浜市	長崎県	
甲賀市	那珂川町	滑川町		野洲市	長崎市	
京都府	粕屋町	川島町		湖南市		
宇治市		吉見町		東近江市		
亀岡市		鳩山町		京都府		
向日市		寄居町		城陽市		
長岡京市		千葉県		大山崎町		
八幡市		木更津市		久御山町		
京田辺市		東金市		兵庫県		
木津川市		君津市		姫路市		
精華町		富津市(他)		加古川市		
		八街市		三木市		
		山武市		高砂市		
		大網白里市		稲美町		
		長柄町		播磨町		
		長南町				
		東京都				
		瑞穂町				
		檜原村				
		神奈川県				
		箱根町				
		新潟県				
		新潟市				
137(135)		169(174)				1308(1318)

て示された地域とする予定。

著者紹介

監 修

土屋 昭雄（つちや あきお）（群馬医療福祉大学短期大学部 医療福祉学科　教授）

　1969年静岡県静岡市生まれ。帝京大学経済学部・皇學館大学社会福祉学部卒業、皇學館大学大学院社会福祉学研究科修士課程修了、国際医療福祉大学大学院医療福祉学研究科博士課程単位取得満期退学。民間企業勤務後、特別養護老人ホーム介護職員、介護系専門学校専任講師を経て現職。現在は、社会福祉士・介護福祉士の受験対策、介護職員初任者研修等の講師も務める。これまでに、社会福祉士、介護福祉士国家資格を取得。
著書（共著）：『福祉事務所運営論』ミネルヴァ書房、『高齢者に対する支援と介護保険制度』弘文堂、『相談援助演習』弘文堂、『相談援助実習・相談援助実習指導』弘文堂、『相談援助の理論と方法Ⅱ』弘文堂、『社会福祉事業経営論』光生館、『公的扶助論』光生館、『高齢者への支援と介護保険制度』みらい、『看護職をめざす人の社会保障と社会福祉』みらい、ほか多数。

※本書内で使用している図版は、基本的に厚生労働省が公表した資料、および特別区の資料として配付されているパンフレット等をもとに作成、またはオリジナルで作成しております。改正後の変更等については、記述内容や金額・基準値等、2018年3月現在の情報をもとに記載しています。

カンタン解説！改正介護保険
―2018-19 介護保険改正内容に準拠―

平成 30 年 7 月 8 日　初版発行
監　修　土屋　昭雄
編　著　厚有出版編集室

発行者　上條　章雄
発行所　厚有出版株式会社
　　　　〒105-0001　東京都港区虎ノ門 2-8-1　虎の門電気ビル 3 階
　　　　TEL. 03-3507-7491　FAX. 03-3507-7490
　　　　URL. http://www.koyu-shuppan.com/

ⒸKoyu Publishing Co., Ltd.　2018 Printed in Japan
　ISBN978-4-906618-86-6　C2036　　無断転禁。
　乱丁・落丁はお取替えします。